한국인의 경제학 기초

최남진

THE BASICS OF KOREAN ECONOMICS

박영사

제3판 머리말

　『한국인의 경제학 기초』가 독자님들의 사랑으로 3판을 제작하게 되었다. 우리나라 국민이면 누구나 쉽게 경제학을 학습할 수 있는 책(교재)을 집필해보자는 동기로 출발한 본서는 초판 및 개정판을 거치며 국내 유수 대학들의 훌륭한 교수님, 강사님들과 경제에 관심을 갖는 일반 시민들의 선택을 받으며 명실상부 국내 보편적 경제서적으로 자리매김하였다. 이런 결과는 저자 혼자만의 열정으로 일궈낸 것이 아니라 본서를 사랑해주신 각 대학교의 교수님들 및 강사님들, 그리고 본서를 흥미롭게 읽어주신 일반 시민들이 만들어준 값진 결과라 생각한다. 따라서 저자는 이런 사랑에 부응하고자 더 많은 노력을 기울여 3판 작업에 매진하였다.

　지난 개정판(2판) 이후 글로벌 경제는 많은 변화를 겪었다. 이에 따라 우리나라 또한 많은 경제적 변화가 있었다. 대표적으로 그동안 지속되어 오던 저물가, 저금리 시대가 종식되고 고물가, 고금리 시대가 도래하였다. 또한 코로나 팬데믹(pandemic)을 겪으며 한 번도 경험하지 못했던 경제적 상황에 봉착하기도 했고 러시아-우크라이나 전쟁이 발발하며 세계 경제 질서가 재편되는 과정도 보았다. 이렇듯 개정판(2판) 이후 3년 동안 국내외 경제에는 많은 변화가 있었다. 이에 본서에는 이런 경제적 현상들을 보다 자세히 설명하기 위해 새로운 데이터를 적용한 그래프, 그림 등을 추가 삽입하였다. 이는 이전 개정판에서 사례로 제시하지 못했던 부분으로 국내외 물가 추이, 이에 대한 각국의 긴축정책으로 인한 기준금리 추이 등을 새롭게 업데이트 하였다. 다음으로 우리가 한 번도 경험하지 못했던 코로나 팬데믹(pandemic) 사태가 우리 경제 변수들을 어떻게 바꿔 놓았는지 실업, 국가부채, 가계부채 측면에서 데이터들을 수정하여 본서에 삽입하였다. 마지막으로 경제성장에서의 국내 합계출산율, 생산성 등에 대한 데이터들도 최신 데이터로 수정하였다. 이와 더불어 최근 국내외 많은 경제적 사례도 추가하였다. 대표적으로 쌀 가격 규제에 대한 양곡법 개정안 사례를 삽입하였으며 최저임금에 대한 구체적 사례도 추가하였다. 또한 실업률과 고용률의 잘못된 시그널에 대한 사례를 삽입하였고 러시아-우크라이나 전쟁으로 인한 비용인상 인플레이션 사례와 코로나 사태 이후 국내 가계부채 및 국가부채 사례 등도 추가하였다.

초판과 개정판(2판)에서도 설명하였지만 본서는 대학교 교재로서의 한계를 넘어 일반적으로 경제학에 관심을 갖는 모든 국민들이 쉽게 경제학을 접하고 이해할 수 있게 하는 데 주목적이 있다 하였다. 저자는 이런 본서의 목적에 대한 초심을 잃지 않기 위해 앞으로도 더욱 노력할 것이다. 끝으로 3판이 완성되기 까지 도움을 주신 주변 교수님들과 연구원, 특히 삽화 작업을 해준 아내 이현아 님과 아들 최혁 군에게 감사의 말을 전한다.

2023년 12월 원광대학교 교수 연구실에서 **최 남 진**

제2판 머리말

　저자는 초판의 머리말에서 국내 경제학 서적 중 모든 독자들이 보편적으로 경제학을 접하고 이해할 수 있는 서적이 부족한 실정이라고 언급하며 본서가 이를 충족시켜 줄 서적이 될 수 있기를 간절히 바란다고 하였다. 저자의 간절함이 전해진 것일까. 많은 대학의 교수님들이 본서를 보편적으로 모든 과의 학생들이 경제학을 학습하기에 적합한 도서라고 과찬의 말씀을 전해 주었으며 실제로 많은 대학교에서 전공, 교양 과목으로 본서를 사용하고 있는 것을 확인하였다. 더욱이 점차적으로 많은 대학들이 본서를 바탕으로 한 전공, 교양과목을 준비하는 것으로 확인된 바, 본서가 앞으로도 우리나라 대학생들에게 경제학에 대한 보편적인 지식을 제공하는 기본서가 되기를 기대해 본다.

　제2판은 중복되는 단원(생산가능곡선)을 정리하고 경제에서 중요한 개념 중에 하나인 한계(marginal)를 추가하였다. 또한 초판에서 다소 어렵게 느껴졌을 법한 문장을 간결하고 쉬운 문장과 단어로 개정하였으며 다소 시간이 지난 표와 데이터, 그래프 등을 최신 자료들로 업데이트하였다. 이와 더불어 독자들이 이해를 돕기 위한 사진과 삽화 등도 추가하였다. 제2판은 대학교 교재로서의 한계를 넘어 일반적으로 경제학에 관심을 갖는 모든 독자들이 쉽게 경제학을 접하고 이해할 수 있게 하는데 주 목적이 있다. 제2판을 준비하며 저자는 초판보다 조금 더 큰 바람이 생겼다. 그것은 제2판을 통해 대학생뿐만 아니라 대한민국 국민 누구나 쉽게 경제 및 대한민국의 시장경제 시스템을 이해하고 이를 통해 작게는 개인의 효율적 의사결정을 할 수 있는 능력을 함양하고 넓게는 국가의 주인으로서 국가경제 시스템의 전반적인 흐름을 이해하며 국내외 사회·경제 문제점에 대해 공감하고 같이 소통하여 문제점을 해결할 수 있는 선진 국민이 되기를 간절히 바라본다.

2020. 1 교수 연구실에서 최 남 진

머리말

　최근에 저자는 경제학을 배우고 싶은데 어디서부터 배워야 할지 모르겠다는 질문을 많이 받는다. 이런 질문은 비단 대학생뿐만 아니라 직장인들도 많이 한다. 서점에 가면 경제학 관련 책은 넘쳐나는데 막상 어떤 것부터 봐야 할지 모르겠다는 것이다. 이유는 명확하다. 경제학 전공서적은 어려우면서 분량이 너무 많고 경제관련 서적은 기초지식을 알려주지 않기 때문이다. 그러다보니 집에 경제관련 서적을 몇 권씩 가지고 있지만 사실상 읽지 않고 방치하고 있는 경우가 많다.

　앞선 질문은 사실 필자에게도 어려운 문제다. 필자의 강의나 세미나, 강연 등을 듣고 질문을 하는 사람들은 대부분 이렇게 질문을 시작한다. 우리가 살고 있는 한국의 경제체제는 시장경제체제라는 것을 새삼 느꼈으며 시장경제를 이해하고 기회요인을 찾기 위해 경제학을 꼭 배우고 싶다는 것이다. 더욱이 최근 우리나라가 저성장 국면에 들어서며 경제메커니즘을 이해하는 것이 어느 때보다 중요함을 느꼈다는 것이다. 필자 개인적으로는 굉장히 고무적인 현상이 아닐 수 없다. 어느 시대건 국민들이 지식에 대한 갈망이 높은 사회는 안정적인 사회를 구축할 확률이 높기 때문이다. 게다가 경제체제와 메커니즘을 이해하는 것은 국가의 주인인 국민으로서 국회의원, 정부 등을 견제할 수 있는 강력한 수단이 되기 때문이다. 이런 고무적인 생각과 더불어 고민도 생긴다. 필자의 개인적인 욕심으로는 경제학을 복수전공하거나 부전공이라도 했으면 좋겠다고 생각하지만 상황은 녹녹치 않다. 대학생들은 대학생 나름대로 전공과목에 치여 전공을 하나 더 늘리기가 쉽지 않다고 하고, 직장인들은 다시 학위 공부를 한다는 것이 엄두가 나지 않는다고 한다. 그렇다고 1천 페이지가 넘는 경제학원론 책을 추천하면 시작부터 부담으로 작용하기 때문에 배움의 의욕을 상실하고 만다. 그래서 정말 간단한 경제 서적을 추천해 준 적이 있다. 그리고 며칠 뒤, 책은 어렵지 않게 금방 읽었으나 교수님이 말씀하신 경제 전반적인 메커니즘을 이해하기에는 도움이 되지 않았다는 대답을 들었다. 저자 역시 고민이라고 한 이유는 서점에 갈 때마다 여러 가지 경제관련 서적을 보지만 경제학을 처음 접하면서 어느 정도 경제 메커니즘을 이해하기 좋은 서적이 쉽사리 눈에 들어오지 않기 때문이다. 결국 필자는 고심 끝에 앞선 상황들을 고려하여 책을 쓰기로 결심하고 본서를 출간하기에 이르게 된 것이다.

본서의 특징은 다음과 같다. 첫째, 본서는 경제기초 이론인 수요-공급을 시작으로 독자들이 뉴스나 방송매체에서 자주 접하게 되는 거시경제지표를 학습하고 시장경제의 메커니즘을 전반적으로 이해할 수 있도록 구성되어 있다. 따라서 최근 경제 뉴스, 기사 등 다양한 사례 중심으로 책이 구성되어 있어 독자들이 쉽게 이해할 수 있도록 편성되어 있다. 둘째, 분량을 경제학원론의 1/3 수준으로 조정하여 독자들이 경제학을 학습하는 것에 대한 부담을 줄였다. 특히 많은 경제이론에 편중되어 있는 경제교과서와 달리 독자들이 시장경제를 이해하는데 꼭 필요한 이론만을 선별하여 설명함으로써 어려운 경제이론에 대한 부담감과 분량을 줄였다. 본서의 분량과 난이도는 대학교에서 교양으로 2~3학점 1학기 수업에 적절할 수 있도록 구성되어 누구나 쉽게 학습할 수 있도록 작성되었다.

본서는 다음과 같이 구성되어 있다. 1장은 경제학의 정의와 수학적 기초에 대해 서술하고 있다. 이 단원은 경제학이 태동하게 된 이유와 경제학을 이해하기 위해 필요한 그래프와 함수 보는 법을 간단하게 설명하고 있다. 2장은 시장경제체제와 계획경제체제에 대해서 서술하고 있다. 이 단원에서는 시장경제의 특징과 계획경제가 몰락한 이유에 대해서 살펴본다. 3장은 경제순환모형에 대해서 설명한다. 이 단원에서는 경제순환모형을 통해 시장경제체제의 전반적인 메커니즘을 이해한다. 4장은 경제학에서 큰 비중을 차지하고 있는 수요-공급 이론에 대해서 서술하고 있다. 경험적으로 독자들은 수요-공급 이론에 대해서 어느 정도 알고 있겠지만 실제 이론이 어떻게 적용되는지 다양한 사례를 통해 학습하게 된다. 5장은 국내총생산에 대해서 서술하고 있다. 6장은 경기순환, 실업, 인플레이션에 대해서 서술하고 있다. 이 단원에서는 왜 경기가 침체와 호황을 반복하는지에 대해서 학습하며 이 과정에서 나타나는 경제 현상인 실업과 인플레이션에 대해서 자세히 살펴본다. 7장은 총수요-총공급 이론에 대해서 서술하였다. 이 단원에서는 실제로 재화시장과 통화시장의 변동요인이 거시경제에 어떤 영향을 미치는지 거시경제 측면에서 학습한다. 8장은 재정정책에 대해서 서술하였으며 9장은 통화정책에 대해서 서술하였다. 재정정책과 통화정책은 대표적인 단기 총수요정책으로 이 단원의 이해를 통해 거시경제의 종합적인 메커니즘을 학습하게 된다. 마지막으로 10장은 경제성장에 대해서 서술하였다. 이 단원에서는 경제성장이 중요한 이유와 성장을 위해 필요한 요소들을 학습한다.

최근 우리나라는 저성장의 고착화, 신사업 부재에 따른 생산성 저하, 저출산에 따른 생산가능인구 감소, 고령화 등과 같은 여러 가지 경제 문제에 봉착해 있다. 이렇듯 경제 문제가 산적해 있지만 지금 책을 보고 있는 독자부터 시작해 대부분의 국민이 이를 이해할 때 경제 문제를 극복할 수 있는 공감대가 형성되어 건전한 한국경제를 만들 수 있는 계기를 마련하지 않을까 희망해 본다.

마지막으로 본서가 출간되기까지 도움을 주신 주변에 동료 교수님, 연구원들에게 감사의 말씀을 전하며 이 분들의 마음을 담아 본서가 독자들의 경제 이해력을 높이기 위한 첫걸음이 되기를 간절히 바란다.

2018. 8 연구실에서 최 남 진

차 례

PART 1
경제 기초

CHAPTER 01 경제학이란 · 18

1 | 경제학의 출현과 미시경제, 거시경제 ……………………………………… 19
    1. 희소성 하에서 선택의 문제 ……………………………………………… 19
    2. 개인차원에서의 경제문제와 미시경제 ……………………………………… 20
    3. 대공황의 출현과 거시경제의 등장 ………………………………………… 24
2 | 사회 전체적인 차원에서 경제적 문제 ………………………………… 28
3 | 최적의 선택과 한계의 개념 …………………………………………………… 31
4 | 경제학 학습을 위한 수학적 기초 …………………………………………… 34
    1. 함수 ………………………………………………………………………… 35
    2. 그래프 ……………………………………………………………………… 36
    3. 균형, 외부충격과 불균형 그리고 새로운 균형 …………………………… 40

CHAPTER 02 시장경제와 계획경제체제 · 44

1 | **경제체제의 구분** ·· 45

   1. 계획경제체제 ·· 46
   2. 시장경제체제 ·· 46

2 | **시장경제의 특징** ·· 48

   1. 사유재산의 허용과 사익추구 ·················· 49
   2. 영업과 선택의 자유 ······························ 51
   3. 경쟁 ·· 51
   4. 시장과 가격 ·· 53
   5. 전문화와 세계무역 ······························ 55
   6. 화폐사용 ·· 57

3 | **계획경제의 몰락** ·· 59

CHAPTER 03 경제순환모형 · 64

1 | **경제순환모형** ·· 65

   1. 2분면 폐쇄경제모형 ······························ 65
   2. 3분면 폐쇄경제모형 ······························ 68
   3. 3분면 개방경제모형 ······························ 70

CHAPTER 04 수요와 공급 · 76

1 | **수요** ·· 78

   1. 수요와 수요의 법칙, 시장수요 ················ 78
   2. 수요곡선의 이동 ···································· 81
   3. 수요와 수요량의 변화 ···························· 86

2 | **공급** ·· 87

   1. 공급과 공급의 법칙, 시장공급 ················ 87
   2. 공급곡선의 이동 ···································· 89

3 | **시장균형** ·· 91

4 | 수요-공급의 변화와 새로운 균형 ···················· 94

5 | 가격 규제 ····························· 100

    1. 상한가격 규제 ·························· 100

    2. 최저가격 규제 ·························· 103

PART 2
거시경제 기초

CHAPTER 05 국내총생산 · 116

1 | 국내총생산 ···························· 117

2 | 국내총생산의 측정방식 ····················· 123

CHAPTER 06 경기순환, 실업, 인플레이션 · 132

1 | 경기순환 ····························· 133

2 | 실업 ······························· 140

    1. 실업의 측정 ·························· 141

    2. 실업의 종류 ·························· 145

3 | 인플레이션 ··························· 148

    1. 인플레이션의 정의 ······················ 148

    2. 인플레이션의 측정 ······················ 149

    3. 인플레이션의 발생 원인과 경제적 효과 ············· 151

    4. 인플레이션 부의 재분배 효과 ················· 156

    5. 기대인플레이션과 명목금리, 실질금리 ············· 157

    6. 명목소득과 실질소득 ····················· 159

    7. 하이퍼인플레이션 ······················ 159

    8. 새롭게 나타난 디플레이션의 공포 ·············· 161

CHAPTER 07 총수요-총공급 이론 · 168

1 | 총수요 ·· 169
   1. 생산물시장 균형조건(IS곡선) ···································· 169
   2. 화폐시장 균형조건(LM곡선) ···································· 174
   3. IS-LM곡선 균형 ·· 179
   4. 총수요(AD)곡선 도출 및 이동 ································ 180

2 | 총공급 ·· 184
   1. 초단기 총공급곡선 ·· 184
   2. 단기 총공급곡선 ·· 185
   3. 장기 총공급곡선 ·· 187
   4. 총공급곡선의 이동 ·· 188

3 | 총수요-총공급 균형(단기 균형) ······································ 189
   1. 총수요-총공급 모형을 통한 수요견인 인플레이션 ···· 190
   2. 총수요-총공급 모형을 통한 비용인상 인플레이션 ···· 192
   3. 물가의 하방경직성(케인즈 모형) ···························· 193
   4. 경기침체의 자기교정 ·· 197

CHAPTER 08 재정정책 · 204

1 | 재정정책 ·· 205
   1. 재량적 재정정책과 자동안정화 장치 ···················· 206

2 | 재정정책의 특징 및 비판 ·· 214
   1. 세금인하에 대한 효과 ·· 214
   2. 구축효과로 인한 효과 ·· 215
   3. 재정정책 시행과 효과에 대한 시차 ······················ 218
   4. 재정정책의 정치적 고려 및 비판 ·························· 219

3 | 재정정책과 국가부채 ·· 220
   1. 국가부채의 구성요소 ·· 221
   2. 국가부채 및 GDP대비 국가부채 추이 ·················· 223
   3. 국가부채와 정부파산 ·· 224

CHAPTER 09 통화정책 · 232

1 | 화폐와 금융기초 ·· 233
   1. 화폐의 기능 ·· 233
   2. 화폐의 구성요소 ······································ 235
   3. 중앙은행과 금융통화위원회 ···························· 239
2 | 통화정책 수단 ·· 242
   1. 공개시장조작 ··· 242
   2. 지급준비제도(지급준비율) ····························· 245
   3. 재할인율 ··· 246
   4. 통화정책 수단 정리 ··································· 247
3 | 통화정책 파급경로 및 효과 ································ 248
   1. 확장적 통화정책 ······································ 248
   2. 긴축적 통화정책 ······································ 252
   3. 통화정책의 정책적 효과(통화주의론자와 케인즈학파) ····· 255
4 | 통화정책의 장점과 한계 ··································· 256

CHAPTER 10 경제성장 · 262

1 | 경제성장의 의미와 중요성 ································· 263
   1. 경제성장률의 비교 기준 ······························ 266
   2. 개인과 국가 차원에서 경제성장의 의미 ·················· 267
2 | 경제성장 요인 ·· 270
   1. 공급측 요인 ·· 270
   2. 공급측면에서 바라본 한국경제 ························· 277
   3. 생산가능곡선: 생산가능곡선을 이용한 경제성장과 실업 ···· 280

찾아보기 ··· 284

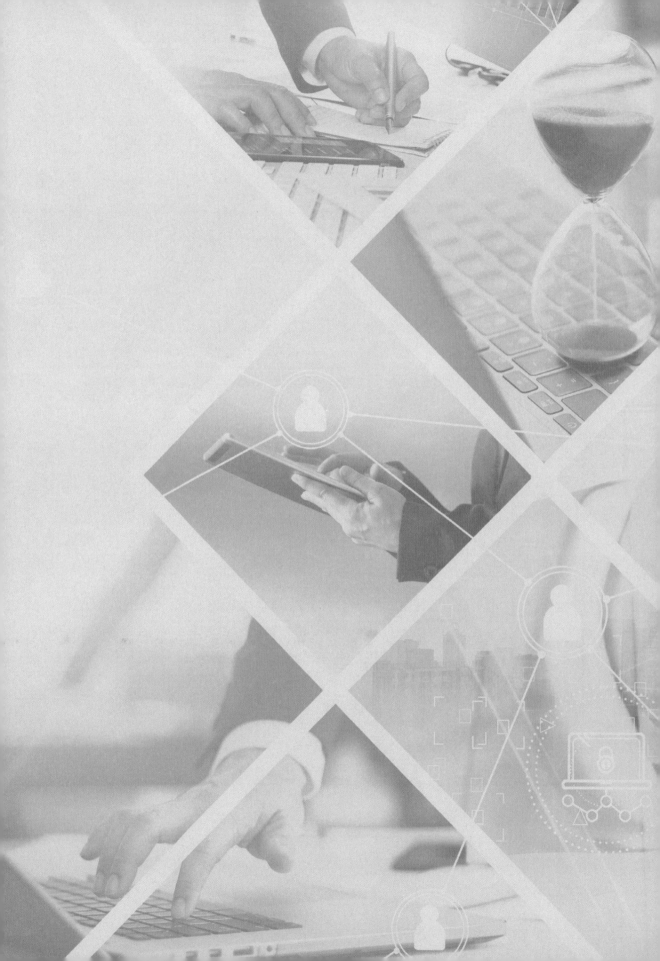

PART 1

경제 기초

CHAPTER

01

경제학이란

단원을 시작하며

독자들은 지난 밤 뉴스에 나왔던 경제 관련 기사를 기억하는가? 많은 사람들이 저녁 뉴스를 보며 하루를 마무리 한다. 학생들은 열심히 공부하고 직장인들은 열심히 일하느라 몰랐던 세상 이야기를 듣고 싶어 하는 욕구가 있기 때문이다. 저녁 뉴스는 대략 1시간 동안 주요 사회, 문화, 세계, 경제 관련 사건들을 쏟아 낸다. 그 중 많은 비중을 차지하고 있는 것이 바로 경제 관련 뉴스다. 따라서 독자들은 너무도 친숙하게 지난달 물가가 얼마나 올랐으며, 실업률은 어떻게 되었는지, 혹은 최근 수출이 늘어나 경제성장에 긍정적인 영향이 있을 것 같다는 등의 기사를 많이 접할 것이다. 그렇다면 왜 저녁 뉴스에 많은 부분을 할애하여 경제 관련 뉴스들을 제공할까? 간단하게 설명하자면 시장경제를 표방하는 우리나라에게 경제는 곧 개인 삶의 문제와 직결되기 때문이다. 즉 먹고 사는 개인의 기본적인 욕구와 삶의 질 개선 문제까지도 경제와 직결되는 것이다. 또한 크게는 국가의 위상과도 연결된다. 한국전쟁 이후 세계에서 가장 가난한 나라 중에 하나였던 한국은 이제 세계 11위의 경제 대국으로 성장하였다. 이 또한 경제와 무관하지 않다.

1 | 경제학의 출현과 미시경제, 거시경제

1 희소성 하에서 선택의 문제

독자들은 자본주의 시장경제체제 하에 살고 있지만 경제학이 무엇인가?라는 질문을 받는다면 선뜻 대답하기 어려울 것이다. 그러나 경제학이 태동하게 된 이유는 간단하다. 그것은 인간의 무한한 욕구와 제한된 자원 때문이다. 실제로 지구 자원이 유한하다는 사실에 대해서 독자들도 다큐멘터리 등을 통해 봐왔을 것이다. 유한한 자원 중 대표적인 것이 지하자원으로 원유, 철광석, 석탄 등을 들 수 있다. 이 뿐만 아니라 우리가 경제학에서 생산요소로 중요하게 생각하는 노동력 또한 한정되어 있다. 이렇게 자원은 한정되어 있는데 인간의 욕구는 끝이 없다. 인류가 지구상에 존재한 이래 지금까지 인간의 욕구는 끊임 없이 변화하였고, 현재도 계속 바뀌고 있다. 즉 인간은 많은 것을 가지고 싶어 하지만

무한한 욕구

최적의 선택

제한된 자원

제한된 자원과 무한한 욕구 사이 선택의 문제 ━━━━━

독자는 갖고 싶은 재화와 서비스가 많을 것이다. 이는 인간의 무한한 욕구를 대변하는 것이다. 하지만 모두 가질 수 없다는 사실도 잘 알고 있을 것이다. 이는 제한된 자원, 즉 소득 때문이다. 따라서 독자들은 선택의 문제에 직면하고 있으며 가장 최적의 선택을 찾기 위해 항상 노력하고 있을 것이다.

한정된 자원으로 모든 것을 가질 수 없다는 것이다. 이 문제를 해결하기 위해서 등장한 것이 선택이다. 즉 한정된 자원에서 욕구를 충족하기 위해 선택의 문제에 직면하게 되는 것이다. 만약 무한한 욕구와 한정된 자원 중 하나만 해결된다면 경제학은 필요 없는 학문이 될 수도 있다. 예를 들어 인간의 욕구가 한정되어 있다면 한정된 욕구까지만 채워주면 문제는 해결된다. 또한 자원이 무한하다면 욕구에 맞게 지속적으로 충족시켜주면 되기 때문에 문제가 되지 않는다. 하지만 실상은 그렇지 않다.

이렇게 경제학은 인간의 무한한 욕구와 한정된 자원에서 선택의 문제에 직면하게 되면서 태동하였으며, 선택을 한다면 주어진 상황 하에서 어떻게 최적의 선택을 할 수 있는지 고민하면서 시작하게 된 것이다. 만약 이것이 개인의 문제라면 한정된 소득 하에서 개인의 만족(효용, utility)을 극대화 하는 소비를 찾는 것이고 기업이라면 한정된 생산요소 하에서 이익극대화(profit maximize)를 위한 선택점을 찾는 것이 된다. 또한 경제 전체적으로 보면 제한된 경제적 자원 하에서 효율적인 경제성장을 위한 선택점을 찾는 것이다.

2 개인차원에서의 경제문제와 미시경제

개인적인 차원에서 경제적 문제는 독자들이 현재 직면하고 있는 문제와 유사하다. 독자들이 현재 가지고 싶은 물건 1순위가 무엇인가? 생각만 해도 즐거운 재화나 서비스가 있을 것이다. 하지만 왜 그것을 당장 구매하지 못하고 있을까? 문제는 돈일 것이다. 독자가 학생이라면 용돈이 될 수 있고 직장인이라면 월급이 될 수 있는 돈 말이다. 다시 말해 충분한 용돈이나 월급, 혹은 자금이 없기 때문이라는 것이다. 이것이 바로 개인차원에서 경제문제다. 개인차원에서 제한된 자원은 **소득**[1]이다. 대부분 회사에 다니고 있거나 용돈을 받는 독자라면 매월 받는 돈은 예상된 범위를 크게 벗어나지 않을 것이다.

다음으로 개인의 무한한 욕구는 필수품에서 사치재에 이르기까지 다양하다. 예를 들자면 현재 차를 소유하고 있다고 하더라도 그것에 만족하지 않는다는 것이다. 만약 경차를 소유하고 있다면 소형차 이상의 사양을 가진 차를 갖고 싶다는 욕구가 있을 것이며 중형차를 소유하고 있다면 대형차나 스포츠카 등에 대한 욕구가 있을 것이다. 그렇다면 새로운 재화를 구매하면 욕구는 끝이 날까? 그렇지 않다는 것은 독자들이 더 잘 알 것이다. 만약 현재 시점에서 가장 최신 스마트폰이 갤럭시 S9이라면 S9을 구매했다고 해서 욕구가 끝나는 것이 아니라 S10이 출시되면 새로운 욕구가 생기게 되는 것이다. 이처럼 시간이 지남에 따라 기술발전 등으로 인해 새로운 재화와 서비스가 생겨나게 되면 인간의 욕구도 계속 변하게 되는 것이다. 앞서도 언급했지만 욕구는 물질적인 재화와 서비스 모두에서 존재하며 서비스는 의료서비스, 성형서비스[2] 등이 있다.

위의 가정을 이용하여 개인의 경제적 문제에 대한 간단한 모형을 만들 수 있다. 우선 독자들의 제한된 소득을 가정하기 위해 통장에 10만원만 있다고 가정하자. 그리고 이해를 돕기 위해 독자가 살 수 있는 재화는 권당 2만원 하는 책과 시간당 1만원 하는 PC방 서비스만 있다고 생각해 보자. 그럼 〈그림 1-1〉 같은 그래프를 그릴 수 있다.

우선 세로축은 PC방의 이용시간을 나타내며 가지고 있는 모든 자금으로 PC방 서비스를 이용한다면 10시간의 PC방을 이용할 수 있다. 또한 가로축은 책의 구매수량을 나타내며 모두 책을 산다면 5권을 살 수 있다. 여기서 이 두 점을 연결한 선을 '**예산제약선**'이라고 부르며 예산제약선을 기준으로 예산제약선 안에 있는 영역은 현재 예산에서 구매 가능한

1
엄밀히 말하면 소득으로 국한되지는 않는다. 개인의 한정된 자원을 시간으로 설명하는 경우도 많다. 예를 들어 삼성전자 이재용 부회장이나 마이크로소프트의 빌게이츠 명예회장, 버크셔해서웨이의 버핏 회장 등은 상상을 초월하는 부를 소유하고 있지만 이들 조차도 하루 24시간으로 시간이 한정되어 있다.

2 성형서비스
성형서비스는 예뻐지거나 잘생겨지고 싶은 인간의 욕구를 해결해 준다.

━━━━ 갤럭시 S시리즈 변화

삼성 갤럭시 S의 새로운 모델이 나올 때마다 독자들은 기존 스마트폰을 바꾸고 싶은 욕구가 생길 것이다. 이처럼 인간의 욕구는 끝이 없이 변하게 된다.

영역으로 해석한다. 예를 들어 A점은 예산제약선 안에 존재하고 있으며 PC방 4시간 이용과 책 2권을 모두 구매할 경우 8만원의 경비가 소요되기 때문에 현재 예산인 10만원으로 구매 가능하다. 반면 예산제약선을 기준으로 바깥쪽 영역은 구매 불가능한 영역이다. 예를 들어 PC방 8시간 이용과 책 4권을 모두 구매하는 B점의 경우 필요 경비가 16만원으로 현재 예산인 10만원으로는 구매할 수 없다.

예산제약선의 기울기를 통해 두 재화의 **대체율**도 도출할 수 있다. 위의 예산 제약선의 기울기는 $-2(-\frac{2(PC방)}{1(책)})$이다. 예산제약선은 항상 기울기가 음수이기 때문에 보통 절대값을 사용하므로 PC방 이용과 책의 대체율은 2라고 할 수 있다. 이는 PC방 2시간 이용과 책 1권을 교환할 수 있는 비율을 나타낸다. 이를 기회비용으로 표현하면 PC방 2시간을 이용하기 위해서는 책 1권을 포기해야 한다로 표현한다. 그리고 예산제약선의 기울기는 어느 시점에서나 동일하기 때문에 PC방 이용과 책의 대체율은 항상 2라는 것을 확인할 수 있다.

이제 위와 같은 기본적인 가정을 통해 개인의 만족감을 극대화 하는 선택점을 한 번 찾아보도록 하자. 우선 앞서도 설명했지만 예산제약선 안쪽은 구매 가능하다고 하였다. 하지만 구매 가능하다고 해서 모두 만족감이 동일하지는 않다. 예를 들어 〈그림 1-2〉의 A점과 C점은 모두 구매 가능한 점이지만 만족감에서 같지는 않다. 직감적으로 PC방 4시간 이용과 책 2권은 PC방 6시간 이용과 책 2권 보다 재화와 서비스의 양이 적다는 사실을 알 수 있을 것이다. 재화가 적다는 것은 개인적인 만족감이 낮다고 해석할 수 있다. 실제로 경제학에서 개인

그림 1-1 | **예산제약선**

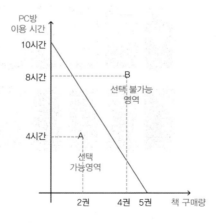

의 만족감은 소비를 통해 결정한다.[3] 따라서 개인의 만족감을 극대화 시키는 점은 예산제약선 상 어느 지점이라는 것을 확인할 수 있다. 그렇다면 예산제약선 상 어느 지점이 개인의 만족감을 극대화 시키는 점일까? 이는 각 개인마다 좋아하는 재화와 서비스가 다르기 때문에 일관되지 않다. 예를 들어 책을 좋아하는 사람은 책을 더 많이 구매하는 점을 선택할 것이고 PC방을 좋아하는 사람은 PC방 이용에 더 많은 돈을 지불하는 점을 선택할 것이다. 따라서 각 개인들이 좋아하는 재화를 통해 만족감이 극대화 되는 점을 예산제약선 상에서 찾으면 되는 것이다. 실제로 해당 점을 찾는 것을 무차별곡선(indifference curve)이라고 하고 이 문제에 대해서는 조금 더 경제학을 깊숙이 배워야 한다.[4]

[3]
여러분들이 일을 하려는 이유는 월급을 받기 위함이며 월급을 받으려는 이유는 소비를 하기 위함이라는 것을 생각할 때, 경제학의 가정은 합리적이라는 것을 알 수 있을 것이다.

[4]
이 문제는 미시경제학의 영역이다.

그림 1-2 | **무차별 곡선을 포함한 예산제약선**

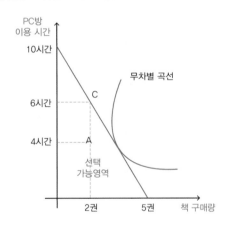

그렇다면 개인은 항상 제한된 소득에 머물러 있어야 할까? 〈그림 1-1〉의 B점은 절대 선택이 불가능할까? 그렇지 않다. 소득이 증가하면 내가 좋아하는 책을 포기하지 않고 PC방을 추가적으로 이용할 수 있다. 이 경우 개인의 만족감은 더 증가할 것이라는 것을 독자들은 짐작할 수 있을 것이다. 소득이 증가하게 되면 예산제약선은 바깥으로 이동한다. 이럴 경우 독자들은 원하는 재화 구매를 위해 기존 구매를 포기하지 않아도 되기 때문에 만족감은 더 증가한다. 소득이 증가하기 위해서는 경제성장이 전제되어야 한다. 경제성장에 대해서는 우리가 거시경제 기초 단원에서 다루도록 하겠다.

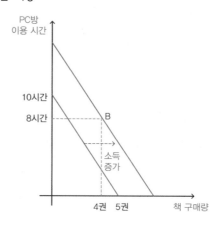

그림 1-3 | **예산제약선 이동**

PC방
이용 시간

10시간
8시간   B

소득
증가

4권 5권   책 구매량

3 대공황의 출현과 거시경제의 등장

미시경제는 애초에 경제학이 탄생하면서 지속적으로 발전해 왔다. 사실 1930년대 존 메너드 케인즈(John Maynard Keynes)에 의해 『고용·이자 및 화폐의 일반이론』이 세상에 나오기 전까지 경제학이라 함은 미시경제를 칭하는 것이었다. 즉 경제학이라고 하면 기업의 이윤극대화나 개인의 효용극대화에 초점이 맞춰져 있었다. 그렇다면 어떻게 국가경제를 다루는 거시경제학이 탄생하게 된 것일까? 대공황 이전까지 국가경제라 함은 당시 주류 경제학파인 고전학파(classical school)의 주장을 따랐다. 고전학파의 주장은 물가와 생산요소 가격(임금 등)이 신축적이어서 시장은 수요와 공급에 의해 매우 잘 작동하고 있다는 것이다.[5] 따라서 자유방임 시장을 표방하였으며 만약 경기침체가 발생하더라도 스스로 균형에 회귀하기 때문에 국가가 나서서 별도의 정책을 실시할 필요가 없다고 주장하였다. 결국 국가경제라는 것이 별도로 없었다는 말이다.

5
실제로 이런 모형은 우리가 총수요-총공급 단원에서 확인할 것이다.

존 메너드 케인즈

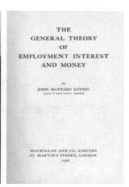

고용, 이자 및 화폐에 대한 일반이론

하지만 1928년 일부 국가에서 시작된 경기침체가 1929년 10월 24일[6] 뉴욕 주식시장 폭락을 촉발하였으며 이를 계기로 세계 경제 대공황이 발생하자 새로운 주장이 대두되었다. 대공황은 삽시간에 전 세계 경제를 강타하였으며 이로 인해 미국 도시지역 실업률은 38%까지 급등하였고 국민소득은 30% 이상 감소하였다. 단기에 그칠 것 같던 대공황이 지속되자 고전학파들의 주장에 의문이 제기되기 시작하였다. 결국 케인즈는 당시 경제 문제를 **유효수요**[7] 부족에서 찾았으며 국가가 적극적으로 나서서 확장적 재정정책을 펴야 한다고 주장하였다. 당시 고전학파는 장기적으로 균형에 회귀할 것이기 때문에 국가가 섣불리 나서는 것은 경제 불균형을 심화시킬 수 있다고 주장하자, 케인즈는 "The long run, we are all dead"라는 말을 남기며 국가 주도의 경기부양 정책이 필요하다는 뜻을 밝혔다. 당시 정부는 케인즈의 생각을 받아들여 총수요 정책 중 하나인 재정정책을 시행함으로써 대공황의 위기에서 탈출할 수 있었다.[8] 따라서 우리가 현재 배우고 있는 거시경제 기초 및 거시경제는 케인즈에 의해서 창시된 것이며, 앞으로 배우게 될 재정정책 등이 이에 속한다.

거시경제는 국가경제를 다루는 학문이기 때문에 단일변수가 아닌 집계변수를 본다. 흔히 우리가 거시경제지표라고 부르는 것들이 여기에 해당되며 대표적으로 물가, 실업률, 총생산, 민간소비 등이 있다. 또한 거시경제학자들은 이런 집계변수를 토대로 현재 국가경제 상황 및 미래 경제를 예측하여 국가 경제의 문제점이 무엇인지, 향후 경제 발전을 위해 어떤 정책이 필요한지 등을 연구한다.

[6] 이를 검은 목요일이라고 부른다.

[7] 당시 고전학파는 모든 경제문제가 공급에 있다고 보았다. 따라서 공급을 늘리면 침체된 경제가 회복될 것이라고 주장하였다.

[8] 이에 대해서 아직도 이견이 제기되고 있지만 당시 케인즈에 의해 거시경제가 창시되었다는 사실에는 이견이 없다.

검은 목요일

대공황 실업

표 1-1 | 고전학파와 케인즈의 주장 비교

고전학파	케인즈
• 물가, 임금 등이 신축적 • 시장이 잘 작동하여 수요-공급의 원리에 의해 균형 상태로 회귀 • 시장은 자유방임 상태가 가장 좋음 　- 총수요 정책은 물가만 상승	• 물가는 단기에 경직적 • 경직적인 물가로 인해 침체가 깊어지며 균형 상태 복귀가 어려움 • 국가가 적극적인 재정정책을 시행 　- 총수요 정책은 경기를 부양

▌두 경제학의 아버지(애덤 스미스 & 토마스 맬서스)에 서로 다른 운명

애덤 스미스

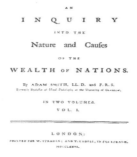

국부론

독자들이 경제학 하면 아마 제일 먼저 생각나는 사람이 **애덤 스미스**(Adam Smith)일 것이다. 애덤 스미스는 시장경제를 체계화한 사람으로서 독자들에게는 "**Invisible hand**(보이지 않는 손)"으로 더 잘 알려져 있을 것이다. 시장경제체제가 무엇인지 정확하게 몰라도 보이지 않는 손이라는 말은 어딘가에서 한 번 쯤 들어 봤을 것이다.

애덤 스미스는 1776년 『**국부론**(The Wealth of Nations)』이라는 책을 통해 시장경제의 효용성을 증명하였다. 즉 어떤 주체가 나서서 일을 지시하지 않더라도 시장경제체제는 경제적 효율성을 달성할 수 있으며 나아가 국가가 부유해질 수 있다는 것이다. 실제로 애덤 스미스는 친구들과 대화에서 당신들이 빵을 먹을 수 있는 것은 빵집 주인의 자비심이 아니라 이기심 때문이라고 주장하였다. 이 말은 빵집 주인이 빵을 생산하는 것은 자신의 사적이익 때문이며 이로 인해 국가의 부가 증대될 수 있음을 의미한다. 실제로 기업은 이익극대화를 목적으로 비용을 최소화하기 위해 노력한다.[9] 이는 사회 전체적인 관점에서 생산요소가 낭비 없이 가장 효율이 높은 곳에 사용되어지고 있음을 뜻한다. 더욱이 소비자들은 시장을 통해 저렴하고 품질이 좋은 상품을 선택하게 되는데 기업들은 소비자들의 선택을 받기 위해 끊임없이 생산의 효율성을 달성하려 노력한다. 만약 그렇지 못하다면 경쟁에서 퇴출될 수 있기 때문이다. 이렇게 시장경제는 누군가의 의도가 아닌 보이지 않는 무엇인가에 의해 자율적으로 조정되며 이를 "보이

[9]
이를 생산의 효율성이라고 한다.

지 않는 손"이라고 정의한 것이다.

결과적으로 시장경제는 사적이익을 추구하는 경제주체들에 의해 최적의 생산요소 공급이 진행되며 이를 통해 경제주체들의 소득과 생산량의 극대화가 실현되고, 최종적으로 국가의 부가 증대되는 것이다.

애덤 스미스가 시장경제체계를 구축하였기 때문에 다음과 같이 오해 받는 부분들도 있다. 우선 인간은 무조건 사적이익을 통한 이기심만 가지고 있기 때문에 자칫 양극화 문제를 옹호하는 것 아닌가 하는 오해를 사는 것이다. 하지만 애덤 스미스는 국부론 이전에 『**도덕 감정론**(Theory of Moral Sentiment)』이라는 책을 통해 우리 마음속에는 존중과 배려가 있음을 주장하였다. 따라서 이기적인 행동도 공공의 이익으로 전환할 수 있으며 개인의 경제적 이기심은 사회의 도덕적 한계 내에서만 허용된다고 주장하였다. 결국 애덤 스미스가 꿈꾸던 시장경제는 양극화가 만연한 자본주의가 아니라 인간의 도덕적 범위 안에서 완전히 자유로운 시장체제를 구축하는 것이었다.

━━━━━ 토마스 멜서스

다음으로 애덤 스미스처럼 많이 알려지지는 않았지만 경제학의 한 축을 담당한 **토마스 멜서스**(Thomas Robert Malthus)가 있다. 토마스 멜서스는 인구경제학자로 우울한 경제학자로도 알려져 있다. 토마스 멜서스의 주장은 이렇다. 왕과 몇몇 지주가 부를 독점하고 있는 상황에서 대다수를 차지하는 소작농은 자녀를 많이 낳기 때문에 인구가 폭발적으로 증가할 것으로 예상하였다. 반면 식량 증가는 한계[10]가 있기 때문에 결국 식량과 자원이 부족하여 세계는 큰 위기를 맞이하게 될 것이라고 주장하였다. 이를 조금 더 쉽게 설명하자면 인구는 기하급수적으로 증가하는 반면 식량은 산술적으로 증가할 것이기 때문에 결국 많은 인구들이 굶어 죽을 것이고 경제는 큰 위기를 맞이하게 된다는 것이다. 당시에는 일정 부분 설득력이 있어 보였으나 이런 가정이 실제 발생하지는 않았다. 그 이유는 첫째, 기술이 발전하고 바이오산업 등에 신기술이 개발됨에 따라 식량 생산도 같이 증가하였기 때문이다. 다음으로 인구가 폭발적으로 증가하기는 하였으나 일부 선진국의 경우, 인구가 감소하는 나라도 발생하였기 때문이다. 그 대표적인 나라가 바로 한국이다. 어찌 되었던 위와 같은 이유 때문에 실제로 토마스 멜서스가 주장한 것과 같이 전 세계적으로 큰 위기를 맞이하지 않았다. 하지만 여전히 멜서스의 후계자들은 세상에 인구가 너

10
식량 증가는 토지에 의존하며 당시 농사를 지을 수 있는 토지는 한계가 있었다.

무 많기 때문에 인구제한을 해야 한다고 주장하고 있으며 이런 주장을 근거로 영화계에서는 지속적으로 영화(킹스맨, 다빈치코드(인페르노), 어벤져스 인피니티 워 등)가 만들어지고 있다.

토마스 멜서스의 인구론을 주제로 한 영화들

토마스 멜서스의 인구론에 근거한 경제학은 많은 호응을 얻지 못했지만 토마스 멜서스의 이론은 여전히 현대 영화의 주제로 많이 등장하고 있다.

2 | 사회 전체적인 차원에서 경제적 문제

사회 전체적인 차원에서의 경제적 문제 역시 한정된 자원에서 출발한다. 여기에서 한정된 자원은 경제적 자원으로 표현되며 생산에 필요한 필수 경제적 자원은 토지, 노동, 자본으로 표현된다. 아직 독자들은 경제학 용어들이 생소할 수 있으니 하나하나 살펴보도록 하자. 우선 **토지**는 독자들이 생각하는 땅을 포함하며 이보다 좀 더 광범위하게 생산에 투입되는 모든 자연자원을 포함한다. 즉 산림, 광산, 유전, 수자원 등을 모두 포함하는 것을 토지라고 지칭한다. 다음으로 **노동**은 생산을 위해 사용되는 모든 육체적 활동과 정신적 활동을 포함한다. 즉 제조업에 포함되는 육체적인 노동뿐만 아니라 서비스업에 해당하는 정신적인 노동을 모두 포함한다. 마지막으로 **자본**이다. 대부분의 독자들은 경제학을 처음 접하면서 자본에 대해 많은 혼돈을 느낀다. 보통 "자본이 뭐라고 생각합니까?" 라는 질문에 돈이라고 대답하는 독자들이 많기 때문이다. 금융이나 재무학적 관점에서는 틀리지 않다. 하지만 경제학에서 자본은 화폐가 아니다. 경제학에서 자본은 인공적으로 제조되어 재화나 서비스 생산에 사용되는 자원을 말한다. 쉽게 설명하자면 생산설비나 도구, 기계, 공장 등을 말하는 것이다. 그리고 이후에 배우겠지만 투자의 대상이 되는 것이 바로 자본이다. 그렇다면 왜 화폐는 자본에 포함되지 않을까? 경제학에서는 생산에 직접적인 관여를 하지 않으면 생산요소로 간주하지 않는다. 화폐는 화폐 자체만으로 생산에 도움이 될 수 없다. 즉 단순 교환의 수단으로 사용될 뿐이기 때문에 자본에 포함되지 않는다.

이제 위와 같은 한정된 자원을 통해 생산가능곡선을 간단하게 도출해 보자. 생산가능곡선을 도출하기 전에 다음과 같이 몇 가지 가정을 해야 한다. 첫 째, **완전고용**을 가정한다. 현재는 독자들이 실업에 대해서 배우지 않았으므로 완전 고용이라 하면 일하고 싶은 모든 사람이 일을 하고 있는 상태라고 이해하면 된 다. 두 번째는 한정된 자원이고 세 번째는 한정된 기술이다. 그리고 개인적인 경 제문제와 같이 2가지의 재화만 존재한다고 가정한다. 2가지 재화는 쌀과 트랙터 라고 하자. 〈그림 1-4〉 그래프와 같이 세로축에 트랙터를 표시하고 현재 모든 경제적 자원을 동원하여 생산할 수 있는 트랙터의 개수는 20대라고 하자. 가로 축은 쌀을 표시하고 같은 방법으로 모든 경제적 자원을 동원하여 생산할 수 있 는 쌀의 생산량이 100톤이라고 가정하자. 이 두 점을 연결한 것이 **생산가능곡선** 이다. 앞서 개인의 경제적 문제에서도 언급한 것과 같이 자원은 한정되어 있으 므로 특정 재화의 생산을 늘리기 위해서는 다른 재화의 생산을 희생해야 한다. 하지만 〈그림 1-4〉에서도 볼 수 있듯이 예산제약선의 형태와는 다르다는 것을 확인할 수 있는데 그것은 기울기가 직선 형태가 아니라 곡선 형태를 따르는 것 이다. 앞서 예산제약선의 기울기가 어느 지점에서나 동일한 것은 어느 점에서나 재화의 교환비율이 일정함을 나타내는 것이라고 설명하였다. 따라서 곡선형태의 생산가능곡선은 매 지점마다 교환비율이 다르다는 것을 독자들은 알 수 있을 것

그림 1-4 | **생산가능곡선**

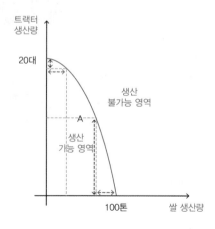

이다. 이는 **기회비용체증의 법칙** 때문이며 만약 트랙터를 포기하고 쌀을 선택할 경우, 포기한 트랙터의 기회비용이 점차 증가함을 의미한다.

자, 그럼 이해를 돕기 위해 한 가지 가정을 해 보도록 하자. 한 나라 경제에 10명의 근로자가 있다. 그리고 최초에 모두 트랙터를 생산하여 20대를 생산하고 있었다고 가정해 보자. 여기까지는 앞선 가정과 크게 다르지 않기 때문에 이해하는데 큰 문제가 없을 것이다. 그런데 10명의 근로자가 모두 동일한 능력을 가지고 트랙터를 생산할까? 실제 경제에서는 그렇지 않다는 것을 독자들은 짐작할 수 있을 것이다. 어떤 근로자는 트랙터를 아주 잘 만들 수도 있고 어떤 근로자는 트랙터 만드는 재능이 없어 잘 만들지 못할 수도 있다. 그렇다면 트랙터를 만드는 근로자 중 최초 1인이 쌀을 생산하기 위해 이전 된다면 누가 가는 것이 가장 효율적일까? 그렇다. 트랙터를 만드는 재능이 없는 사람이 넘어가는 것이 가장 효율적일 것이다. 그렇게 계속해서 넘어가다 보면 트랙터를 만들던 마지막 1인은 트랙터를 만드는데 정말 특화된 사람일 것이다. 혼자서 트랙터를 8대나 만들 수 있는 사람일 수 있다. 하지만 마지막 1인은 트랙터에 특화되어 있지만 쌀 생산은 어떤지 모르기 때문에 평균적으로 10톤만큼만 생산한다고 가정해 보자. 자, 그럼 기회비용이 체증하는 것이 독자들은 보이는가? 트랙터를 만들던 근로자 중 최초 1인이 쌀을 생산하기 위해 이전되면서 포기해야 하는 트랙터는 불과 2대다. 하지만 트랙터를 만들던 근로자의 최후 1인이 쌀을 생산하기 위해

① 최초 10명이 모두 20대의 트랙터를 생산

② 쌀을 생산하기 위해 최초 1명의 노동자가 농부로 이직한다면 누가 이직하는 것이 가장 효율적일까?

최초 1인

① 트랙터를 만들던 마지막 노동자가 쌀 생산을 위해 넘어감

② 트랙터를 만들던 최후에 노동자는 트랙터를 가장 잘 만드는 노동자 일 것이다.

최후 1인

기회비용체증의 법칙 ▬▬▬

트랙터를 생산하는 노동자 최후 1인은 트랙터를 아주 잘 만드는 전문가일 것이다. 따라서 쌀 10톤을 생산하기 위해 트랙터 8대를 포기해야 하는 경우가 발생하게 되는데 이처럼 트랙터를 생산하던 노동자가 쌀 생산을 위해 이직을 하면서 점점 포기해야 하는 트랙터의 개수가 많아지는 현상, 즉 기회비용이 점차 증가하는 현상을 기회비용체증의 법칙이라고 한다.

이전 되면서 포기해야 하는 트랙터는 무려 8대다. 포기해야 되는 기회비용이 점차 증가함을 확인할 수 있다.

이처럼 생산가능곡선이 곡선형태를 따르고 있는 것은 지극히 상식적인 것임을 독자들은 이해할 것이다. 곡선의 기울기가 의미하는 것을 알아보았으니 이제 생산가능곡선 안쪽과 바깥쪽 영역에 대해서 확인해 보도록 하자. 우선 생산가능곡선 안쪽 영역은 현재 해당 국가가 가지고 있는 생산자원을 활용하여 달성가능한 영역이다. 반면 생산가능곡선 바깥쪽 영역은 달성 불가능한 영역이다.

3 | 최적의 선택과 한계의 개념

앞서 경제학이 태동하게 된 이유를 설명하며 인간의 욕구는 무한하나 자원은 한정되어 있으므로 경제주체들은 한정된 자원 안에서 선택을 하여야 함을 설명하였다. 여기서 경제주체는 선택이라는 문제에 직면하게 되는데, 그럼 어떤 선택을 해야 할까? 이에 대한 답변은 개인이라면 효용(utility, 만족감)이 극대화 되는 것을 선택하여야 하고 기업이라면 이익(profit)이 극대화 되는 것을 선택해야 할 것이다. 우리는 이것을 **최적의 선택**이라고 설명한다.

경제학에서는 이런 최적의 선택점을 찾기 위해서 한계(marginal)라는 개념을 사용한다. 경제학을 처음 접하는 사람들은 다소 생소한 개념이지만 잘 알아두면 많은 도움이 될 수 있으니 꼭 기억해 두도록 하자. 경제학에서 한계는 재화와 서비스를 현재 수준에서 한 단위 더 생산하거나 소비할 때 나타나는 이익이나 비용을 일컫는다. 예를 들어 한계수익은 현 시점에서 한 단계를 더 생산할 때 한 단계 생산으로 얻는 이익을 말한다. 즉 10개를 생산할 때의 총이익이 100만원이고 1개를 더 생산하여 총 11개를 생산했을 때 총이익이 105만원이라면 11번째의 한계수익은 5만원이 되는 것이다. 한계비용도 같은 개념으로 이해하면 쉽다. 앞선 예와 같이 10개를 생산할 때의 총비용이 80만원이고 11개를 생산했을 때 총비용이 90만원이라면 11번째의 한계비용은 10만원이 되는 것이다.

경제학에서 한계의 개념이 중요한 이유는 이윤을 극대화 시키거나 효용을 극대화 시키는 생산량을 한계라는 개념으로 도출할 수 있기 때문이다. 즉 이익

배고팠는데 맛있겠다!

이제 배부르다. 나머지 한 개는 못 먹겠네..

첫 번째 빵에 대한 효용은 매우 높겠지만 빵을 먹을수록 그 효용은 점차 감소한다. 이를 한계효용 체감의 법칙이라고 한다.

극대화나 효용을 극대화 시키는 생산량 혹은 소비량은 현시점에 생산이나 소비를 한 단위 늘릴 때 마지막 단위로 늘어난 생산이나 소비의 이익과 비용을 비교하여 결정할 수 있는 것이다. 아직도 잘 이해가 되지 않는다면 다음의 사례 등을 통해 천천히 확인해 보도록 하자.

11
첫 번째 먹은 빵이 가장 높은 효용을 느꼈기 때문에 가장 높은 지불의사가 있고 마지막으로 먹은 빵이 가장 낮은 효용을 느꼈기 때문에 가장 낮은 지불의사가 있다. 즉 첫 번째 빵이 1천원에 지불의사가 있다면 두, 세 번째로 갈수로 800원, 600원 등 지불의사가 낮아지고, 5번째 빵의 지불의사는 200원 이하로도 하락할 수 있다.

12
이와 더불어 수확체감의 법칙으로도 설명하나 결국 같은 의미다. 수확체감의 법칙은 한정된 자원 하에서 투입요소를 늘려도

우선 소비량, 생산량과 한계효용, 이익 간의 관계는 **한계효용 체감의 법칙**으로 설명한다. 한계효용 체감의 법칙이란 현 단계에서 한 단계 더 소비하였을 때 경제주체가 느끼는 만족감은 점점 하락한다는 의미다. 이는 다음의 예에서 잘 설명된다. 독자가 밤늦게까지 밀린 일이나 공부를 하고 있을 때 어머님이 맛있는 빵을 5개 사왔다고 가정해 보자. 약간 출출함을 느끼던 독자는 감사하게 빵을 먹겠지만 모든 빵이 독자에게 동일한 효용을 느끼게 해주지는 못할 것이다. 즉 첫 번째 빵은 가장 큰 효용을 느끼게 해주겠지만 마지막 빵은 배가 부른 상태이기 때문에 효용을 거의 느끼지 못할 것이다. 이를 경제학적으로 해석하면 소비를 한 단계씩 늘릴 때마다 효용이 감소하는 한계효용 체감의 법칙이 발생한다고 설명한다. 우리는 보통 가계(개인)의 효용가치를 지불의사로도[11] 표현할 수 있기 때문에 이를 생산 입장에서 보면 생산을 늘릴수록 이익이 감소할 수 있다고 해석할 수 있다.

다음으로 한계비용은 **기회비용 체증의 법칙**[12]으로 설명한다. 앞서 우리는 생산가능곡선을 배우며 기회비용이 체증하는 현상을 확인하였다. 즉 쌀 생산을 늘리기 위해서는 포기해야 하는 트랙터의 개수(비용)가 증가하는 것을 확인하였다. 이는 한정된 자원 안에서 쌀 생산량을 늘리기 위해서는 다른 재화를 포기해야 하는데 포기하는 기회비용이 점차 증가함을 나타낸 것이다.

자, 이제 우리는 앞서 도출된 한계효용(MU)[13]과 한계비용(MC)을 통해 최적의 생산량, 혹은 소비량을 〈그림 1-5〉의 그래프와 같이 찾아볼 수 있다. 우선 A점에서는 한계효용이 한계비용보다 크므로 한 단위 더 소비함으로써 효용이 증가

할 수 있다. 빵을 1개에서 2개 먹을 때 느끼는 효용이 이에 따른 비용보다 크기 때문에 1개를 더 먹어도 된다는 말이다. 이를 기업입장에서 보면 재화나 서비스를 1개 더 생산할 때 들어가는 비용보다 이윤이 크기 때문에 1개를 더 생산하면 총이윤이 증가하므로 생산을 늘려야 한다고 보는 것이다. 반면 B점은 한계비용이 한계효용보다 더 크므로 한 단위 더 소비할 때 효용 감소가 발생한다. 빵을 4개째 먹으면 빵을 먹을 때 느끼는 효용보다 비용이 크기 때문에 먹지 말아야 한다. 이를 기업 입장에서 보면 재화나 서비스를 한 단위 더 생산할 때 이윤보다 비용이 크므로 총이윤은 감소하기 때문에 생산량을 줄여야 한다. 결국 가계의 효용을 극대화 시키거나 기업의 이윤을 극대화 시키는 점은 한계효용과 한계비용이 일치하는 점이 된다.[14]

이제 실제로 우리가 착각하는 사례에 대해서 살펴보도록 하자. 독자들이 커피숍을 운영하는 운영자인데 커피숍을 정리하고 다른 사업을 하려고 한다고 가정해 보자. 그리고 커피숍의 수입과 비용은 〈표 1-2〉와 같이 정해져 있다고 생각해 보자. 그렇다면 독자들은 사업을 어디에서 정리하겠는가? 한계의 정의가 명확하지 않은 독자들은 대부분 5, 6잔을 판매하는 시점에서 사업을 정리할 가능성이 크다. 이유는 판매량이 3잔에서 4잔으로 넘어갈 때 이윤이 감소하기 시작하지만 여전히 400원의 순수익이 발생하고 있기 때문이다. 따라서 계속 사업을 영위하길 바란다. 그리고 4잔에서 5잔으로 판매량이 증가할 때 순수익은 0원

그림 1-5 | 한계효용과 한계비용

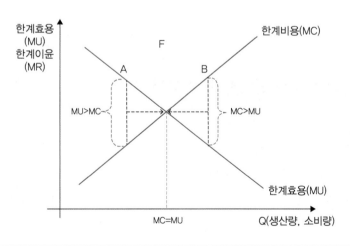

CHAPTER 01 경제학이란 **33**

이 되기 때문에 사업을 접으려는 마음을 먹는 것이다. 여기서 막연한 기대가 형성된다면 카페 운영자는 6잔까지 판매하여 적자가 발생하였을 때 사업을 정리할 가능성도 있다. 그렇다면 왜 이런 일이 발생할까? 우리는 한계라는 개념보다 평균적인 개념에 더 익숙하기 때문이다. 즉 현재의 순간을 보고 판단하는 것이 아니라 과거부터 현재까지를 하나의 개념으로 보고 판단하기 때문에 이와 같은 실수를 범하는 것이다. 다시 말해 현재 추세적으로 이윤이 감소하고 있는데도 과거의 이윤을 현재의 이윤과 합산하여 평균이윤을 현재 이윤으로 착각한다. 중요한 것은 평균적인 개념이 아니라 현재 시점에서 한 단위를 더 생산할 때 비용보다 이윤이 커서 총이윤을 증가시키는지 아니면 비용이 더 크기 때문에 총이윤을 감소시키는지를 확인하는 것이다. 총이윤을 증가시킨다면 계속 생산을 늘려가야 하고 총이윤을 감소시킨다면 현재 생산을 멈춰야 한다. 이것이 바로 한계의 개념이며, 이 지점은 3잔이 되는 것이다. 4잔 째 커피는 이윤보다 비용이 크므로 이윤을 감소시키기 때문에 이윤극대화를 실현할 수 없다.

표 1-2 | **커피 판매를 통한 이윤극대화 사례**

판매수량	한계이익	한계비용	총이익	총비용	순이익
1	600원	200원	600	200	400
2	500원	300원	1100	500	600
3	400원	400원	1500	900	600
4	300원	500원	1800	1400	400
5	200원	600원	2000	2000	0
6	100원	700원	2100	2700	-600

4 | 경제학 학습을 위한 수학적 기초

경제학은 사회과학 중에서도 수학을 굉장히 많이 사용하는 학문에 속한다. 따라서 주변에 경제학을 전공했다는 친구가 있다면 미분, 편미분, 라그랑지, 적분 등 매우 복잡한 수학을 한다는 이야기를 듣기도 했을 것이다. 하지만 겁먹을 필요 없다. 우리는 경제학을 전문적으로 연구하기 위해서 학습을 하는 것이 아니고 우리가 살고 있는 자본주의 시장경제 시스템을 이해하고 활용하기 위함에 목적이 있다. 따라서 전문적인 수학은 접할 이유가 없다. 다만, 수요-공급, 총수요-총공급, 생산함수 등을 이해하기 위해서는 기초적인 함수와 그래프가 필요하므로 이들만 살펴보도록 하자.

1 함수

함수라고 하면 대부분의 독자들이 중, 고등학교 시절 배웠던 1차, 2차, 3차 함수 등을 떠올리게 된다. 이어서 미분과 적분을 떠올린다. 그리고 결국 거부감을 느끼게 된다. 다시 한 번 언급하지만 어려운 수학은 우리가 접하지 않기 때문에 책을 덮을 생각은 버리자. 우리가 본서에서 함수라는 툴을 활용하는 것은 말로 표현하면 굉장히 길고 어려운 것을 함수를 통해 아주 간단한 수학적 기호로 활용할 수 있기 때문이다. 조금 더 전문적인 용어로 설명하자면 종속변수(difference variable)와 독립변수(indifference variable)의 관계를 알아보기 위함이다. 그럼 우리가 실제로 학습하게 될 몇 가지 경제변수를 통해 함수의 관계를 확인해 보도록 하자. 우선 가장 많이 보게 될 생산함수는 다음과 같이 표현한다.

$$Q = Af(L, K)$$

위의 식에서 좌변의 Q는 생산량을 나타내며 우변에 있는 A는 생산성을 L은 노동, K는 자본을 나타낸다. 그리고 f를 **함수**(function)[15]라고 부른다. 생산함수를 해석하자면 생산성, 노동, 자본은 생산량을 결정하는 요소라는 것이다. 서로 간에 어떤 수학적 관계가 있는지 독자들은 알 필요가 없다.[16] 즉 생산량과 생산성, 노동, 자본 간의 관계를 알아보기 위한 것이지 노동량이 얼마 증가하였을 때 생산량이 얼마나 증가하였는지 정확한 수치를 알아보기 위함이 아님을 명심하자. 그냥 있는 그대로 해석하면 되는 것이다. 다음으로 소비함수는 $C = mpc(y - t)$과 같이 표현할 수 있으며 가계의 소비는 소득(Y)과 세금(t)에 영향을 받는다는 의미다. 보통 가계소득이 증가하거나 세금이 감소하면 소비가 증가한다고 가정한다. 마지막으로 $\frac{M}{P} = L(Y, r)$는 화폐수요함수를 나타내는 것으로 실질화폐수요($\frac{M}{P}$)는 가계소득(Y)과 이자율(r)에 영향을 받는다는 의미다. 이론상 가계소득이 증가하

15 함수
함수라고 해서 꼭 f를 쓰는 것은 아니다. 경제학에서 효용을 나타내는 함수는 Utility의 U라고 표현하며 통화함수는 유동성을 나타내는 Liquidity 의 L을 쓰기도 한다.

16
실제로 생산함수는 수학적으로 콥더글러스 생산함수(지수함수)를 사용하지만 본서의 범위를 벗어나기 때문에 독자들은 고려할 필요 없다.

거나 이자율이 하락하면 화폐수요는 증가한다. 이처럼 함수는 구체적인 수식 없이 이론적 인과성을 설명할 때 유용하게 사용되며 우리는 그것을 이용하여 보다 쉽게 이론을 설명할 수 있다.

2 그래프

경제학 관련 교재를 한 번이라도 본 독자가 있다면 굉장히 많은 그래프가 있음을 확인했을 것이다. 특히 주변에 경제학을 전공한 친구나 지인이 있다면 대학교 4년 동안 그래프만 그리다가 끝났다는 해학 섞인 이야기를 듣기도 했을 것이다. 실제로 경제학에서는 그래프를 많이 이용한다. 하지만 독자들은 이 부분에 대해서 어려워 할 이유가 전혀 없다. 본서에서는 왜 그래프를 사용하는지 명확한 이유를 제시할 것이며, 특히 학창시절 어려워했던 2차 함수, 3차 함수, 미분, 적분 등을 다루지 않을 것이기 때문이다.

경제학에서 그래프를 사용하는 이유는 숫자로 표시된 데이터를 한 눈에 볼 수 있으며 어떤 추세, 특징을 가지고 있는지 쉽게 파악할 수 있기 때문이다. 더욱이 단어들도 생소한 경제학 이론들을 아주 간단하게 평면에 표시할 수 있고, 균형 변화에 따른 예측도 쉽게 할 수 있기 때문이다. 필자도 그렇고, 독자들도 그렇겠지만 학창시절 방정식과 그래프를 배우면서 단 한 번도 이것이 어디에 활용되는지 알 수 없이 공식에 의해 문제를 풀었던 것을 기억할 것이다. 하지만 사실 방정식에 의한 그래프는 사회적으로 어떤 원인(독립변수)이 발생하였을 때 어떤 결과(종속변수)가 나타나는지를 확인하는 매우 유용한 도구(tool)였다는 것을 독자들은 이해하길 바란다. 실제로 순수과학이나 사회과학에서 인과성을 밝히는 것을 주요 연구 목적으로 삼고 있으며, 이는 외부충격이 어떤 결과를 가져올지에 대한 인과관계에 관심을 두고 있음을 의미한다.

그럼 학창시절 배운 간단한 1차 함수를 생각해 보도록 하자. 머릿속에 바로 $y = ax + b$ 공식이 떠오를 것이다. 여기서 a는 기울기이고, b는 y절편, x는 독립변수, y는 종속변수라는 것도 어렴풋이 기억날 것이다. 보통 독자들의 머릿속에는 x값이 주어졌을 때 미지수인 y값을 찾아가는 것이 생각날 것이다. 이는 x가 독립적으로 혼자 변하는 것이고 y는 x값의 변화에 따라 결정되는 값이라는 것을 암묵적으로 독자들도 알고 있을 것이다. 따라서 x는 독립적으로 변하기 때문에 독립변수, y는 x값에 종속되기 때문에 종속변수라고 부른다. 이제 함수를 그래프로 표현해 보자. 그럼 〈그림 1-6〉과 같이 표현할 수 있을 것이다. 우리는 학창시절 학습효과로 인해 가로축에 x, 세로축에 y를 표현한다는 것을 쉽게 알 수 있다. 이는 독립변수의 x가 가로축에 의해서 정해지면 함수의 그래프를 따라서 종속변수인 y가 결정점을 의미한다. 즉 x_0값이 주어지면 직선을 따라 그래프와 만나는 점에서 y_0값이 정해진다. 이제 이것을 우리가 배우는 경제학에 접목시켜 보자. 개인적인 차원에서 독자들이 좋아하는 커피 가격은 커피 시장에서 결정되는 것이기 때문에 독자들은 커피숍에서 정해진 가격을 보고 얼마만큼 먹을지 결정하면 된다. 여기서 커피 가격은 독립변수이고 독자들이 먹을 커피량을 결정하는 것은 종속변수인 것이다. 그 사이에 함수인 수요함수가 있다. 앞으로 우리가 배우겠지만 수요법칙은 가격이 오르면 수요량을 줄이고, 가격이 내리면 수요량을 늘리는 것을 말한다. 즉 독립적으로 주어진 커피 가격을 보고 가격이 하락했다고 생각하면 수요곡선에 의해 커피를 많이 소비할 것이다.

눈치가 빠른 독자라면 책을 읽다가 뭔가 어색한 느낌을 받았을 것이다. 이는 독자들이 알고 있던 독립변수와 종속변수의 위치가 경제모형에서 바뀌어 있는 것이다. 다시 한 번 살펴보면 커피 가격이 독립변수라고 이야기 하면서 가격을 세로축에 표시했다. 독자들이 배운 수학과는 반대로 표시되어 있는 것이다. 왜 수학과 반대로 독립변수와 종속변수를 쓰는지에 대해서 명확한 근거는 없으며 관습적으로 쓰여져 왔기 때문에 지금도 그렇게 쓰고 있다고 생각하면 된다. 조금 더 정확한 내용은 '읽을거리'를 참조하기 바란다. 따라서 독자들은 독립변수인 가

그림 1-6 | **1차 함수 그래프**

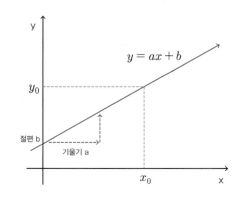

그림 1-7 | **커피에 대한 수요곡선 그래프**

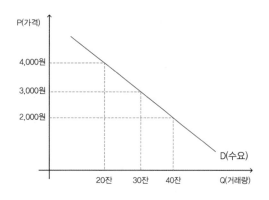

| 그림 1-8 | **3차원적 그래프** | 그림 1-9 | **커피 수요 그래프 이동** |

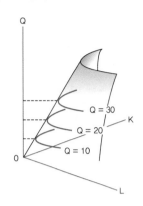

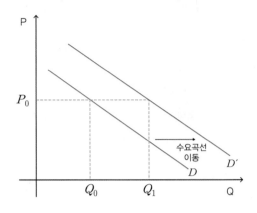

격이 변화되면 함수에 의해 거래량이 결정되는 점을 염두에 두기 바란다.

　마지막으로 경제학에서 그래프를 다루면서 많이 접하는 것이 그래프의 이동이다. 우리가 앞서 배운 평면상의 그래프는 최대 2개의 변수만 표시할 수 있다. 즉 가격과 수량, 2개의 변수만 표시할 수 있다. 하지만 종속변수로 표시되는 커피의 수량에 영향을 주는 변수는 커피 가격 이외에도 소득이 포함될 수 있다. 즉 독자들의 소득이 증가하면 좋아하는 커피를 더 마실 수 있다는 의미다. 하지만 평면상에는 2개의 변수만을 표시할 수 있기 때문에 소득변수를 추가하기 위해서는 축을 하나 더 추가해야 한다. 〈그림 1-8〉에서 확인하는 것처럼 3차원 상에 그래프를 표현하는 것은 쉬운 일이 아니다. 더욱이 변수가 하나 더 추가된다면 어떨까? 축을 하나 더 늘려야 하는데 이럴 경우 손보다 컴퓨터의 도움을 받아 작성하는 편이 나을 것이다. 이처럼 평면상에 그래프는 변수가 추가될 때 표현상에 어려움이 있다. 이를 해결하는 방법이 바로 그래프의 이동이다. 앞선 예를 다시 한 번 생각해 보자. 커피 가격이 변하지 않은 상태에서 독자의 소득이 증가하면 좋아하는 커피를 더 마실 것이다. 〈그림 1-9〉 그래프는 커피 가격이 변하지 않은 상황(P_0)에서 독자들의 소득 증가로 커피의 소비량이 Q_0에서 Q_1으로 증가했음을 보여주고 있다. 즉 평면상에 2개 변수 이외의 변수가 변하게 되면 그래프를 좌측 혹은 우측으로 이동시킴으로써 이를 해결할 수 있다.

경제학에서 독립변수와 종속변수가 바뀐 이유

왈라스 ━━━

경제학에서 독립변수와 종속변수가 바뀐 이유는 두 명의 경제학자가 시장을 보는 시각이 달랐기 때문이다. 즉 우리가 현재 배우고 있는 수요-공급의 기본 가정은 왈라스(Walras, 1834~1910)라는 경제학자가 정립한 왈라스 체계를 기초로 하고 있다. 왈라스 체계는 외부에서 주어진 가격에 대해 수요자와 공급자가 수요량과 공급량을 결정한다는 것으로 가격이 독립변수가 되고 수량이 종속변수가 되는 것이다.

━━━ 마샬

반면 이보다 앞서 경제수학의 초석을 다진 마샬(Marshall, 1842~1924)은 왈라스가 보는 시각과 반대로 시장을 설명하였다. 즉 시장에 공급할 재화의 양이 결정되면 수요자들은 최고 구매가격(수요가격)을 제시하고, 공급자는 제시된 공급량을 공급하기 위해 최소 판매가격(공급가격)을 고려한다는 것이다. 공급자는 수요가격이 공급가격보다 높아야만 생산을 결정하여 실제 생산을 한다. 만약 커피 20잔에 대한 수요가격이 3천원인데 공급가격이 2천이라면 공급자는 기꺼이 공급하며 수요가격과 공급가격이 만나는 점까지 공급량을 늘린다는 것이다. 이는 독립변수가 수량에 있고 종속변수가 가격에 있음을 설명한다.

결과적으로 경제수학의 초석을 다진 마샬은 수학에서 사용되는 독립변수와 종속변수를 그대로 경제학에 사용하였으며 이후 왈라스에 의해 시장을 보는 이론적 견해가 변경되었지만 그래프는 마샬체계를 그대로 따르고 있기 때문에 독립변수와 종속변수가 바뀐 것처럼 보이는 것이다.

출처: 네이버, Wikipedia

3 균형, 외부충격과 불균형 그리고 새로운 균형

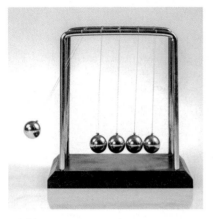

진자추 ━━━━

경제학에서 **균형**(equilibrium)은 매우 중요하게 다뤄진다. 경제학 이외에 독자들이 균형이라는 단어를 가장 많이 접했던 곳은 물리학일 것이다. 보통 물리학에서 균형은 외부충격(shock)이 없는 한 현 상태를 유지하려는 현상으로 이해하며, 독자들은 머릿속으로 사진과 같이 진자추를 떠올릴 것이다. 진자추는 외부충격이 없다면 움직이지 않는 상태를 유지하려는 균형 상태에 있다. 경제학에서도 의미는 다르지 않다. 경제학에서 균형이라는 것은 외부충격이 없다면 경제주체(가계, 기업, 정부)들이 자신의 행동을 변화시키지 않으려는 상태를 말한다.

예를 들어 수요−공급에서 균형이라 함은 수요자가 원하는 가격과 수량이 공급자가 원하는 가격, 수량과 일치하는 상태를 말한다. 이는 수요자와 공급자가 모두 만족하는 상태이기 때문에 현재의 균형 상태를 변화시킬 유인이 없다는 뜻이다.

17 외부충격
충격에 대한 정확한 정의는 경기변동에서 배우게 될 것이며, 여기서는 예상하지 못한 일이 발생하였다고만 정의한다.

그러나 어떠한 이유에선지 외부충격[17]이 발생하게 되면 균형 상태에서 벗어나 불균형 상태가 된다. 예를 들어 외부충격에 의해 커피 가격이 갑자기 올랐다고 가정해 보자. 독자들은 비싸진 커피를 먹기가 부담스럽기 때문에 커피 소비를 줄이려 할 것이다. 반면 커피숍 사장의 경우 가격이 오르면 이윤이 증가할 수 있기 때문에 더 많은 커피를 팔고 싶어 할 것이다. 즉 사려는 사람은 적은데 팔려는 사람은 많은 상태가 되는 것이다. 이 경우 커피 가격은 어떻게 될까? 그렇다. 커피 가격은 하락하게 된다. 커피 가격은 균형 상태가 될 때까지 지속적으로 하락하며 균형 상태에 이르면 더 이상 하락하지 않는다. 이를 통해 우리는 외부충격에 의해 불균형 상태가 되면 가격조정을 통해 균형 상태에 도달한다는 사실을 확인할 수 있다.

다음으로 사회·경제적 환경 변화로 인해 균형점이 이동할 수도 있다. 예를 들어 커피숍이 많이 늘어났다고 가정해 보자. 커피숍이 많이 늘었다는 것은 이전 보다 커피에 대한 공급이 늘었다는 말로 해석할 수 있다. 즉 커피를 마시려는 소비자는 그대로 인데 커피를 팔려는 공급자가 늘어났으므로 커피 가격은 하락하게 된다. 또한 커피 가격 하락에 의해 이전에는 높은 가격 때문에 커피를 소비하지 않았던 소비자들도 커피를 마실 수 있기 때문에 커피 판매량은 증가하게 된다. 따라서 커피숍 증가에 의해 새로운 균형점이 형성되는데 이는 이전 균형점보다 커피 가격은 하락하고 커피의 거래량은 증가함을 확인할 수 있다. 새로운 균형점에서 역시 외부충격이나 환경 변화가 없다면 현 균형 상태를 유지하려 한다.

균형은 경제 예측의 의미에서도 매우 중요하다. 만약 균형 없이 항상 불균형 상태에서 임의보행(random walk)[18]을 한다면 예측이 불가능하다. 어디로 튈지 모르는 경제를 예측할 수 없다는 말이다. 하지만 앞서도 살펴보았듯이 경제는 외부충격에 의해 불균형이 발생하면 균형 상태로 회귀하려는 습성을 가지고 있다. 따라서 예측하지 못한 충격 혹은 환경 변화가 발생하였더라도 경제는 이전 균형점으로 회귀하거나 새로운 균형점을 찾아 갈 것이기 때문에 어느 정도의 예측이 가능하다. 이는 거시경제학 측면에서도 동일하다. 단기적으로 경기 변동이 있을 수는 있지만 경기는 장기 균형점으로 회귀하려는 습성이 있기 때문에 이를 통해 미래 경제를 예측해 볼 수 있는 것이다.

[18] 임의보행 보통 임의보행은 술 취한 사람이 어느 방향으로 갈지 모른다는 것으로 설명된다.

01 경제학이 태동하게 된 이유는 인간의 무한한 (   )과 제한된 (   ) 때문이다.

02 예산제약선의 기울기에 대해서 틀리게 설명한 것은?
① 예산선의 기울기는 항상 음수이다.
② 예산선의 기울기를 대체율이라고도 부른다.
③ 예산선의 기울기는 기회비용으로 설명 가능하다.
④ 예산선이 직선의 기울기를 갖는다면 대체율은 어디에서나 동일하다.
⑤ 예산선이 직선의 기울기를 갖는다면 기회비용은 점차 증가한다.

03 그림 1-1에서 A점은 선택 가능한 점이지만 효율적이지 못한 점이라고 말한다. 그 이유에 대해서 설명해 보시오.

04 그림 1-1에서 B점은 현재 소득에서 선택 불가능한 점이다. 그렇다면 B점은 항상 선택이 불가능한 것인가? 그렇지 않다면 그 이유에 대해서 설명해 보시오.

05 거시경제가 태동한 이유에 대해서 틀리게 설명한 것은?
① 대공황으로 인해 거시경제가 태동하게 되었다.
② 대공황 이전에 경제학은 자유방임 경제학이 주를 이루고 있었다.
③ 단기에 가격이 경직적이기 때문에 침체가 더욱 깊어지므로 국가가 개입해야 한다고 주장하였다.
④ 경제는 장기에 균형으로 회귀하기 때문에 별도의 조치가 필요 없다고 주장하였다.
⑤ 거시경제학은 케인즈에 의해서 창시되었다.

06 경제학의 창시자 애덤스미스는 시장경제가 (   )에 의해 작동하며 기업이 재화를 시장에 적절하게 공급하는 이유는 기업의 자비로움이 아니라 (   ) 때문이라고 주장하였다.

07 우울한 경제학자 토머스 멜서스의 주장과 다른 것은?
① 소작농들은 자녀를 많이 낳기 때문에 인구는 기하급수적으로 증가한다.
② 농작해야 할 땅은 한정적이기 때문에 식량은 산술적으로 증가한다.
③ 새로운 농작 기술을 통해 식량문제를 해결할 수 있다.
④ 식량 증가가 인구 증가를 따라가지 못하면 결국 세계는 멸망할 것이라고 주장하였다.
⑤ 토머스 멜서스의 주장은 지금도 많은 영화의 주제로 활용되고 있다.

08 생산가능곡선의 기울기가 원점에서 오목한 이유는 (   ) 때문이며, 이를 그림 1-4를 통해 트랙터와 쌀의 관계로 설명해 보시오.

09 균형에 정의에 대해서 커피의 수요 – 공급 예를 통해 설명해 보시오.

10 경제학에서 설명하는 한계(marginal)의 개념에 대해서 설명하고, 이윤극대화나 효용극대화를 위해서 한계의 개념이 어떻게 활용되는지 설명해 보시오.

CHAPTER

02

시장경제와
계획경제체제

단원을 시작하며

우리나라는 남한과 북한이 분리되어 있는 세계 유일의 분단국가다. 이미 독자들도 알고 있듯이 국가가 분단된 이유는 남한과 북한이 추구하는 이념적 차이 때문이다. 즉 남한은 자유민주주의를 표방하고 있는 데 반해 북한은 공산주의를 채택하고 있다. 그렇다면 이런 이념 차이가 경제체제에서는 어떻게 반영되는지 한 번 알아보도록 하자.

독자들은 어렴풋이 북한 경제가 매우 좋지 않다는 사실을 알고 있을 것이다. 즉 배급이 제때 이뤄지지 않아 목숨을 걸고 두만강을 탈출하는 북한 주민의 모습을 본 적이 있을 것이며 영양실조에 걸린 매우 마른 북한 아이들도 본 적이 있을 것이다.

그렇다면 왜 자본주의 양극화 문제를 해소하고 모두가 잘 살 수 있는 국가를 표방했던 계획경제는 이처럼 무너졌는지, 반대로 시장경제는 어떤 이유 때문에 전 세계의 경제체제를 장악하게 되었는지 우리는 이 단원을 통해서 확인해 보도록 할 것이다.

1 │ 경제체제의 구분

경제체제는 한 국가의 경제시스템을 결정하는 제도적 장치와 조정 메커니즘을 뜻한다. 즉 제도적 장치에 의해 사적 재산이 허용되는지 혹은 재화와 서비스에 대한 생산은 누가 할 것이며 소비는 누가 할 것인지, 공급되는 양은 누가 결정할 것인지를 결정하는 것이다.

대표적인 경제체제로는 시장경제와 계획경제를 들 수 있다. 독자들은 시장경제와 계획경제라는 단어보다 자본주의와 사회주의 혹은 공산주의라는 단어에 더 친숙할 것이다.

1 계획경제체제

계획경제는 모든 경제적 의사결정을 중앙 정부의 경제계획당에서 결정하는 체제를 말한다. 흔히 사회주의나 공산주의를 말한다. 우리는 계획경제를 이해하기 위해 먼 나라 사례를 볼 필요가 없다. 이유는 가장 가까이에 있는 북한이 계획경제를 따르고 있기 때문이다. 독자들은 북한하면 어떤 것들이 떠오르는가? 가난, 절대권력, 배급 등이 떠오를 것이다. 분명 사회주의의 출현은 자본주의의 빈부격차를 해소하기 위한 대안에서 출발했지만, 결과는 강력한 공산당에 의해 장악되는 형국에 이르게 되었다. 이런 중앙집권적 경제체제는 모든 자원과 산출물의 소유권을 중앙당인 공산당이 가지게 된다. 즉 개인의 사적인 소유를 허용하지 않는다. 또한 모든 인사임명권 또한 공산당에 의해서 결정된다. 이렇게 모든 경제권력을 중앙에 집결시킨 이유는 산출물을 한 곳에 집결하고 이를 배분하여 모두가 평등한 위치에 설 수 있게 함에 있었다. 하지만 중앙에 집결된 경제권력은 원안과 다르게 매우 강력한 힘을 갖게 되었고 모든 경제를 통제하는 절대권력을 갖게 되었다. 그리고 모든 경제활동을 통제하기에 이르게 되었으며 심지어 각 가정에 숟가락을 몇 개 만들지, 젓가락을 몇 개 만들지까지 중앙의 경제계획당에서 결정하게 된 것이다. 이렇듯 모든 경제활동을 중앙의 경제계획당에서 통제하기 때문에 계획경제체제 혹은 통제경제체제라고 부른다.

2 시장경제체제

시장경제체제는 모든 경제적 의사결정이 시장에서 이뤄지며 사적 재산이 허용되는 체제로 보통 자본주의라고 부른다. 시장경제의 가장 큰 특징은 사적 재산이 허용된다는 점과 생산과 소비에 대한 메커니즘이 시장에서 가격에 의해 자율적으로 조정된다는 점이다. 이를 간단하게 설명하면 다음과 같다. 기업가는 사적 재산이 허용되기 때문에 사적 이익을 위해 노력한다. 여기서 노력한다는 의미는 재화나 서비스를 생산하기 위해 생산요소인 노동, 자본 등을 자유롭게 선택하고 다른 기업보다 더 좋은 제품을 저렴한 가격에 판매하려고 함을 뜻한다. 이렇게 만들어진 재화와 서비스는 시장을 통해 판매된다. 여기서 시장은 구매자와 판매자를 연결시켜 주고 가격을 설정하는 매우 중요한 역할을 한다. 즉 구매자와 판매자가 가장 만족하는 가격에 거래가 이뤄지며 만약 재화가 부족하면 가격 상승이라는 신호를 보내서 더 많은 재화를 생산할 수 있게 해준다. 모든 결정을 중앙 경제계획당이 하는 계획경제와 대조적인 것이다. 특히 계획경제의 경우 경제권력이 중앙당인 공산당에 집중되어 있는 것에 반해 시장경제는 모든 소비자에게 경제권력이 분산되어 있다.

시장경제와 계획경제(한국은행)

▌최근에는 순수 공산주의, 사회주의, 순수 자본주의를 찾아보기 힘들다

순수 공산주의라 함은 대표적으로 북한을 들 수 있다. 그리고 현재는 순수 공산주의를 찾아보기 힘들다. 최근에 북한 역시 국제사회에 손을 뻗고 있다는 점을 고려할 때 향후 순수 공산주의로 남기 어려울 것으로 보인다.

한 때는 이데올로기의 대립이 끝나면서 공산주의 및 사회주의는 종식을 고하고 자본주의가 세상을 지배하는 것처럼 보였다. 따라서 전 세계는 미국의 자본주의를 받아들여 경제체제를 구축해 갔다. 자본주의 시스템은 기업의 이익을 위해 효율적인 생산을 하고 시장을 통해 사회에 가치 있는 재화와 서비스를 공급한다는 점에서 강력한 체제의 힘을 갖게 되었다. 하지만 경제체제라는 것이 계속해서 한 체제에만 머무는 것이 아니며 모든 사회·경제문제에 대응해 체제를 계속해서 발전시키기 때문에 자본주의의 문제점이 부각되면 이를 수정하여 발전시키려 노력하게 된다. 자본주의의 가장 큰 문제점은 양극화였다. 양극화는 시장의 자원 배분에 문제가 발생한 것으로 일정 부분 정부의 개입이 필요하다는 점이 노출

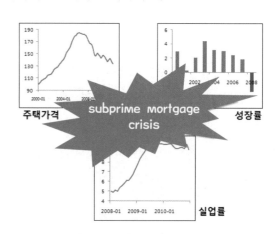

서브프라임 모기지 사태와 큰 정부

미국은 서브프라임 모기지 사태를 겪으며 자유방임적인 금융시장을 비판하였다. 당시 금융시장 규제를 강화하는 큰 정부를 지양하자는 의견이 대두되었다.

되었다. 따라서 시장경제체제 하에서 자유방임의 순수한 시장경제체제를 **"작은 정부"**라고 부르기도 하며, 반대로 어느 정도의 정부 통제가 필요한 시장경제체제를 **"큰 정부"**라고 부르기도 한다.[1] 이처럼 자본주의 시장경제체제의 문제점을 해결하기 위해 정부의 통제를 강화한 체제를 혼합경제(mixed economics)라고 부른다. 따라서 현대에는 자유방임 형태의 순수 시장경제체제를 따르는 국가보다 이렇게 체제의 문제점을 해결하기 위해 경제체제를 변화시켜 사용하고 있는 나라들이 늘어나고 있는 것이다.

이렇게 혼합경제체제를 따르는 것은 비단 자본주의 시장경제체제만은 아니다. 사회주의 계획경제체제도 마찬가지로 경제체제의 문제를 해결하고 발전시키기 위해 경제체제를 변화시키고 있다. 대표적인 사례가 중국이다. 중국은 전형적인 사회주의 계획경제체제를 표방하는 나라였다. 하지만 중앙에 집권적인 계획경제가 얼마나 비효율적이고 발전가능성이 낮은지를 깨닫고 시장경제체제를 받아들이게 되었다. 즉 사회주의에 기반(base)한 자본주의 체제를 채택한 것이다. 이는 중앙집권적인 체제는 유지하되 시장과 사유재산 등을 인정하며 부를 쌓기 위해 시장에서 재화와 서비스를 거래할 수 있는 시스템을 도입한 것이다. 이를 통해 중국은 현재 세계 2위의

━━━ 국가 자본주의와 중국경제

중국은 사회주의에 기반한 자본주의 경제체제를 채택함으로써 고도성장을 이뤘으며 현재는 미국 다음의 세계 제2의 경제대국으로 성장하였다.

경제대국으로 올라섰다. 이를 국가 자본주의(State capitalism)라고 부른다.

2 | 시장경제의 특징

시장경제는 사적 재산의 소유를 허용하며 시장과 가격을 통해 생산량을 조

정하는 체제를 말한다. 또한 기업은 사익추구를 위해 경쟁하며 이를 통해 경제적 효율성을 달성하고 사회 전체의 이익을(후생) 증대시키는 체제를 말한다. 그럼 시장경제 특징들에 대해서 자세히 살펴보도록 하자.

1 사유재산의 허용과 사익추구

사유재산의 허용은 자본주의 시장경제의 핵심 요소 중 하나다. 사유재산이 허용됨으로써 시장경제는 자연스럽게 투자와 기술혁신이 이뤄지며 경제성장이 일어난다. 사유재산에 대한 권리는 법적인 효력을 지녀야 비로소 경제주체가 물적 생산요소를 획득하거나 사용, 처분하게 되며 유산을 상속할 수 있는 권리까지 주어져야 사유재산 제도가 유지된다.

여기서 사유재산 제도가 유지된다는 말은 개인 소유 자산이 법적으로 보호된다는 의미이며 타인이 독자의 자산을 구매하기 위해서는 독자의 승낙을 받아야 한다는 뜻이다. 여기서 타인의 제안이 마음에 들지 않으면 얼마든지 독자들은 거절할 수 있고 마음에 든다면 승낙할 수 있다. 결국 서로 간에 합의에 의해 사유재산의 획득과 처분이 이뤄지는 것이다. 이 과정을 통해 매우 중요한 시장경제 특징을 도출할 수 있다. 그것은 사유재산의 양도 과정을 통해 구매자와 판매자 모두 효용(만족감)이 증대된다는 것이다. 다음의 예를 통해 이를 확인해 보자. 독자는 1억원에 산 아파트를 한 채 가지고 있으며 현재 아파트의 가치를 2억원으로 보고 있다고 가정해 보자. 만약 어떤 구매자가 나타나 독자에게 해당 아파트를 1억 9천만원에 매입하겠다고 한다면 독자는 거절할 수 있다. 즉 거래가 성사되지 않은 것이므로 사유재산의 양도는 일어나지 않는다. 이번에는 다른 구매자가 나타나 2억원에 아파트를 매입하고자 한다면 독자는 이를 승낙할 수 있다. 즉 이때는 거래가 이뤄진 것이고 사유재산의 양도가 발생한 것이다. 이때 효용이 증가한 사람은 누구이고 감소한 사람은 누구인가? 맞다. 앞서 설명한 것과 같이 모두 효용이 증가한 것이다. 즉 독자는 해당 아파트가 2억원의 가치가 있다고 판단했고 2억원에 매도하여 실제로 2억원을 손에 쥐었기 때문에 효용이 증가했다고 생각할 것이다. 또한 구매자가 해당 아파트를 2억원에 산 이유는 해당 아파트에 거주할 경우 2억원의 가치보다 만족감이 높다고 판단하였기 때문에 기꺼이 2억원을 지불한 것이다. 이렇게도 생각해 볼 수 있다. 구매자가 향후

2억원 이상으로 아파트 가격이 오를 것이라고 예상하였기 때문에 기꺼이 2억원을 지불했다고 볼 수도 있는 것이다. 이유야 어쨌든 매매가 성립되어 사유재산의 양도가 진행되면 구매자와 판매자 모두 효용이 증가하게 되는 것이다.

사유재산 양도에 대한 구매자와 판매자 간 효용

주택매매가 성사되었다면 구매자와 판매자 모두에 만족감이 상승한 것이다.

2 사익추구
사익추구는 자칫 화폐적 이익만을 추구하는 것으로 오해할 수 있지만 그렇지 않다. 엄밀히 말하면 경제주체들의 효용, 즉 만족감을 극대화시키는 것으로 해석할 수 있다. 즉 가계의 사익추구는 소득을 올리는 것도 있지만 기부를 하거나 자식을 키우는 일 또한 효용을 극대화 하는 것으로 화폐적 이익만을 추구한다는 것은 잘못된 생각이다.

사유재산의 허용은 시장경제의 특징 중 하나인 사익추구[2]와 결합하여 경제성장을 촉진한다. 기업은 이윤극대화를 위해 비용을 줄이거나 신기술을 개발하여 생산량을 늘리기도 한다. 즉 투자를 촉진하고 기술개발을 통해 경제성장을 이루는 것이다. 가계는 소비자로서 값싸고 질 좋은 재화와 서비스를 선택함으로써 기업 간의 경쟁을 촉발시키고 결국 사회적으로 낭비되는 자원을 최소화하여 경제적 효율성을 달성한다.

만약 이런 사유재산이 법적 효력이 없다면 어떻게 될까? 한마디로 약육강식의 세상이 될 것으로 짐작할 수 있다. 즉 대부분의 사람들은 사유재산을 지키기 위해 모든 노력과 자산을 쏟아 부을

매드맥스

"매드맥스(Mad Max)" 영화를 패러디한 것으로 만약 사유재산이 인정되지 않는다면 매드맥스와 같이 자신의 자산을 지키는데 모든 힘을 쏟아 붙는 약육강식의 세상이 될 것이다.

것이다. 따라서 이런 경우 경제발전과 경제적 효율성 달성은 일어나지 않는다.

2 영업과 선택의 자유

우리는 첫 단원에서 경제학이 태동된 이유를 설명하며 선택의 중요성을 설명하였다. 이렇듯 시장경제는 각각의 경제주체들이 자유롭게 선택할 수 있으며 이는 앞서 설명한 사유재산 제도 하에서 사익추구를 위한 구체적 방법에 해당한다.

영업의 자유는 기업이 재화나 서비스 생산에 필요한 생산요소를 시장에서 자유롭게 선택할 수 있고 이를 통해 창출한 재화와 서비스를 시장에서 자유롭게 팔 수 있음을 포함한다.

선택의 자유는 경제주체 누구든 자신의 자산을 자유롭게 처분하거나 획득할 수 있고, 화폐를 자유롭게 사용할 수 있다는 의미를 내포하고 있다. 또한 가계는 자신의 직업을 선택할 수 있는 자유까지를 포괄적으로 포함한다.

3 경쟁

시장경제체제는 경쟁에 의존한다. 시장경제는 경쟁체제로 인해 이익이 창출되면 기업들의 진입이 일어나고 손실이 발생하면 퇴출이 자연스럽게 진행된다. 이런 과정을 통해 사회가 계속 변하더라도 장기적으로는 효율적 시장에 접근하게 되는 것이다. 이는 실제로 여러 가지 예를 통해서 확인할 수 있다. 독자들은 인기를 끌었던 커피숍이나 치킨집, 뽑기방, PC방 등을 기억할 것이다. 특히 최근 가장 인기 있던 것은 '탕진잼³'으로 유명세를 펼친 '뽑기방'이다. 뽑기방이 사회적 인기를 끌며 수요가 늘고 이윤이 증가한다는 소문이 퍼지면서 뽑기방을 하려는 업자들이 크게 증가하였다. 즉 공급이 크게 증가한 것이다. 뽑기방은 한 건물에 몇 개씩 들어 설만큼 증가(초과공급)가 지속되었다. 이럴 경우 뽑기방을 이용하려는 사람보다 뽑기방 수가 더 많아지게 되어 수익감소로 이어진다. 수익감소로 인해 몇몇 뽑기방이 폐업을 하고 공급이 줄어들게 되면 사회적 최적 수준의 뽑기방 수가 달성된다. 결과적으로 단기에 사회적 관심이 증가하여 공급이 크게 증가한다고 하더라도 장기적으로는 사회적 최적 수준의 기업 수를 달성할 수 있다는 것이다.

3 탕진잼
탕진잼은 소득이 부족한 젊은 세대들이 소액의 부담 없는 자금을 바탕으로 이 자금을 모두 소진할 때까지 소비함으로써 만족감을 극대화시킨다는 신조어이다.

뽑기방   PC방   커피숍

4 소비자선택
이를 통해 시장경
제체제는 경제권력
이 소비자들에게
분산된다. 반면 계
획경제는 중앙경제
집권당에 의해 경
제권력이 집중되어
있다.

5 비용최소화
비용 최소화는 재
화의 가격이 동일
할 때, 이윤을 극대
화 시키는 것과 같
은 의미이며 비용
최소화를 통해 향
후 가격을 낮춰 가
격 경쟁력을 끌어
올릴 수 있다.

경쟁은 또한 기업들이 소비자들의 선택[4]을 받기 위하여 낮은 가격에 질 좋은 재화와 서비스를 제공하려 노력하는 것을 포함한다. 이는 기업의 생존 이유인 이윤극대화(profit maximize)와도 같은 맥락으로 설명이 가능하다. 이를 위해 기업은 노동, 자본, 기술을 자유롭게 결정하며 비용을 최소화[5]하기 위해 항상 노력한다. 이 과정에서 기업은 생산의 효율성을 달성하게 된다. 즉 똑같은 재화를 생산하기 위해 비용을 최소화 한다는 것으로 생산요소의 낭비 없이 필요한 곳에 자원을 활용하고 있다는 의미로 해석할 수 있다. 또한 기업은 이익극대화를 위해 가장 가격이 높은 재화와 서비스를 생산하게 되는데 소비자들 입장에서 가격이 높게 설정되었다는 것은 그만큼 소비자들이 해당 재화에 대한 요구(needs)가 강하다는 것으로 해석할 수 있다. 다시 말해서 해당 재화를 소비했을 때 만족감이 높다는 것이다. 이렇듯 기업은 가격이 높은 재화를 생산함에 따라 이윤극대화를 실현하게 되고, 이는 한정된 사회적 자원을 사회적 만족감(효용)이 높은 재화를 생산하는데 사용했다는 것으로 해석할 수 있으며, 이를 배분의 효율성이 달성되었다고 한다.

이를 쉽게 이해하기 위해 음료수를 생산하는 기업의 예를 통해 확인해 보자. 음료수를 생산하는 기업은 이윤극대화를 위한 방안으로 비용을 줄이는 방법을 선택할 수 있다. 이는 음료수 가격이 1천원이고 최초 생산비용이 5백원이라고 가정하면 음료수 1개당 5백원의 수익이 발생함을 의미한다. 만약 기업이 생산과정의 효율화를 통해 생산비용을 음료수 1개당 3백원으로 줄였다면 이 기업은 음료수 1개당 7백원의 이익을 창출하게 되는 것이다. 이런 상황을 사회 전체적인 시각으로 볼 때, 생산과정 효율화를 통해 같은 재화(음료수 1개)를 생산하는데 200원을 절약할 수 있기 때문에 이를 다른 효율적인 곳에 사용할 수 있음을

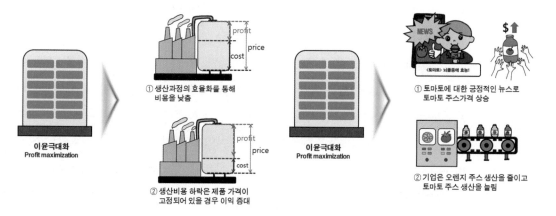

① 생산과정의 효율화를 통해
비용을 낮춤

② 생산비용 하락은 제품 가격이
고정되어 있을 경우 이익 증대

이윤극대화
Profit maximization

① 토마토에 대한 긍정적인 뉴스로
토마토 주스가격 상승

② 기업은 오렌지 주스 생산을 줄이고
토마토 주스 생산을 늘림

━━━━━━ 경제적 효율성 달성(생산의 효율성, 배분의 효율성)

기업이 이윤극대화를 위해서 행하는 비용최소화(생산과정 효율화 등)와 높은 가격의 재화와 서비스 생산은 생산의 효율성 및 배분의
효율성을 통해 경제적 효율성을 달성한다.

시사한다. 즉 같은 자원을 가지고 더 많은 재화와 서비스를 생산할 수 있는 것
이다. 이를 생산의 효율성이라고 한다. 다음으로 가장 가격이 높은 음료수를 생
산하면 된다. 예를 들어 최근 토마토에 암을 억제하는 요소가 들어 있다는 뉴스
가 발표되며 토마토 주스 값이 2배로 올랐다고 가정해 보자. 그럼 기업은 이윤
극대화를 위해 가격이 높은 토마토 주스 생산량을 늘리고 다른 주스 생산량을
줄이는 결정을 할 것이다. 이는 소비자 입장에서 보면 오렌지 주스를 먹을 때보
다 토마토 주스를 먹을 때 만족감이 높다는 의미이며, 사회 전체적으로 볼 때
같은 자원을 이용하여 전체 만족감(후생)을 극대화 시켰다고 할 수 있다. 이를 배
분의 효율성이라고 한다.

즉 기업은 시장경제체제 하에서 경쟁을 통해 **경제적 효율성**(생산의 효율성, 배분
의 효율성)을 달성할 수 있다는 것이다.

4 시장과 가격

시장경제체제는 시장과 가격에 의존한다. 특히 시장에서 가격 메커니즘은
시장경제의 상징이라고도 할 수 있다. 시장이란 구매자와 판매자가 서로 만나서
재화와 서비스를 거래하는 장소를 말한다. 또한 시장에서 가격을 통해 구매자와
판매자 간 의사결정 정보를 교환하게 된다. 예를 들어 재화의 시장가격이 구매

자가 느끼는 만족감보다 낮다면 기꺼이 돈을 지불하고 재화를 구입하겠지만 가격이 높다면 구매하지 않을 것이다.

시장에서 가격을 통한 구매자와 판매자의 메커니즘은 다음의 예를 통해 쉽게 이해할 수 있다. 최초 A기업은 캔커피를 개발하고 시장을 통해 소비자들의 호응도를 조사한다. A그룹의 구매자 집단은 캔커피 가격이 1천원이라면 기꺼이 구매할 의사가 있음을 표출하였다. 이에 A기업은 캔커피를 생산할 수 있는 최소 비용이 7백원임을 확인하고 개당 3백원의 이윤이 발생할 수 있음을 고려하여 캔커피 생산에 돌입한다. A기업의 캔커피가 시장에서 판매되기 시작하면 1천원이라는 가격정보는 시장의 다른 구매자들에게 전파된다. 캔커피의 가격 정보는 구매자들뿐만 아니라 다른 기업들에게도 전달되며 캔커피 생산으로 충분한 이윤을 낼 수 있는 기업이 있다면 새롭게 시장에 진입할 수 있게 된다.

또한 시장에서는 소비자와 생산자의 수에 따라서 가격이 결정되거나 조정될 수도 있다. 예를 들어 캔커피의 가격이 2천원으로 올랐다면 캔커피를 구매하겠다는 구매자는 급격히 줄어드는 반면 캔커피를 공급하겠다는 기업은 늘어나

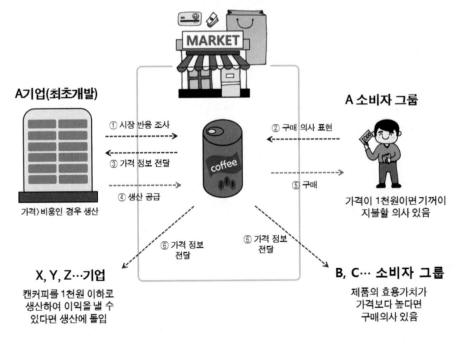

시장과 가격 전달경로

시장은 구매자와 판매자가 만나서 재화와 서비스를 거래할 수 있는 공간이다. 또한 시장에서 가격을 통해 구매자와 판매자 간 의사결정 정보를 교환한다.

캔커피가 많이 남게(초과공급)된다. 이럴 경우, 기업들은 남는 캔커피를 가격을 낮춰서라도 소진하길 원할 것이며 낮아진 가격에서는 일부 소비자들의 구매의사가 형성될 수 있을 것이다. 이는 이전 가격인 1천원이 될 때까지 시장에서 가격조정이 진행되며 1천원이 되면, 구매자와 판매자가 모두 만족하므로 시장을 통해 가격과 거래량이 조정, 결정되는 것이다.

5 전문화와 세계무역

시장경제는 전문화와 교환, 넓게는 세계무역에 의존한다. 전문화란 특화된 특정부분에 생산을 집중하는 것을 의미한다. 예를 들어 독자가 음식점을 운영하면서 서빙을 할 수도 있고 계산대에서 계산을 할 수도 있으며 음식을 만들 수도 있다고 해보자. 그런데 그 중에 독자는 음식 만드는 것을 가장 좋아하고 잘한다면 나머지는 아르바이트생에게 맡기고 독자는 음식 만드는 것에 집중함으로써 고객의 만족감을 극대화 시킬 수 있을 것이다. 반대로 생각하면 독자가 잘하지도 못하는 서빙이나 계산대를 오가며 일하는 것은 효율적이지 못하고 오히려 손님을 줄이는 결과를 낳을 수도 있다는 것이다.

이를 국제적으로 확장하여 생각해 보자. 독자는 수단을 어떻게 기억하고 있는가? 정확히는 몰라도 나일강이 흐르며 경제규모가 우리나라보다 많이 작은 나라 정도로 기억할 것이다. 그러나 한 가지 흥미로운 사실은 수단 사람 개개인이 우리나라 사람들 보다 재주가 좋다는 것이다. 수단 사람들은 혼자서 그릇도 만들고 테이블도 만들며, 집도 짓고 심지어 머리도 혼자 손질할 수 있다. 현재 우리로서는 상상도 할 수 없는 일들을 혼자서 다 해내고 있는 것이다. 그럼 왜 수단 사람은 우리나라 보다 소득이 적을까? 이유는 간단하다. 수단 사람들은 전문화 하지 못했기 때문이다.

앞서도 설명했듯이 전문화는 교환이라는 수단과 결합하여 효율성을 극대화시킨다. 자, 그럼 우리나라가 부유해질 수 있었던 이유에 대해서 한 가지 가정을 통해 확인해 보도록 하자. 우리나라는 반도체, 필리핀은 바나나에

━━━ 수단의 모습

특화되어 있다고 가정해 보자. 따라서 우리나라는 반도체를 시간당 4개 만들 수 있으며 필리핀은 시간당 2개 밖에 만들 수 없다. 반면 필리핀은 바나나 생산에 특화되어 있기 때문에 바나나를 시간당 4개 재배할 수 있고, 우리나라는 바나나를 시간당 2개 밖에 재배할 수 없다. 마지막으로 하루에 6시간만 일 할 수 있다고 한다면 우리나라와 필리핀의 반도체-바나나 생산 그래프는 〈그림 2-1〉과 같이 표현할 수 있다. 즉 우리나라는 하루 6시간을 모두 반도체 생산에 사용하면 24개를 생산할 수 있는 반면 바나나를 재배한다면 12개만 재배할 수 있으므로 이 두 점을 이은 선이 우리나라의 생산곡선이 된다. 반면 필리핀은 반도체 12개, 바나나 24개를 이은 선이 생산곡선이 된다. 만약 교환, 즉 국제무역이 없고 자급자족(autarchy) 하는 경제라면 두 국가 모두 반도체 8개, 바나나 8개가 최적의 생산 조합이 될 것이다. 이는 우리나라의 경우 반도체를 생산하는데 2시간, 바나나를 생산하는데 4시간을 소요한다는 말과 같다. 그렇다면 이제 국제무역이 가능하다는 전제를 넣어보자. 이는 각국이 잘할 수 있는 것을 전문화 하여 생산한 후 서로 교환할 수 있게 된다는 의미를 내포한다. 그럼 어떤 결과가 나타날까? 우리나라는 모든 시간을 반도체를 만드는데 사용하여 총 24개의 반도체를 생산하고 필리핀은 24개의 바나나를 재배할 수 있을 것이다. 그리고 이를 서로 교환하면 각각 12개의 반도체와 바나나를 소비할 수 있게 되는 것이다. 이 점은 〈그림 2-2〉 그래프에서도 확인할 수 있는 것처럼 자급자족 때는 달성할 수 없었던 점이다. 결과적으로 시장경제는 전문화를 통한 국제무역을 통해 더 많은 이익과 효용을 창출할 수 있는 것이다.

| 그림 2-1 | 자급자족 하는 생산곡선 | 그림 2-2 | 국제무역이 가능한 생산곡선 |

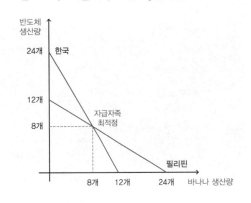

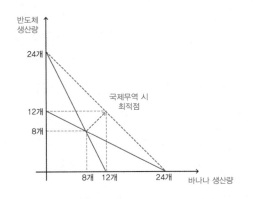

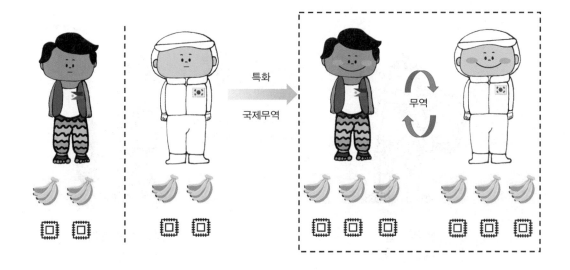

특화
국제무역

무역

독자들은 실제로 전문화와 교환을 통한 시장경제를 다음과 같이 흔하게 볼 수 있을 것이다. 쌀농사를 짓는 농부는 쌀농사만 짓는다. 스마트폰을 만드는 회사는 스마트폰만 만들고, 자동차를 만드는 회사는 자동차만 만든다. 그럴 수 있는 이유는 자신이 전문화된 것을 최대한으로 생산하여 시장에 판매하고 그 수익을 바탕으로 필요한 물건을 사는 것이 가장 효율적인 방법이기 때문이다.

6 화폐사용

앞서 전문화와 교환을 설명하면서 자동차에 특화(전문화)되어 있는 회사는 자동차만 최대로 생산하여 이를 시장에 팔고 필요한 것을 구매한다고 설명하였다. 즉 교환 과정에서 화폐라는 것이 사용되며 국제 무역에서는 환율[6]이 적용된

6 환율
국가 간 통화 교환 비율로서 총수요 단원에서 자세히 살펴볼 것이다

다. 시장경제의 특징을 논하면서 화폐에 대해서 언급할 때 독자들은 이런 의문점이 생길 수도 있다. '북한에도 화폐가 있는 것으로 알고 있는데…' 맞다. 북한, 즉 계획경제체제에 있는 북한도 '원'이라는 화폐단위를 사용하여 화폐를 사용하고 있다. 하지만 시장경제에서의 화폐와는 좀

━━━ 북한의 배급모습(연합뉴스)

욕망의 불일치와 화폐의 역할 ━━━━━━━

농부는 잉여 쌀을 육고기와 교환하고 싶어하지만 고깃집 주인은 쌀이 아닌 생선과 육고기를 교환하고 싶어 한다면 둘 사이 욕망의 불일치가 발생한다. 이는 물물교환의 거래가 이뤄지지 않았다는 뜻이다.

다른 의미로 해석된다. 시장경제에서는 선택의 자유, 교환 등의 이유로 화폐를 사용하는 것에 반해 계획경제에서는 배급의 수단으로서 화폐를 사용한다.

　자, 그럼 화폐라는 것은 무엇이고 어떤 기능을 가지고 있는지 살펴보자. 만약 화폐 없이 교환을 한다면 독자들이 잘 알고 있는 '**물물교환**' 방식을 채택해야 할 것이다. 실제로 화폐가 발명되기 이전에는 모두 물물교환을 통해 교환했다. 그런데 물물교환은 굉장히 큰 단점을 내재하고 있다. 그것은 구매자와 판매자 간 욕망이 일치하지 않으면 교환이 성립되지 않는다는 점이다. 예를 들어 A라는 농부가 있다고 해보자. A는 열심히 농사를 지어 쌀을 생산할 것이다. 그리고 A는 생산한 쌀 중 본인이 충분히 소비하고 남은 잉여쌀을 다른 재화와 교환하고 싶어 할 것이다. 예를 들어 육고기가 먹고 싶다고 가정해 보자. A는 남은 잉여쌀을 가지고 정육점에 가서 정육점 주인의 잉여 육고기와 자신의 쌀을 교환하자고 제안할 것이다. 실제로 정육점 주인이 이를 승낙하면 거래가 성립된다. 하지만 그렇게 되기는 쉽지 않다. 만약 정육점 주인이 생선을 먹고 싶다면 어떻게 될까? 그렇다. **구매자와 판매자 간 욕망의 불일치**가 발생하여 거래가 성사되지 않는다. 교환이 일어나지 않으면 전문화의 장점은 크게 반감된다. 이때 화폐를 거래 사이에 끼워 넣고 다시 한 번 생각해 보자. 그럼 A는 쌀을 생산하여 최상의 품

질을 자랑할 때 가장 좋은 가격으로 쌀을 판매할 수 있다. 또한 A가 먹고 싶어 하는 육고기를 언제든지 정육점에 가서 화폐를 지불하고 구입할 수 있다. 이를 **교환의 매개수단**[7]으로서의 화폐기능이라고 설명한다.

7 교환의 매개수단
화폐의 기능은 추가로 가치의 척도수단, 가치의 저장수단이 있으며 이는 총수요-총공급 단원에서 확인할 것이다.

3 | 계획경제의 몰락

독자들도 모두 알고 있겠지만 계획경제는 구소련이 몰락함에 따라 종식을 고했다. 그럼에도 아직 계획경제를 표방하는 나라가 우리의 한민족인 북한이라는 점을 생각할 때 왜 계획경제는 몰락할 수밖에 없었는지 확인해 볼 필요가 있다.

계획경제가 몰락한 이유는 크게 3가지로 구분해 볼 수 있다.

첫째는, 산업 간 생산량 조절이 되지 않았다는 점이다. 이는 계획경제의 운영체제에서 원인을 찾을 수 있으며 모든 경제적 의사결정이 중앙 경제계획당국에 의해 결정되기 때문에 발생하였다고 볼 수 있다. 즉 1년 동안 필요한 모든 재화와 서비스를 예측하여 중앙 경제계획당국에서 결정하고 생산한다. 실제로 계획경제체제 하에서 자동차가 1년 동안 1만대가 필요하다고 가정한다면 1만대 자동차를 만들기 위한 노동력, 설비, 철강, 유리, 타이어 등 모든 것을 중앙 경제계획당국에서 결정한다. 단 1분기 경제 예측도 쉽지 않은데 1년 동안 필요한 재화와 서비스를 예측해서 만든다는 것이 얼마나 허황된 것인지 짐작할 수 있다. 반면 시장경제는 필요한 재화와 서비스 양이 구매자와 판매자의 의사결정을 통해 시장에서 이뤄지기 때문에 시시각각 최적의 생산량을 조절할 수 있다.

이런 단점에도 불구하고 재화를 만드는 것이 몇 가지에 지나지 않는다면 큰 문제가 되지 않을 수도 있다. 하지만 경제가 확대되고 발전함에 따라 재화를 생산하는데 필요한 투입요소가 여러 산업에 쓰일 수 있으므로 연쇄적인 부작용이 나타날 수 있다. 대표적인 예가 철강인데 철강은 거의 모든 재화의 생산요소로 투입되기 때문에 정확한 예측이 쉽지 않다. 그러나 계획경제 하에서는 올해 철광석을 1만톤 생산하기로 결정하였다면 1만톤 이외에는 추가적으로 생산하지 않기 때문에(성과지표와 연관) 만약 철광석이 부족하게 되면 연쇄적으로 모든 재화의 생산이 중단되는 것이다. 더욱이 철광석 1만톤을 생산하는 과정에서 노동력이나 장비의 부족이 발생하게 되면 경제 전반적으로 재화 생산에 차질이 발생할 수도 있는 것이다.

　　두 번째는 성과지표의 결여다. 성과지표의 결여는 앞서도 언급하였듯이 생산량 조절의 문제를 더욱 가중시키는 역할을 한다. 즉 철광석 1만톤이라는 성과를 달성한 노동자는 정해진 배급을 받기 때문에 더 일을 할 유인이 없는 것이다. 실제로 계획경제체제 하에서 성과지표는 양적 생산목표를 하달하게 되는데 이를 충족하게 되면, 이유야 어쨌든 똑같은 배급을 받도록 체계화 되어 있는 것이다. 계획경제 성과지표와 관련하여 다음과 같은 유명한 사례도 있다. 중앙 경제계획당국에서 못이 필요하니 못 1톤 만큼을 생산하라는 생산목표를 하달하였다. 어찌 되었을까? 노동자는 1톤짜리 못 1개를 만들어서 제공하였다. 이 노동자는 생산목표를 달성한 것일까? 그렇다. 달성한 것이다. 성과지표를 양적 생산목표로 설정하였기 때문에 달성한 것이다. 이후에 중앙 경제계획당국은 이를 시정하여 1천개의 못을 생산하라는 생산목표를 하달하였다. 어찌 되었을까? 이번에 노동자는 아주 작은 크기의 못 1천개를 만들어 제공하였다. 이 역시 생산목

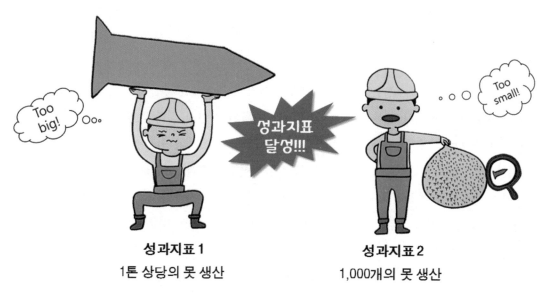

성과지표 1
1톤 상당의 못 생산

성과지표 2
1,000개의 못 생산

계획경제의 성과지표와 관련된 사례 ━━━━

양적 생산목표에 따른 성과지표는 1톤짜리 못 1개와 아주 작은 크기의 못 1,000개 모두 성과지표를 달성하게 만들어 준다. 하지만 이들 못은 산업현장 어디에도 쓸 수 없기 때문에 자원낭비가 되는 것이다.

표를 달성하였기 때문에 배급이 지급된다. 하지만 앞서 생산한 1톤짜리 못과 후에 만든 작은 못 1천개는 실제 산업현장에서 사용할 수 없는 것이기 때문에 사회적 자원낭비를 한 셈이다.

마지막으로 인센티브의 결여를 들 수 있다. 앞서 성과지표를 설명하면서 철광석 1만톤을 생산한 노동자가 철광석이 사회적으로 부족하다고 하여 추가적으로 생산할 유인이 없다고 설명하였

북한의 모습(연합뉴스)

위 사진은 이미 성과를 달성한 북한 주민의 모습일 수 있으며 이는 우리 입장에서 게으른 모습으로 비춰질 수 있다.

다. 이유는 생산목표를 달성하였기 때문에 정해진 배급을 이미 받았으며 추가적으로 일을 한다고 하여 배급이 늘지 않기 때문이다. 즉 인센티브가 결여되어 있다는 것이다. 이 역시 결과적으로 생산량 조절의 문제를 가중시키게 되는 요소이다. 독자들은 간혹 북한 주민들이 나오는 방송프로그램을 보면 대문 앞에 앉아 있거나 길에 누워서 휴식을 취하는 북한 주민들을 어렵지 않게 볼 수 있을 것이다. 하지만 북한 주민의 이런 모습은 이들이 게을러서 라기 보다 이미 정해진 일을 마무리하여 배급을 받은 상태이므로 추가적으로 일한 인센티브가 없기 때문이라고 판단해 볼 수도 있는 것이다.

연습문제

01 계획경제의 특징으로 틀린 것은?

① 계획경제는 시장에 의해 공급량이 결정된다.

② 계획경제는 시장경제의 양극화 문제를 해결하기 위한 대안에서 출발하였다.

③ 중앙 경제계획당이 재화의 공급량을 결정한다.

④ 재화의 사적 허용이 가능하다.

⑤ 중앙 경제계획당은 재화와 서비스의 사용량을 예측하여 생산량을 결정한다.

02 최근에 나타나고 있는 혼합경제체제에 대해서 미국과 중국, 우리나라를 통해 설명해 보시오.

03 시장경제의 특징이 아닌 것은?

① 사유재산 허용   ② 영업과 선택의 자유

③ 경쟁   ④ 시장과 가격

⑤ 전문화와 통제

04 시장경제는 경쟁에 의존하며 이로 인해 단기에 불균형이 형성되어도 장기에는 균형 상태로 회귀하게 된다. 이를 최근 유행하는 핫도그 전문점을 통해 설명해 보시오.

05 시장경제는 별도의 통제 없이도 경제의 효율성이 달성된다. 이는 기업의 이윤극대화에 의존하게 되는데 이를 음료수 기업의 예를 통해 설명해 보시오. (생산의 효율성과 배분의 효율성을 이용하여 설명해 보시오.)

06 그림 2-2를 이용하여 전문화와 국제무역이 국가 전체의 후생을 증가시키는 이유에 대해서 설명해 보시오.

07 시장경제는 화폐 사용에 의존한다. 화폐의 특징에 대한 설명 중 틀린 것은?

① 화폐는 교환의 매개수단으로서의 기능을 가지고 있다.

② 화폐 사용 이전에는 물물교환에 의존하였다.

③ 물물교환은 욕망의 불일치라는 치명적인 단점이 존재한다.

④ 계획경제에도 화폐가 존재하며 시장경제와 같은 기능을 한다.

⑤ 화폐의 국제적인 거래를 환율이라고 한다.

08 계획경제가 몰락한 이유를 맞게 선택한 것은?

ㄱ. 산업 간 생산량 조절	ㄴ. 전문화
ㄷ. 인센티브 결여	ㄹ. 성과지표 결여

① ㄱ   ② ㄱ, ㄴ   ③ ㄱ, ㄴ, ㄷ   ④ ㄱ, ㄷ, ㄹ   ⑤ ㄱ, ㄴ, ㄷ, ㄹ

CHAPTER

03

경제순환모형

단원을 시작하며

앞서 우리는 시장경제체제와 계획경제체제에 대해서 살펴보았다. 그리고 우리는 현재 시장경제체제 하에 살고 있음을 확인하였다. 그렇다면 우리가 살고 있는 시장경제체제가 어떻게 흘러가는지 궁금하지 않은가? 실제로 시장경제체제는 매우 다양한 요인들에 의해 복잡한 구조를 갖지만 누군가의 통제 없이 자연스럽게 흘러간다. 이는 시장에 수요가 부족하면 적절한 공급이 이뤄지며 큰 틀에서 자연스러운 순환구조를 갖기 때문이다.

이런 시장경제의 순환구조를 설명하는 것이 경제순환모형이다. 경제순환모형은 경제주체 및 시장의 갯수에 따라서 2분면 혹은 3분면 폐쇄모형[1]과 개방모형으로 나눌 수 있다. 그럼 경제순환모형에 대해 살펴보도록 하자.

> [1] 폐쇄모형
> 폐쇄모형이라 함은 재화 및 서비스의 생산과 소비가 국내에서만 이뤄지는 경우를 말한다.

1 | 경제순환모형

1 2분면 폐쇄경제모형

2분면 폐쇄경제모형은 **가계**(house hold)와 **기업**(firm) 2가지의 경제주체만 존재한다고 가정하는 것이다. 여기서 가계는 생산요소를 제공하고 생산물을 소비하는 주체이며 기업은 생산요소를 구매하여 생산물을 만들고 이를 판매하여 수익을 얻는 주체라고 생각하면 된다. 이 경제에서는 경제주체가 둘만 존재하므로 모든 생산요소는 가계가 소유하고 있다고 가정한다. 보통 2분면 폐쇄모형에서 생산요소는 노동, 토지, 자본, 경영가적 능력 등 4가지로 구분한다. 또한 시장은 생산요소가 거래되는 **생산요소시장**(factor market)과 기업이 생산한 재화와 서비스가 거래되는 **생산물시장**(market for goods and service)만 존재한다고 가정한다.

그렇다면 이제부터 순환구조가 어떻게 이뤄지는지 하나씩 살펴보도록 하자. 우선 생산요소가 거래되는 생산요소시장을 보자. 독자들이 경제학을 처음 접한다면 노동이 거래되는 시장이라는 말에 약간 거부감이 생길지 모른다. 이유는 사람(노동자)을 거래한다는 것으로 오해할 수도 있기 때문이다. 하지만 그렇지 않다는 것을 다음의 예를 통해 쉽게 확인할 수 있다. 노동도 재화와 서비스처럼 수요와 공급에 의해 결정된다. 다만 재화는 수요와 공급에 의해 가격과 거래량이 결정되는 반면 노동시장에서는 임금과 노동량이 결정되는 것이다. 이해를 돕기 위해 최근 노동시장에서 나타나고 있는 실제 현상을 살펴보도록 하자. 최근 노동시장에서 가장 각광 받고 있는 직업은 데이터를 다루는 직업이다. 하지만 현재 우리나라에서는 데이터를 잘 다루는 사람이 부족한 실정이다. 즉 시장에서 원하는 노동의 수요는 많으나 공급이 부족하기 때문에 이들은 높은 임금을 받을 수 있다. 이처럼 가계는 생산요소시장에서 노동을 공급하는 주체가 된다. 또한 위에서 언급한 바와 같이 토지와 자본, 기업가적 능력을 제공할 수 있다. 이렇게 가계가 제공한 생산요소를 기업은 생산요소시장을

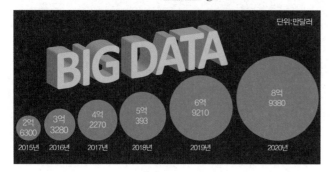

전자신문

데이터 분석 수요 느는데…빅데이터 '분석가'가 없다

10면 1단 기사입력 2016-10-04 17:03 최종수정 2016-10-06 11:54 기사원문 스크랩 본문듣기·설정

단위:만달러

BIG DATA

2억 6300 2015년
3억 3280 2016년
4억 2270 2017년
5억 393 2018년
6억 9210 2019년
8억 9380 2020년

국내 빅데이터 시장규모 전망(한국과학기술정보연구원)

노동시장에서 수요자는 기업이고 공급자는 가계가 된다. 위의 기사와 같이 데이터 분석 시장은 지속적으로 확대되고 있어 초과수요(노동) 상태에 놓여 있다. 이 경우 노동시장에 가격으로 대변되는 임금이 오르게 되는 것이다.

통해 구매하여 재화와 서비스를 생산하게 된다. 그리고 기업은 생산요소에 대한 구매 대가를 지불한다. 즉 노동에 대한 대가로 임금을 지불하며, 토지에 대한 대가로 지대를 지불하고 자본에 대한 대가로 이자를 지급한다. 또한 경영가적 능력 제공에 대한 대가로 이윤을 지불하는 것이다.

다음으로 기업은 가계로부터 제공받은 생산요소를 토대로 재화와 서비스를 생산하게 된다. 기업의 목적은 제품을 생산하여 판매하고 이윤을 극대화하는 것에 있으므로 생산된 재화와 서비스를 생산물시장을 통해 판매한다. 여기서 생산물시장은 재화와 서비스가 거래되는 시장을 말한다. 즉 독자들이 알고 있는 마켓을 뜻하는 것이다. 이렇게 기업이 제공한 생산물은 가계에 의해서 소비된다. 즉 가계는 생산요소인 노동, 토지, 자본, 기업가적 능력을 제공하고 대가로 받는 임금, 지대, 이자, 이윤을 생산물시장에서 소비하게 되는 것이다. 쉽게 말해 일하고 번 돈으로 시장에서 사고 싶은 물건을 소비한다는 것이다. 여기서 생산요소 및 재화와 서비스의 진행방향 반대로(빨간선)는 화폐가 전달된다.

그림 3-1 | 2분면 폐쇄경제모형

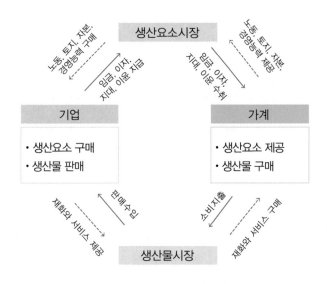

이렇게 우리는 가장 기본적인 2분면 폐쇄경제모형을 살펴보았다. 독자들이 처음 접하는 용어들이 있어 약간 어려울 수 있으나 현재 우리가 살고 있는 사회가 시장경제체제이므로 다음과 같은 간단한 예를 통해서 익혀두면 어렵지 않을 것이다. 독자는 현대자동차에 일하고 있으며 현대자동차의 주식과 채권도 가지고 있다고 가정해 보자. 현대자동차는 독자의 자금 투자를 바탕으로 공장을 증설하고 독자의 노동력을 바탕으로 자동차를 생산하게 된다. 그리고 생산된 자동차를 생산물시장에서 판매하여 이윤을 얻게 되는 것이다. 독자는 독자가 제공한 노동력의 대가로 월급을 받게 되고, 채권투자의 대가로 이자를 지급 받으며 주식투자를 통해 회사 성과에 따라 배당도 받을 수 있다. 이렇게 독자에게 흘러들어온 자금력을 바탕으로 독자는 생산물시장에서 멋진 자동차를 구매하게 되는 것이다. 예를 들어 설명하였지만 독자들은 이 과정이 전혀 부자연스럽지 않을 것이다. 그 이유는 이미 독자들이 시장경제체제 하에 살고 있기 때문이다.

2 3분면 폐쇄경제모형

2분면 폐쇄경제모형은 실제 경제보다 지극히 제한되어 있다는 점을 독자들은 설명을 통해 느꼈을 것이다. 실제 경제모형에서의 경제주체는 보통 **정부**(government)까지를 포함한다. 즉 거시경제에서 경제주체는 가계, 기업, 정부를 의미하는 경우가 대부분이다. 시장도 생산요소시장, 생산물시장과 더불어 **금융시장**(financial market)까지를 포함한다. 실제 경제에서 가계의 저축과 투자, 기업의 자금조달을 위한 대출, 주식 및 채권 발행은 금융시장을 통해서 이뤄진다. 따라서 3분면 폐쇄경제모형에서는 경제주체로 정부가 추가되고 시장은 금융시장이 추가된다.

그럼, 정부는 해당 모형에서 어떤 역할을 하는지 살펴보자. 정부도 하나의 경제주체이기 때문에 운용자금이 필요하다. 정부의 운용자금은 세금(tax)에 의존한다. 즉 정부를 제외한 두 경제주체인 기업과 가계로부터 세금을 걷어 들이는 것이다. 이렇게 걷어 들이는 세금은 2017년 기준으로 약 430조원에 이른다. 이 자금으로 정부가 운용된다. 그렇다고 꼭 정부가 가계로부터 세금만 걷어가는 것은 아니다. 정부도 가계에게 정부이전지출(government transfer)[2]을 한다. 이는 정부가 가계에 대가를 바라지 않고 이전되는 자금으로 사회복지자금 및 저소득층 지원, 노령연금 등이 해당된다. 정부도 가계와 같이 지출의 큰 주체가 된다. 즉 정부가 지원하는 교육, 의료, 도로, 항만 사업 등을 진행하며 지출을 하게 되는 것이다. 예를 들어 교육을 위해 학교를 짓는다고 가정하면 학교에 들어갈 책상, 의자, 칠판, 컴퓨터 등을 구매하기 위해 지출을 하는 것이다. 정부지출에는 공무원의 월급도 포함된다.

2 정부이전지출
정부이전지출은 대가를 바라지 않고 이전되는 자금이므로 총생산(GDP) 산정에는 포함되지 않는다.

다음으로 새롭게 추가된 금융시장에 대해서 알아보자. 우선 가계는 금융시장을 통해 저축을 하게 된다. 독자들은 직장에서 받은 월급 중 일정부분을 소비하고 남는 자금을 미래 소비를 위해 저축할 것이다. 즉 소득에서 소비하고 여유자금이 있기 때문에 가계를 흑자주체라고 부른다. 다음으로 기업은 금융시장을 통해 연구와 투자에 필요한 자금을 차입하게 되며 가계와 반대로 적자주체라고 부른다. 독자는 이런 생각을 할지 모른다. 분명 가계도 소득보다 지출이 많을 경우 금융시장을 통해 자금을 차입해야 하므로 적자주체가 될 수 있고, 기업 역시 재화와 서비스를 생산하여 판매하고 얻은 이익잉여금을 저축함으로써 흑자주체가 될 수 있을 것이라고 말이다. 물론 이와 같은 현상이 없는 것은 아니지만 전반적인 경제 상황을 가정할 때 대부분의 가계는 저축의 주체가 되므로 흑자주체로 간주하고 대부분의 기업은 투자의 주체이기 때문에 적자주체를 간주함에 무리가 없음을 독자는 알아야 한다. 마지막으로 정부도 금융시장을 통해 자금을 융통한다. 정부는 가계와 기업으로부터 받은 세금으로 운용되지만 항상 세금만으로 모든 일을 할 수는 없다. 즉 경기침체가 발생할 경우, 침체가 길어지는 것을 방어하기 위해 재정지출을 서둘러야 하는 상황이 발생할 수도 있는 것이다. 이런 경우, 이미 계획된 정부운용자금을 사용할 수 없다. 이유는 간단하다. 올해의 정부예산은 이미 전년도에 올해 성장률을 반영하여 세수를 결정하였기 때문이다. 즉 이미 사용할 곳이 모두 정해져 있기 때문에 추가로 사용할 수 없다는 것이다. 따라서 정부는 추가경정예산을 책정하여 국회승인을 얻고 자금을 조달하게 된다. 이런 절차가 모두 진행되면 정부는 금융시장을 통해 자금을 빌려오게 되는데(government borrowing), 이는 국채[3]를 발행하는 형태로 이뤄진다. 현재 우리나라의 국채 만기는 3년, 5년, 10년, 30년 등으로 구성되어 있으며 국채를 발행했다는 것은 국가가 국채 매입자에게 이자와 원금의 상환의무를 지고 있다는 의미다.[4]

　　앞서 기업은 금융시장을 통해 연구 및 투자 재원을 차입한다고 하였는데, 차입 이외에 주식이나 채권을 발행하는 방법도 있다. 실제로 중견기업 이상 규모가 되는 기업들은 은행에서 차입하는 방법보다 주식이나 채권 등을 발행하여 자금을 조달하는 방법을 선호하는 경향이 있다. 이유는 은행에서 자금을 차입하는 경우, 은행 간섭에서 자유로울 수 없기 때문이다. 자금을 대여해준 은행 입장에서는 기업이 잘못된 경영을 하여 대

3 국채
국채는 채권의 일종으로 국가가 발행한 채권을 의미한다. 즉 국가가 원금과 이자의 상환의무를 지고 있는 채권을 말한다.

4
국채발행과 국가부채에 대한 사항은 재정정책에서 자세히 다루도록 한다.

━━━ 주식시장

5 대손충당금

대 손 충 당 금 (allowance for bad debts)은 은행이 대여해준 자금 중 상환 받을 가능성이 현저하게 낮은 자금에 대해 이를 충당하기 위해 쌓아두는 자금을 말한다. 실제로 부도가 발생하여 자금을 상환 받지 못하면 대손충당금으로 이를 처리하고 부도가 발생하지 않으면 이익잉여금으로 계상한다.

6

저축과 대출의 형태는 간접금융시장이라고 하고 주식 및 채권 투자의 형태는 직접금융시장이라고 한다. 자세한 사항은 동저자의 『금융과 경제』를 참조하기 바란다.

7 인구 1억명

고령화와 저출산이 빠르게 진행되고 있는 일본의 경우, 정책적으로 인구 1억명을 유지하려는 이유도 여기에 있다.

여해준 자금을 받지 못할 경우 대손충담금[5]을 쌓아야 하는 부담감이 있으므로 기업의 재무구조를 지속적으로 모니터링 할 수밖에 없다. 따라서 주식이나 채권을 충분히 발행할 수 있는 규모의 기업들은 금융시장을 통해 주식이나 채권을 발행하고 연구 및 투자에 필요한 재원을 확보하게 된다. 이때 금융시장에서 주식이나 채권을 매수하는 주체가 가계가 되는 것이다. 가계는 저축을 목적으로 금융시장을 이용하지만 투자 목적으로 금융시장을 활용하기도 한다.[6]

그림 3-2 | **3분면 폐쇄경제모형**

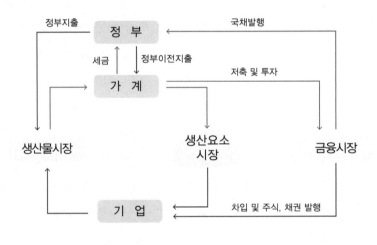

3 3분면 개방경제모형

3분면 개방경제모형은 우리가 살펴보는 경제모형 마지막 단계로 현실경제와 가장 유사한 형태를 띠고 있는 경제모형이다. 이 모형은 앞서 설명한 3분면 폐쇄경제모형에 **해외시장**(rest of world)이 포함된 모형이다. 실제로 우리나라는 내수시장만으로 성장하기 어려운 환경에 놓여 있다. 보통 내수시장만으로도 성장이 가능한 기준을 인구 1억명[7]으로 삼고 있다. 현재 우리나라 인구를 약 5천만명으로 가정한다면 소비시장이 너무 협소하다는 점을 알 수 있을 것이다. 따라서 협소한 내수시장을 극복하기 위해 세계시장을 겨냥하여 생산활동을 하고 있는 것이다. 우리나라는 앞서 배운 전문화를 매우 잘하는 나라 중 하나다. 즉 가장 잘할 수 있는 일을 찾아서 그것을 특화하고 생산량을 극대화하여 세계시장

에 수출하며 우리가 부족한 것을 수입함으로써 국가 전체 후생을 극대화 하는 것이다.[8]

세계시장을 통해 재화와 서비스만 교역하는 것이 아니라 금융시장을 통한 자금 융통도 가능하다. 국내 기업들은 국내 금융회사를 통한 자금 차입 및 주식, 채권을 발행할 수 있지만 더 넓고 다양한 세계시장을 통해서도 자금 조달이 가능하다. 실제로 기업들의 투자재원이 되는 가계 저축은 외환위기 이후 크게 줄어든 반면 국내 주요 기업들의 투자는 크게 확대되었다. 따라서 한정된 국내 자금만으로 기업 투자자금이 충족되지 않을 가능성이 높다. 따라서 국내 주요 기업들은 연구 및 투자재원 마련을 위해 해외에서 채권이나 주식을 발행하는 것이다. 이를 간단한 예를 통해 설명하자면 국내에서 대기업으로 분류[9]되는 28개 기업들은 투자 단위가 이미 조원 단위를 넘어서고 있다. 가장 대표적인 기업인 삼성의 경우 2017년 평택에 반도체공장을 신설하였는데 그 규모가 1차 투자금액만 15조 6천억원에 달하며 중장기적으로 100조원을 투자할 것이라고 한다. 이렇게 큰 금액을 국내에서만 조달하기는 쉽지 않을 것이라는 것을 독자들은 직감할 것이다. 이와 더불어 국내 투자자들 역시 국내 주식과 채권에만 투자하는 것이 아니라 세계금융시장을 통해 다국적 기업 등에 투자할 수 있다. 즉 미국의 페이스북, 구글, 테슬라 등의 혁신기업에 투자하고 싶다면 국내 투자자들 역시 해외금융시장을 통해 해당 기업의 주식과 채권을 매수할 수 있다.

8
시장경제의 특징에서 전문화 부분을 참고하길 바란다.

9 대기업
국내 대기업의 기준은 계열사 자산의 합계가 10조원을 넘는 기업으로 본다.

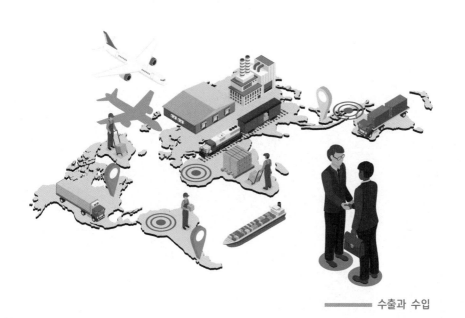

───── 수출과 수입

그림 3-3 | **3분면 개방경제모형**

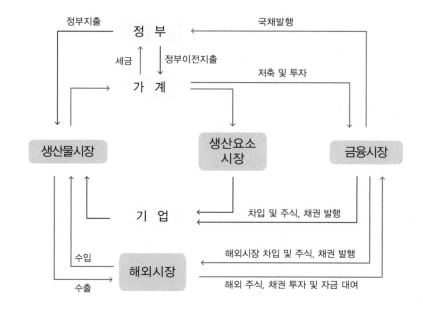

01 2분면 폐쇄경제모형에서 가계가 공급하는 생산요소가 아닌 것은?

① 노동   ② 자본   ③ 토지   ④ 지식   ⑤ 기업가적 능력

02 2분면 폐쇄경제모형에 대한 설명으로 틀린 것은?

① 가계는 노동을 공급하고 대가로 임금을 수취한다.

② 기업은 가계로부터 생산요소를 공급 받아 재화와 서비스를 생산한다.

③ 가계는 생산요소를 공급하고 받은 자금을 바탕으로 생산물시장에서 재화와 서비스를 구매한다.

④ 기업은 생산물시장에서 재화와 서비스를 판매하고 이윤을 창출한다.

⑤ 기업은 생산요소를 공급받기도 하지만 제공하기도 한다.

03 2분면 폐쇄경제모형에서 3분면 폐쇄경제모형으로 확장하며 추가된 경제주체와 시장이 바르게 연결된 것은?

① 생산요소시장 - 가계   ② 금융시장 - 정부   ③ 금융시장 - 기업

④ 생산물시장 - 정부   ⑤ 금융시장 - 가계

04 3분면 폐쇄경제모형에서 정부와 관련된 사항이 아닌 것은?

① 정부의 재원은 가계와 기업의 세금에 의존한다.

② 정부도 정부이전지출을 통해 가계에게 자금이 이전된다.

③ 정부도 소비지출의 주체가 될 수 있다.

④ 공무원 급여는 정부지출에 포함되지 않는다.

⑤ 정부의 자금이 부족하게 되면 국채를 발행하여 이를 충당한다.

05 3분면 폐쇄경제모형에서 금융시장과 관련된 사항이 아닌 것은?

① 가계는 흑자주체로 금융시장을 통해 저축과 투자를 한다.

② 기업은 적자주체로 금융시장을 통해 필요한 자금을 차입한다.

③ 정부는 정부지출 증액을 위해 금융시장에서 국채를 발행한다.

④ 기업은 투자에 필요한 자금을 금융시장에서 주식, 채권 발행을 통해 조달한다.

⑤ 정부는 금융시장을 통해 여유자금을 투자하거나 저축한다.

06 3분면 개방경제모형에 대한 설명 중 틀린 것은?

① 3분면 개방경제모형은 3분면 폐쇄경제모형에서 금융시장이 추가된 것이다.

② 세계시장을 통해 재화와 서비스를 수출, 수입할 수 있다.

③ 기업은 투자에 필요한 자금을 글로벌 투자자로부터 유치할 수 있다.

④ 가계는 생산요소를 공급하고 받은 자금을 바탕으로 글로벌 기업에 투자할 수 있다.

⑤ 정부는 추가적인 정부지출에 필요한 자금을 해외에서 유치할 수 있다.

07 3분면 개방경제모형을 도식화 하고, 경제순환과정에 대해서 설명해 보시오.

CHAPTER

04

수요와 공급

단원을 시작하며

독자들은 경제학하면 무엇이 가장 먼저 떠오르는가? 아마도 수요와 공급을 가장 먼저 생각하는 독자들이 많을 것이다. 그만큼 수요와 공급의 원리는 경제학에서 핵심이라고 할 수 있다. 수요와 공급의 원리는 우리 일상에서 아주 쉽게 발견할 수 있다. 예를 들어 독자들이 온라인 RPG게임을 한다면 친구들과 팀을 이뤄 신나는 모험을 하게 될 것이다. 그리고 게임 진행을 원활하게 하기 위해 아이템이라는 것도 사용하게 될 것이다. 그 중에서도 '레어템[1]'이나 '잇템[2]'은 정말 게임 유저들이 가지고 싶어 하는 아이템으로 흔하게 볼 수 없는 아이템들이다. 그리고 독자들은 이런 레어템이나 잇템들이 실제 매우 비싼 가격에 거래되고 있다는 것을 직감적으로 알고 있을 것이다. 어떻게 독자들은 이런 아이템들이 비싸다는 것을 알고 있을까? 이는 독자들이 이미 시장경제체제 하에 살고 있으며 시장경제가 어떻게 작동되고 있는지 직감적으로 알고 있기 때문이다. 즉 구매하고자 하는 사람은 많은데 물건이 제한적이라면 가격이 상승한다는 것을 경험적으로 알고 있는 것이다. 이것을 경제학에서는 공급은 비탄력적인 상황에서 수요가 급격하게 증가하면 가격이 크게 오른다고 설명한다.

[1] 레어템
rare와 item의 합성어로 레어아이템을 줄여서 쓰는 말이다(국어사전 참조).

[2] 잇템
it과 item의 합성어로 잇아이템을 줄여서 쓰는 말이다. 꼭 가지고 싶어 하는 아이템을 뜻한다(국어사전 참조).

━━━━━ 인터넷 게임 상에서 아이템 구매

온라인 게임을 하다보면 한정적으로 발매되는 아이템들이 있다. 이런 아이템들이 게임 유저 사이에서 비싸게 거래되는 이유는 우리가 이번 단원에서 배울 수요-공급의 원리와 무관치 않다.

1 수요와 수요의 법칙, 시장수요

수요(demand)는 시장에서 구매자들이 일정기간 동안 재화와 서비스를 구매하고자 하는 의도로 표현된다. 간단한 설명이지만 경제학을 처음 접하는 독자라면 쉽사리 이해되지 않을 수도 있다. 이해를 돕기 위해 커피 수요의 예를 통해서 살펴보도록 하자.

3 유량변수
유량변수의 반대는 저량(stock)변수로 일정 시점에서 측정된 것을 말한다.

"나는 커피가 한 잔에 3천원이라면 한 달 동안 30잔을 마실 겁니다."

위의 문구는 필자의 커피에 대한 수요를 표현한 것이다. 즉 여기서 재화는 "커피"가 되는 것이고 일정기간은 "한 달 동안"을 의미한다. 주의할 점은 수요와 공급은 유량(flow)변수[3]라는 것이다. 즉 특정 기간을 표현하는 것이다. 또한 "마실 겁니다"는 현재 실현된 것이 아닌 필자의 의도를 나타냈다고 할 수 있다. 다시 말해 수요는 의도만을 나타내며 실제 실현된 것이 아니다. 실제 의도가 실현되기 위해서는 뒤에서 배우게 될 공급, 즉 커피를 제공하는 커피전문점 주인의 의도와 맞아야 한다.

그럼 이제 필자의 커피에 대한 수요그래프를 한 번 그려보도록 하자. 〈그림 4-1〉에서 가격과 거래량으로 표시된 평면상의 그래프는 우리가 앞으로 자주 보게 될 그림이기 때문에 충분히 익혀두도록 하자. 우리는 세로축에 가격(P)을 표시할 것이고 가로축에는 수요량(Q)을 표시할 것이다. 그리고 필자가 앞서 이야기 한 것처럼 커피 한 잔 가격이 3천원일 때 한 달

국내 성인 1인당 커피 소비량

※ ( ) 안은 세계 성인 평균 대비

연간 353잔(약 2.7배)

국내 성인 평균

연간 132잔

세계 성인 평균

자료: 현대경제연구원

우리나라 커피에 대한 수요량

커피

동안 30잔을 마실 것이라는 사실을 가격과 수요량 사이인 A점으로 표시할 것이다. 어떤 이유에선지 모르겠지만 만약 커피 가격이 4천원으로 오른다면 독자들은 어떻게 하겠는가? 대부분 독자들이 필자와 같이 커피 수요량을 줄이려 할 것이다. 따라서 필자는 커피 가격이 4천원으로 오른다면 한 달 동안 마실 커피의 양을 20잔으로 줄일 것이다. 반대로 커피 가격이 2천원으로 하락한다면 대부분의 독자들 생각과 같이 필자도 한 달 동안 마실 커피의 양을 40잔으로 늘릴 것이다. 이때 커피 가격이 4천원 일 때 수요량을 나타낸 점을 B라고 하고 커피 가격이 2천원 일 때 수요량을 나타낸 점을 C라고 표시하자. 그리고 각각의 A, B, C점을 이어서 직선을 만들면 우하향 하는 직선이 만들어지는데 이것이 바로 수요곡선이다.

그림 4-1 | 커피 수요곡선

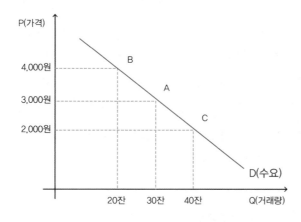

〈그림 4-1〉 그래프를 통해서 수요의 법칙도 우리가 확인할 수 있다. 수요의 법칙이란 다른 조건이 동일할 때 가격이 오르면 수요가 감소하고 가격이 내리면 수요가 증가한다는 법칙이다. 여기서 의문점을 제시하는 독자들이 있을지도 모르겠다. 만약 커피를 너무 너무 좋아하는 사람이라면 커피 가격이 4천원이 되어도 커피 수요량을 줄이지 않을 수도 있지 않을까 라고 말이다. 실제로 이런 사람이 있을 것으로 필자도 생각한다. 하지만 이런 사람은 일반적이라고 할 수 없다. 우리는 대부분의 사람이 수용할 수 있으며 통계적으로 유의한 사항을 가지고 일반화 한다. 즉 대부분의 사람이 동일한 물건에 대해서 가격이

오르면 수요가 줄고 가격이 내리하면 수요가 증가한다는 것에 이의를 제기하지 않을 것이다.

　　이런 수요의 법칙은 우리가 꼭 경제학을 배워서 알고 있는 것은 아니다. 그림에서와 같이 "폭탄세일"은 굉장히 큰 폭의 할인행사를 한다는 것을 독자들은

폭탄세일 ▬▬▬

이미 알고 있을 것이다. 그렇다면 우리가 시장에서 흔하게 볼 수 있는 이런 문구를 내건 가게 주인의 의도는 무엇일까? 그렇다. 독자들도 이미 알고 있는 것처럼 가격을 내리면 판매량이 증가할 것임을 가게 주인은 경험적으로 알고 있는 것이다. 다시 말해 가게 주인은 시장경제체제 하에서 가게를 운영해 오면서 경험적으로 가격과 판매량 간의 관계를 알게 된 것이다.

　　지금까지 커피에 대한 필자의 개별수요에 대해서 살펴보았다. 하지만 생각해보면 커피전문점 주인은 개개인의 수요보다 시장 전체의 수요가 더 궁금할 것이라는 점을 짐작할 수 있을 것이다. 구체적으로 필자가 사는 동네 커피전문점 사장님이라면 필자 동네에서 커피를 마시는 고객들의 전체 수요를 알고 싶어 할 것이란 말이다. 그래야만 하루에 얼마만큼의 커피를 만들고 가격을 어떻게 책정해야 하는지 알 수 있기 때문이다. 이것을 우리는 **시장수요**라고 부른다. 시장수요는 각각의 개별 수요에 대한 수평 합으로 정의된다. 예를 들어 커피 가격이 3천원일 때 A씨는 한 달 동안 30잔을 마실 것이고, B씨는 20잔, C씨는 22잔, D씨는 28잔 마실 것으로 가정해 보자. 즉 이 동네 커피수요자는 A, B, C, D 모두 4명이고 시장 전체 수요는 커피 가격이 3천원일 때 한 달 동안 100잔이 되는 것이다.

A (30잔)　　　　　B (20잔)　　　　　C (22잔)　　　　　D (28잔)

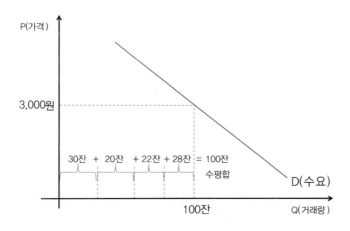

그림 4-2 | 커피에 대한 시장수요

P(가격)

3,000원

30잔 + 20잔 + 22잔 + 28잔 = 100잔
수평합

D(수요)

100잔

Q(거래량)

2 수요곡선의 이동

우리는 앞서 수요곡선을 평면상에 표시할 때 가격과 수요량 사이의 관계만을 이야기 하였다. 하지만 커피 수요량에 영향을 미치는 요인이 비단 커피 가격 밖에 없을까? 그렇지 않다는 것을 독자들도 직감적으로 알고 있을 것이다. 예를 들어 독자들이 회사에서 능력을 인정 받아 승진을 하였고 이로 인해 소득이 증가하였다고 가정해 보자. 그렇다면 독자의 제한되었던 생활비에 여유가 생기게 되므로 좋아하는 커피를 좀 더 마실 수 있을 것이다. 이 경우 소득이라는 변수가 하나 더 추가되므로 수요-공급 그래프 x, y축 이외에 z축을 하나 더 추가해야 한다. 즉 3차원적인 그래프를 그려야 한다. 전문 프로그램을 이용하면 3차원 그래프를 그릴 수 있겠지만 평면상인 종이에 그리기는 쉽지 않다. 그렇다면 방법이 없을까? 우리는 여기서 수학적 도구를 이용하여 이를 간단하게 해결할 수 있다. 즉 그래프를 이동시키는 방법을 통해 이를 해결할 수 있다. 〈그림 4-3〉 그래프는 앞서 본 필자의 커피에 대한 수요 그래프다. 만약 필자의 소득이 증가할 경우, 필자는 같은 가격에서 한 달 동안 10잔의 커피를 더 마시길 원하기 때문에 새로운 점인 E점이 생기게 된다. 이는 가격 변화가 없을 때 수요량이 증가한 것으로 기존 수요 그래프인 D에서 D'로 수요곡선이 이동했음을 의미한다. 이렇게 가격 이외에 수요량에 영향을 미치는 요소가 변경되면 수요곡선은 좌, 우로 이동하게 된다.

그림 4-3 | **커피에 대한 수요곡선 이동**

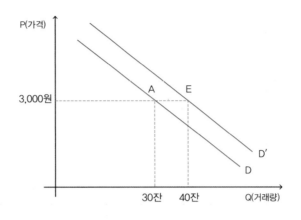

커피종류 ━━━━

핫도그 종류(명랑 핫도그) ━━━━

커피의 종류가 다양해지는 것과 핫도그의 메뉴가 다양해지는
것 모두 수요 증가의 원인이 될 수 있다.

그렇다면 가격 이외에 수요량에 영향을
미치는 요인들에 대해서 하나씩 살펴보도록
하자. 우선 소비자들의 선호도 혹은 기호에
대한 변화를 들 수 있다. 특정 재화에 대한
소비자들의 선호도가 증가하면 동일한 가격
에서 수요량이 많아지므로 수요곡선이 우측
으로 이동하게 된다. 예를 들어 과거에는 커
피라고 하면 소위 다방에서 마시는 다방커피
에 한정되어 있었지만 최근에는 아메리카노,
라떼, 카푸치노, 카라멜마끼야또, 질소커피
등 그 종류가 매우 다양해짐에 따라 소비자
들의 선호도도 급격하게 증가하였다. 이럴
경우 동일 가격에 대해 선호도가 증가했으므
로 수요곡선은 우측으로 이동하게 된다. 이
외에도 핫도그 등 한 동안 소비자들의 선호
도가 높지 않았다가 최근 소비자들의 기호에
맞춰 다양한 메뉴가 출시되며 수요가 급격하
게 증가한 제품들이 있다.

다음으로 소비자의 수를 들 수 있다. 동일 가격에서 특정 재화에 대한 소비자의 수가 증가하면 수요량이 많아지므로 수요곡선은 우측으로 이동하게 된다. 다시 커피를 통해 예를 들어 보자. 1990년대까지만 하더라도 커피는 커피숍이나 다방과 같은 특정 장소에서 마시는 것으로 사람들은 인식하고 있었다. 하지만 스타벅스가 국내에 들어와 활성화되기 시작한 2000년대 초반부터는 사람들의 인식이 변하기 시작하였다. 커피는 특정한 장소에서 마시는 것이 아니라 언제, 어디서든 마실 수 있는 테이크 아웃(take out) 문화가 형성되며 사람들의 인식이 변화된 것이다. 이런 문화는 잠재적 소비자들까지 실제 커피에 대한 소비자로 끌어들이며 커피 소비자들을 급격히 증가시켰다. 이는 동일 가격 하에서 소비자들이 증가함에 따라 수요곡선이 우측으로 이동하게 된 경우에 해당한다. 실제로 우리나라의 커피에 대한 소비량은 지속적으로 증가하여 2017년 기준으로 1년에 250억 5천잔을 소비했다고 하니 실로 어마어마한 수치임을 실감할 수 있을 것이다. 개인 소비량으로 계산하면 한 명이 1년에 마신 커피가 무려 500잔을 넘는다는 계산이 나온다. 커피 이외에도 소비자가 증가한 사례는 고령화로 인한 실버산업을 들 수 있다. 우리나라는 이미 2000년에 고령화사회[4]에 진입하였으며 2025년에는 초고령화사회[5]로 진입할 것으로 예상되고 있다. 이는 세계에서 가장 빠른 속도로 그만큼 우리나라 노령화가 빠르다는 것을 대변하는 결과라 할 수 있다. 실버산업에는 다양한 재화와 서비스가 존재하지만 우리는 전동휠체어만 가지고 설명해 보도록 하자. 우리나라에는 불과 20여년 전 까지만 하더라도 전동휠체어를 타고 다니는 노인들을 거의 볼 수 없었다. 간혹 한 두분씩 전동휠체어를 타고 다니시는 분들을 보면 연세가 많아 거동이 쉽지 않겠다는 생각을 가질 정도였다. 하지만 지금은 전동휠체어를 심심치 않게 찾아볼 수 있다. 특히 지방의 리단위 촌락에 가보면 거의 전동휠체어를 한 대씩 보유하고 있는 곳도 찾아볼 수 있다. 이는 노령인구의 급격한 증가로 실버 재화에 대한 수요량이 급격하게 증가했음을 알 수 있게 해주는 사례라 할 수 있다.

4 고령화사회
고령화사회는 65세 이상 고령인구가 전체 인구에서 차지하는 비중이 7%를 넘어서는 사회를 말한다.

5 초고령화사회
초고령화 사회는 65세 이상 고령인구가 전체 인구에서 차지하는 비중이 20%를 넘어서는 사회를 말한다.

전동휠체어

빠른 고령화로 인해 노인인구가 증가하는 것은 고령 소비자의 증가로 볼 수 있으며 고령자 상품(전동휠체어 등)에 대한 수요가 증가한다고 판단해 볼 수 있다.

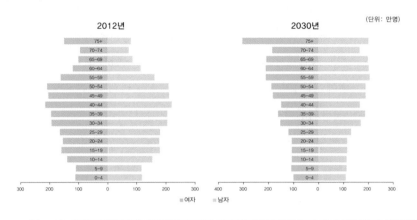

그림 4-4 | 인구 구조 변화

2012년   2030년   (단위: 만명)

■여자 ■남자

출처: 통계청, 보험연구원

　이어서 소득을 들 수 있다. 앞서도 잠시 언급했지만 보통의 경우 소득이 증가하면 동일 가격에서 재화와 서비스에 대한 수요량도 증가한다. 따라서 독자의 소득이 증가한다면 독자들이 좋아하는 커피를 부담 없이 한 두잔 더 먹을 수 있다는 것이다. 우리는 이것을 **정상재**라고 부른다. 하지만 반대의 경우도 있다. 즉 소득이 증가할수록 소비가 줄어드는 재화나 서비스가 있다. 대표적인 것이 중고제품들이다. 여기서 중고제품이라 함은 중고가전이 될 수도 있고 중고자동차, 중고 가구가 될 수도 있다. 우리는 흔히 경기가 좋아지거나 호황일 때 소득이 올라간다고 가정한다. 즉 경기가 좋을 때는 새제품을 구입하지 중고제품을 구입하지 않는다는 것이다. 반면 중고시장이 활황을 맞는 시기가 있다. 바로 불황이거나 경기가 침체되는 시기다. 이 시기에는 보통 소득이 감소한다고 가정한다. 즉 소비자들의 소득이 감소하면 쓰던 물건을 고쳐 쓰거나 필요한 경우 저렴한 중고제품을 구입해서 쓴다. 결국 중고제품은 소득이 증가할 때 수요량이 감소하고 소득이 감소할 때 수요량이 증가한다. 우리는 이것을 **열등재**라고 부른다. 하지만 정상재와 열등재의 구분은 실제로 정상적인 제품과 열등한 제품을 구분한 것이 아님을 명심하자. 즉 소득이 증가할 때 수요량이 증가하는 것을 정상재라고 할 때, 그 반대되는 용어를 찾기 위해서 열등재로 표현된 것이다.

　다음은 관련재화의 가격을 들 수 있다. 관련재화의 가격은 관련재화가 대체재인지 보완재인지에 따라 서로 다르게 영향을 미친다. 경제학을 처음 접하는

독자들은 해당 용어가 생소하게 느껴질지 모
르겠지만 어려운 용어는 아니므로 의미를 알
아두도록 하자. **대체재**는 우리가 관심을 가지
고 있는 재화를 대체해서 쓸 수 있는 재화를
말한다. 예를 들어 하이트와 카스 맥주를 들
수 있다. 독자들은 각자 선호하는 맥주 브랜
드가 있겠지만 보통 국내 맥주를 마신다고
하면 둘 중에 하나를 선택해서 마실 것이다.
즉 독자는 하이트를 원하지만 식당에 하이트
가 없다면 카스를 마시기도 한다는 의미다.
이를 대체재라고 부른다. 대
체재는 우리 생활에서 흔히
찾아볼 수 있다. 삼성의 스마
트폰과 애플의 스마트폰, 기
아차와 현대차, 계란과 두부[6]

—— 하이트와 카스

—— 삼성과 애플, 현대와 기아

등 매우 다양한 대체재가 있다는 것을 독자들은 찾아볼 수 있다. 다음은 **보완재**
인데 보완재는 우리가 관심을 가지고 있는 재화와 같이 사용하는 것을 말한다.
대표적인 예로 컴퓨터의 하드웨어와 소프트웨어가 있다. 조금 더 구체적으로 설
명하자면 컴퓨터 본체 혹은 노트북 컴퓨터와 운용체제인 마이크로소프트사의
윈도우를 들 수 있다. 보통 국내에서 컴퓨터 운용체제는 윈도우를 사용하므로
컴퓨터 본체 혹은 노트북의 판매량과 운용체제인 윈도우의 판매량은 비례관계
에 있다. 이를 보완재라고 설명한다. 보완재 역시 우리 생활에서 많이 찾아 볼
수 있으므로 독자들이 한 번 찾아보길 바란다.

　그럼 이런 보완재와 대체재가 수요량에 어떤 영향을 미칠까? 우선 대체재
의 관계에 있는 재화의 가격이 오른다면 독자가 관심 있는 재화의 수요량은 어
떻게 변하겠는가? 그렇다. 수요량은 증가한다. 이해를 돕기 위해 위에서 설명
한 하이트와 카스를 통해 살펴보도록 하자. 만약 하이트 맥주의 가격이 오르면
소비자들은 가격이 오르지 않은 카스 맥주를 마실 것이기 때문에 카스 수요량
이 증가하게 된다. 다음으로 보완재의 관계에 있는 재화의 가격이 오른다면 독
자가 관심 있는 재화의 수요량은 어떻게 변하겠는가? 대체재와는 반대로 수요

6 계란과 두부
계란과 두부는 같
은 단백질을 보급
하는 음식이라는
점에서 대체재 관
계에 있다. 실제로
AI, 살충제 계란
등의 파동이 있었
을 때 두부의 소비
량이 증가하기도
하였다.

컴퓨터와 윈도우 ━━━━

량은 감소한다. 이 역시 이해를 돕기 위해 위에서 살펴본 하드웨어와 소프트웨어 예를 통해서 익혀두도록 하자. 컴퓨터 본체의 가격이 오른다면 컴퓨터의 수요량이 줄 것이기 때문에 같이 판매되는 윈도우도 수요량이 하락할 것이라는 것을 짐작할 수 있을 것이다.

마지막으로 기대가격을 들 수 있다. 기대가격은 재화의 가격이 향후 어떻게 변동될지 예측해 보는 것이다. 그렇다면 기대가격이 상승하면 수요량은 어떻게 되겠는가? 질문이 조금 어렵다면 약간 바꿔서 생각해 보자. 만약 독자가 노트북컴퓨터가 꼭 필요한 상황인데 내년에 노트북컴퓨터의 가격이 10% 오를 것이란 정보를 들었다면 독자는 어떤 선택을 하겠는가? 그렇다. 지금 사두는 편이 비용을 절약할 수 있는 방법이라고 생각할 것이다. 이런 행동은 재화의 기대가격이 오를 것이라고 예상된 경우 수요가 증가할 것이라는 것을 짐작할 수 있게 해준다. 이와 유사하게 독자들의 소득이 오를 것으로 예상되는 경우 수요가 증가할 것이라고 생각하는가? 감소할 것이라고 생각하는가? 대부분의 독자들은 수요가 증가할 것이라고 생각할 것이다. 이는 우리의 문화에서도 찾아볼 수 있으며 "승진 턱"이라는 단어를 통해 확인해 볼 수 있다. 승진 턱이란 승진하여 소득이 오를 경우, 이를 기념하여 팀원들과 식사 정도를 하는 것을 말한다. 즉 수요가 증가할 것이란 것을 짐작할 수 있다. 또한 대학생의 신분을 벗어나 첫 직장인이 되었을 때, 소득이 증가하면서 차, 옷, 가방 등 구매하고 싶었던 재화나 서비스 등을 소비하면서도 나타난다.

3 수요와 수요량의 변화

우리는 앞서 수요의 정의와 수요량의 변화, 수요의 변화에 대해서 살펴보았다. 모두 수요와의 관계에 대한 설명이었기 때문에 경제학을 처음 접하는 독자들은 다소 혼란스러울 수도 있을 것 같다. 특히 수요량의 변화와 수요의 변화는 용어가 비슷하기 때문에 경제학을 전공한 학생들도 가끔 혼란을 느낀다. 그렇다면 수요량의 변화와 수요의 변화는 무슨 차이가 있을까? 우선 수요량의 변화는 재화와 서비스 가격 변화에 따른 수요량의 변화를 나타낸다. 즉 우리가 앞서 예를 통해서 본 것처럼 커피 가격이 3천원 일 때 30잔을 마실 것이라는 가정에서 커피 가격이 2천원으로 하락할 경우 커피의 수요량을 40잔으로 늘릴 것이란 이야기와 같다. 다시 말해 동일한 수요곡선 상에서 가격의 변화에 따른 수요량의 변화를 나타낸 것이 **수요량의 변화**이다. 다음으로 **수요의 변화**란 가격의 변화가 없다는 가정 하에 가격 이외의 변수가 변경될 경우 수요량의 변화를 나타낸다. 즉 수요곡선의 이동을 뜻한다. 커피의 예를 통해 살펴보면 테이크 아웃(take out) 커피 문화가 형성되며 커피에 대한 수요자가 급격히 증가할 경우, 커피 가격은 3천원에서 변화가 없지만 시장 수요량은 100잔[7]에서 200잔, 300잔으로 증가할 수도 있다는 것이다. 이는 수요곡선을 우측으로 이동하는 것으로 표시할 수 있다. 반면에 수요자가 감소하면 수요곡선은 좌측으로 이동할 수도 있다.

7 100잔
우리는 앞서 시장 수요가 개별수요의 수평적 합이라는 점을 배웠으며 예를 통해 현재 시장수요는 100잔이라고 가정하였다.

| 그림 4-5 | **커피에 대한 수요량의 변화 그래프**

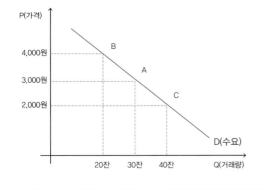

| 그림 4-6 | **커피에 대한 수요의 변화 그래프**

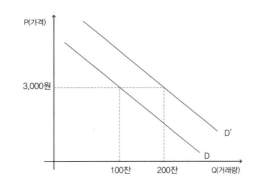

2 | 공급

1 공급과 공급의 법칙, 시장공급

공급(supply)은 생산자가 일정기간 동안 개별 가격에서 판매하길 원하는 재화의 수량을 말한다. 공급의 법칙은 수요의 법칙과 반대로 가격이 오르면 공급량이 증가하고 가격이 내리면 공급량이 감소하는 법칙을 말한다. 이는 재화나 서비스의 가격에 대한 소비자와 판매자의 인식 차에 기인한 것이라 할 수 있다. 즉 우리가 앞서 배운 수요에서 가격은 장애물에 비유될 수 있다. 이 경우 장애물이 높으면 우리가 장애물을 넘기 어려운 것처럼 가격이 상승하면 구매자 입장에서 재화를 구매하기 어려워진다. 반대로 장애물이 낮으면 쉽게 넘을 수 있는 것과 같이 가격이 하락하면 구매자가 쉽게 재화를 구매할 수 있다는 의미로 해석해 볼 수 있다. 반면에 공급에서의 가격은 생산자의 이익과 직결된다. 보통 우리가 판매자의 이익은 재화의 가격(P)과 판매수량(Q)의 곱으로 표현할 수 있다.

$$P(가격) \times Q(수량) = 이윤^{8}$$

8 이윤
회계적으로 엄밀히 말하면 재화의 가격과 수량의 곱은 매출(sale)로 표현되며 매출에서 비용(cost)을 차감하여야 이윤 (profit)이 되지만, 여기에서는 비용이 언급되지 않았으므로 매출을 이윤으로 봐도 무리가 없다고 가정한다.

따라서 공급에서의 가격은 이윤과 직결되기 때문에 가격이 상승하면 이윤이 증가하므로 생산자는 더 많은 생산품을 팔아 이윤극대화를 달성하려 할 것이다. 반대로 가격이 하락할 경우 이윤이 감소하므로 생산을 줄이고자 할 것이다. 이제 커피에 대한 소비자가 아닌 생산자, 즉 판매자 입장에서 생각해 보자. 독자의 기준은 커피가 3천원일 때 이윤과 비용 등을 고려하여 30잔 정도 판매를 예상하고 있다고 가정해 보자. 만약 외부충격에 의해 커피 가격이 4천원으로 상승하였다면 독자는 이윤이 증가할 것으로 예측하여 커피 판매량을 40잔으로 늘리기 원할 것이다. 반면 커피 가격이 2천원으로 하락한다면 이윤이 감소할 것으로 예측하기 때문에 판매량을 20잔으로 줄이려 할 것이다. 이를 가격(P)과 공급량(Q) 사이 각각 A, B, C점으로 표기하고 이 점들을 이으면 〈그림 4-7〉과 같이 우상향하는 공급곡선이 도출되는 것이다.

또한 시장공급곡선은 개별공급곡선의 합으로 우리나라에 있는 모든 커피전문점의 수평적인 합으로 나타낼 수 있다.

그림 4-7 | 커피에 대한 공급곡선 도출

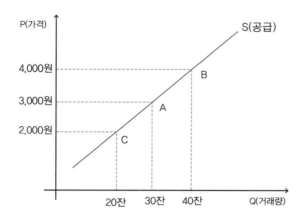

2 공급곡선의 이동

　수요곡선의 이동과 같이 공급곡선에서도 가격 이외의 요인들이 변동하면 공급곡선 자체가 이동하여 공급량이 변하게 된다. 공급곡선의 이동은 수요곡선과 다르게 **비용** 한 가지만 생각하면 되기 때문에 이해하는 것에는 어려움이 없을 것이다. 예를 들어 가격 이외의 요소가 비용을 증가시키는 방향으로 작용한다면 생산자는 이윤이 감소할 것으로 예측하기 때문에 공급량을 줄이려 할 것이다. 반면에 가격 이외의 요소가 비용을 감소시키는 방향으로 작용한다면 생산자는 이윤이 증가할 것으로 예상할 것이기 때문에 공급량을 늘리려 할 것이다.

　공급곡선 이동의 첫 번째 요소로는 생산요소의 가격을 들 수 있다. 생산요소의 가격은 생산비용과 직결되기 때문에 생산요소의 가격이 상승한다면 생산비용이 증가하여 이윤이 감소할 것으로 예측해 볼 수 있다. 따라서 생산자는 동일 가격에서 공급량을 줄일 것이기 때문에 공급곡선이 좌측으로 이동한다. 다시 커피 예를 통해 설명해 보자. 독자가 커피를 판매하는 판매자이고 커피를 만드는데 들어가는 생산요소는 원두, 컵, 아르바이트생 등이 있다고 가정해 보자. 만약 독자가 주로 사용하는 나이지리아산 원두 가격이 이상 기후로 인해 폭등하였다면 독자의 생산비용은 크게 상승했다고 할 수 있다. 따라서 이윤이 감소하기 때문에 공급을 줄이려 할 것이고 이는 공급곡선이 좌측으로 이동하는 것으로 표현할 수 있다.

두 번째 요소로 기술진보를 들 수 있다. 기술진보를 우선 정의하자면 투입된 생산요소는 일정한데 생산량이 급격이 증가했거나, 생산량은 일정한데 투입 생산요소가 감소했을 경우를 생각해 볼 수 있다. 이해를 돕기 위해 초밥 만드는 기계를 생각해 보자.[9] 초밥 만드는 기계가 개발되기 전까지는 초밥의 공급량을 증가시키기 위해서 투입요소인 요리사가 필요했다. 그러나 초밥 만드는 기계가 개발된 후에는 요리사의 추가 투입 없이 생산량을 몇 배로 증가시켰다. 이럴 경우, 단위당 생산비용을 생각해 볼 수 있는데 단위당 생산비용이란, 재화 1개에 들어가는 비용을 계산해 보는 것으로 아래의 식과 같이 표현할 수 있다. 즉 기술진보가 일어난 경우, 단위당 생산비용이 하락하기 때문에 생산자는 이윤이 증가할 것을 예측하여 공급량을 늘리며 이는 공급곡선의 우측 이동으로 나타나게 된다.

9
실제로 의약품 같은 경우 새로운 기술개발로 인해 투입요소 변화 없이 대량생산이 가능한 경우가 많이 있으며, 이는 산업현장에서도 찾아볼 수 있다.

$$단위당 \ 생산비용 = \frac{투입비용}{생산량(Q)}$$

기술발전이 일어난 경우

$$단위당 \ 생산비용 \downarrow = \frac{\overline{투입비용}}{생산량 \uparrow}$$

초밥 만드는 기계 ▬▬▬

세 번째 요소는 조세와 보조금을 들 수 있다. 우선, 조세의 증가는 비용을 증가시키는 요소로 생산자가 받아들일 수 있기 때문에 공급곡선을 좌측으로 이동시킨다. 반면 보조금은 일종의 인센티브로 간주할 수 있으므로 비용이 감소하는 방향으로 작용하여 공급곡선을 우측으로 이동시키게 된다.

네 번째 요소는 다른 재화의 가격을 들 수 있다. 다른 재화의 가격을 논하기 전에 우리는 한 가지 전제 사실을 염두에 둬야 한다. 즉 우리가 관심을 갖고 있는 특정 재화와 다른 재화 사이에 생산설비나 생산요소를 변환하여 사용할 수 있어야 한다. 예를 들어 현대자동차의 대표적인 중형차인 소나타와 준중형차인 아반떼의 생산라인을 같이 사용할 수 있다는 전제가 필요하다. 만약 우리가 관심을 두고 있는 재화가 아반떼인데 소나타의 인기가 상승하여 소나타 가격이 상승한다면 아반떼의 생산라인과 인력을 소나타 생산공정으로 바꿀 수 있어야 한다는 것이다. 이럴 경우, 다른 재화인 소나타의 가격 상승이 아반떼의 공급을 줄였으므로 다른 재화의 가격이 상승할 경우 해당 재화의 공급량이 감소하여 공급곡선은 좌측으로 이동한다는 것을 확인할 수 있다.

다섯 번째 요소로는 기대가격을 들 수 있다. 보통의 경우 기대가격이 상승할 것으로 예상되면 이윤 증가가 예상되므로 공급량을 늘리게 된다. 하지만 예외도 있다. 이미 추수가 끝난 농산물의 경우, 가격 인상이 예상된다고 하여 바로 공급량을 늘리지 않을 수도 있다. 이유는 이윤극대화를 원하는 농부들이나 중간 상인들이 가격이 더 오른 후에 판매하기 위하여 창고에 농산물을 쌓아 놓을 수도 있기 때문이다.

━━━━━ 농산물과 농산물 창고

마지막으로 공급자의 수가 늘어나면 공급량이 증가하기 때문에 공급곡선을 우측으로 이동시킨다.

3 │ 시장균형

앞서 수요와 공급의 정의는 일정기간 동안 구매자와 생산자가 구매하거나 판매하고자 하는 의도라고 설명하였다. 이제 실제 수요와 공급이 만나는 점에서 어떤 일이 발생하는지 살펴보자. 앞서 예를 든 커피를 다시 한 번 언급하면, 커피의 시장 수요는 커피 가격이 3천원 일 때 100잔이라고 이야기 하였다. 여기에 모든 커피의 공급자, 즉 판매자 역시 커피 가격이 3천원 일 때 100잔 공급하기를 원한다고 가정해 보자. 그렇다면 커피에 대한 우하향하는 시장수요곡선을 얻을 수 있고, 우상향하는 시장공급곡선을 얻을 수 있다. 이 두 곡선이 만나는 점을 우리는 **시장균형**(market equilibrium)이라고 부른다. 즉 3천원, 100잔에서 구매자와 생산자의 의도가 일치하며 실제 거래가 이뤄진다. 우리는 시장균형을 **청산**(clean)이 일어났다고도 이야기 한다. 이는 균형점인 3천원에 시장에 커피를 구매하고자 하는 모든 구매자는 구매할 수 있으며 판매하고자 하는 모든 판매자는 판매할 수 있다는 의미다.

그림 4-8 | **커피의 수요-공급 균형**

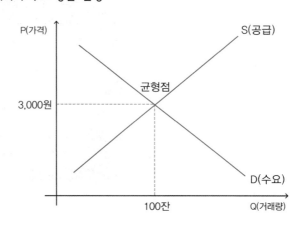

10 균형
균형(equilibrium)이라는 단어는 물리학에서 주로 사용되는 용어로 외부충격이 없는 한 현재의 상태를 유지하려는 현상으로 이해된다.

11
우리가 커피 예를 통해 보고 있지만 대부분의 재화가 팔리지 않고 재고가 쌓이게 되면 시간이 지날수록 가치가 하락하기 때문에 현금 확보 차원에서 가격을 낮춰 판매하는 모습을 쉽게 찾아볼 수 있다.

외부에 어떤 충격에 의해 가격이 변동되지 않는 이상 시장의 균형[10] 상태는 깨지지 않는다. 하지만 만약 외부충격에 의해 가격이 변동된다면, 어떤 현상이 일어날까? 우선 외부충격에 의해 커피 가격이 4천원으로 상승하였다면 구매하고자 하는 사람들은 비싸진 커피 가격에 의해 커피의 소비량을 줄이려 할 것이다. 이것은 4천원에서 수요곡선이 만나는 점인 A점까지를 구매자가 구매하고자 하는 의도로 파악할 수 있다. 반면 커피 판매자는 커피 가격이 상승하여 이윤이 확대될 것이 기대되기 때문에 더 많이 공급하려 할 것이다. 이 점은 4천원에서 공급곡선과 만나는 점인 B점까지를 판매자가 공급하고자 하는 의도로 파악할 수 있다. 이 경우 실제로 거래가 이뤄지는 구간은 A점까지로 60잔이 거래된다. 하지만 판매자는 이윤이 증가할 것으로 예상하여 140잔을 만들었기 때문에 80잔의 초과공급(excess supply) 사태가 발생한다. 이렇게 되면 커피 판매자는 만들어 놓은 커피를 버리거나 가격을 낮춰서라도 판매하길 원할 것이다.[11] 따라서 커피 판매자들은 5백원을 낮춘 3,500원에 커피 판매를 재개할 것이고, 가격이 하락하였기 때문에 일부 구매자들은 실제 구매를 실행할 것이다. 이는 수요곡선을 따라서 확인할 수 있다. 그래도 수요-공급곡선 상 구매자와 판매자의 의도가 일치하지 않으므로 초과공급상태는 여전히 존재한다. 결국 커피 판매자들이 3천원까지 가격을 낮추게 되면 비로소 시장은 균형 상태에 도달하게 된다. 다시 말해 외부충격에 의해 가격이 변동되는 경우 가격조정을 통해 균형으로 회귀하는 것이다. 이는 가격이 하락할 경우도 마찬가지다. 만약 외부충격에 의해 커피 가격이 2천원으로 하락하였다고 가정해 보자. 이럴 경우, 커피 판매자는 이윤이 줄 것을 예상하여 C점까지인 60잔만 공급하기를 원할 것이다. 반면 커피 구매자는 커피 가격이 하락하였기 때문에 D점까지인 140잔 마시기를 원할 것이다. 이때는 판매자가 60잔만 공급하였기 때문에 커피의 거래는 60잔에서 이뤄진다. 하지만 여전히 2천원에 커피를 마시고 싶어 하는 사람이 존재하며 이는 D점과 C점의 차이인 80잔, 즉 초과수요(excess demand)로 표현할 수 있다. 기본적으로 시장에 구매하고자 하는 수요는 많은데 물건이 부족하게 되면 가격은 자연스럽게 상승한다.[12] 이런 가격 상승은 초과수요가 해소될 때까지 지속되며 균형 가격인 F점에 도달하면 멈추게 된다.

12
이는 우리가 다음에 배우게 될 인플레이션(물가 상승)이라고 하며, 가격 상승은 수요가 많거나 공급이 부족하면 발생한다.

그림 4-9 | **수요-공급 균형**

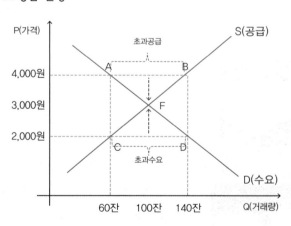

4 | 수요-공급의 변화와 새로운 균형

앞서 외부충격에 의해 가격이 변동된 경우, 다시 균형으로 회귀하는 것을 확인하였다. 하지만 가격 이외의 요소가 변경될 경우 우리는 수요곡선 및 공급곡선 자체가 이동하는 것도 앞서 학습하였다. 이렇게 수요곡선 혹은 공급곡선 자체가 이동할 경우 새로운 균형점이 형성되며 새로운 균형점에서는 이전 균형에 비해 가격 혹은 거래량이 변동된다. 우리는 다음 4가지 사례를 통해 수요-공급 변화와 새로운 균형에 대해 알아보도록 할 것이다.

첫 번째로, 공급이 증가하고 수요가 감소한 경우다. 이는 국내의 쌀시장으로 설명할 수 있다. 한국전쟁 이후 우리나라는 모든 생산시설이 파괴됨에 따라 전 세계에서 가장 가난한 나라로 전락하였다. 물론 농업에 대한 기술력이나 자본력도 없었기 때문에 쌀 생산량이 극히 낮았음을 짐작할 수 있을 것이다. 하지만 이후 우리나라는 고도성장을 이룩하면서 다음 몇 가지 원인에 의해 쌀 생산량이 급격히 증가하였다. 우선 종자가 계량되면서 벼에 이삭이 많이 달리게 되었고, 농업에 자본 투입[13]이 증가하면서 생산량이 확대되었다. 더욱이 간척사업 등을 시행하며 경작지가 확대되어 쌀에 대한 생산량이 더욱 증가하였다. 반면 쌀에 대한 소비는 지속적으로 감소하였다. 몇몇 독자들은 최근 몇 년 사이 식당에서 제공하는 공기밥 그릇이 점차 작아졌다는 사실을 알 것이다. 쌀에 대한 수요가 감소한 이유는 소득이 증가하며 대체 식품에 대한 수요가 증가하였고, 생활수준이 향상되며 건강에 대한 시민의식도 달라졌기 때문이라고 생각된다.[14] 이렇게 쌀에 대한 공급은 증가한 반면 수요는 감소하였기 때문에 균형점은 A에서 새로운 균형 B점으로 이동하게 된다. 이때는 가격이 큰 폭으로 하락할 것이라는 것을 수요와 공급의 원리를 통해 예측해 볼 수 있다.[15] 하지만 거래량은 큰 변화가 없음을 확인할 수 있는데 수요와 공급의 변화 폭에 따라 거래량이 다

13 농업자본투입
농업의 자본 투입이란 트랙터, 이앙기, 경운기 등 새로운 기계들이 투입되었다는 의미다.

14
실제로 쌀밥만 먹는 것은 건강에 좋지 않다는 의학적 견해들이 많다.

15
하지만 실제로 쌀 가격이 크게 하락했다고 느끼는 독자들은 많지 않을 것이다. 이는 가격 규제에서 다시 한 번 살펴보도록 하겠다.

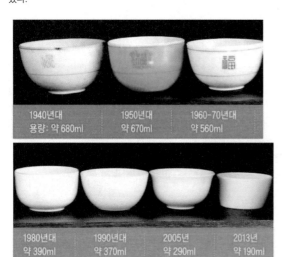

| 1940년대 용량: 약 680ml | 1950년대 약 670ml | 1960-70년대 약 560ml |
| 1980년대 약 390ml | 1990년대 약 370ml | 2005년 약 290ml | 2013년 약 190ml |

시대별 공기밥 크기 변화(용량: 물을 가득 채운 기준)

소 증가하거나 감소할 수 있지만 가격처럼 큰 폭의 변화는 없을 것으로 예상해 볼 수 있다.

그림 4-10 | **쌀시장의 변화**

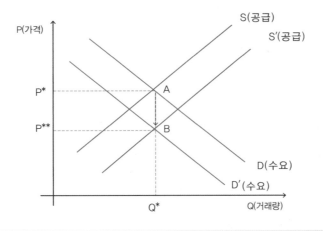

두 번째는 공급이 감소하고 수요가 증가한 경우를 들 수 있다. 이는 2000년 초중반부터 글로벌 금융위기가 발생하기 전인 2007년까지 원유시장을 통해 확인해 볼 수 있다. 앞서 언급한 기간의 특징은 신흥시장(emerging market)의 고도성장이 일어났던 시기다. 특히 중국의 고도성장이 진행되며 세계의 공장이라는 단어까지 등장하였다. 이런 중국의 고도성장은 중국이 많은 원자재 수입을 주도하는 계기가 되었으며 그 중에서도 모든 산업의 근간이 되는 원유 수입량이 급격히 증가하는 원인이 되었다. 이는 결국 원유에 대한 수요를 증가시키는 방향으로 작용한 것이다. 반면 OPEC(석유수출국기구, Organization of Petroleum Exporting Countries)은 자국의 이익을 위해 석유 생산을 감산하기로 하면서 세계 원유 공급은 감소하였다. 그 결과 최초의 균형 A점에서 새로운 균형 B점으로 이동하면서 가격이 큰 폭으로 상승할 것을 예측해 볼 수 있다. 실제로 당시 석유는 배럴당 120달러 선에 육박하기도 하였다. 가격이 큰 폭으로 상승한 것과는 대조적으로

━━━ 원유 시추

거래량에는 큰 변화가 없는 것처럼 보이는데 이 역시 앞서 설명한 사례와 같이 수요와 공급의 변화 폭에 따라 다소의 차이가 있을 수 있지만 가격의 변화만큼 크지는 않을 것이란 점을 짐작할 수 있을 것이다.

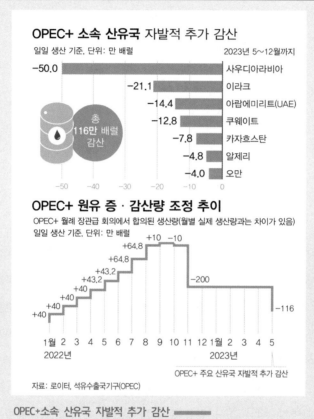

OPEC+ 소속 산유국 자발적 추가 감산
일일 생산 기준, 단위: 만 배럴 · 2023년 5~12월까지

사우디아라비아	−50.0
이라크	−21.1
아랍에미리트(UAE)	−14.4
쿠웨이트	−12.8
카자흐스탄	−7.8
알제리	−4.8
오만	−4.0

총 116만 배럴 감산

OPEC+ 원유 증·감산량 조정 추이
OPEC+ 월례 장관급 회의에서 합의된 생산량(월별 실제 생산량과는 차이가 있음)
일일 생산 기준, 단위: 만 배럴

+40 +40 +40 +43.2 +43.2 +64.8 +64.8 +10 −10 −200 −116

1월 2 3 4 5 6 7 8 9 10 11 12 1월 2 3 4 5
2022년   2023년

OPEC+ 주요 산유국 자발적 추가 감산

자료: 로이터, 석유수출국기구(OPEC)

OPEC+소속 산유국 자발적 추가 감산 ▬▬▬▬

2023년에도 지난 2000년 초중반과 같은 원리로 원유 가격이 크게 상승하였다. 즉 원유에 대한 공급은 감소한데 반해 수요는 증가하며 원유 가격이 크게 상승한 것이다. 당시 원유 공급이 감소한 가장 큰 원인은 지난 2000년 초중반과 같이 OPEC의 감산 때문이었다. 하지만 수요의 증가 원인은 같지 않았다. 당시 중국이 코로나 충격에서 벗어나며 세계 수요가 증가할 것으로 예측되었으나 중국 최대 부동산 개발업체 부도 위기 등 중국내 사회, 경제적 문제가 대두되며 수요 증가에 크게 기여하지 못했다. 이런 중국의 상황과 달리 급격한 긴축정책에도 불구하고 여전히 견조한 경기 흐름을 보인 미국 경제와 전략비축유 재고 감소는 세계 원유 수요를 증가시켰으며 코로나로 인해 감소했던 세계 원유 재고 감소 역시 원유 수요를 자극해 원유 가격 인상을 견인하였다.

그림 4-11 | 원유시장의 변화

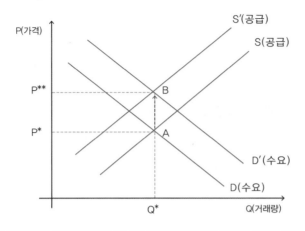

세 번째로, 공급이 증가하고 수요도 증가하는 경우를 들 수 있다. 이는 최근의 택배시장, 편의점 도시락 시장 및 1인 주택가구 시장 등을 통해 확인할 수 있다. 최근에 택배시장이 크게 성장한 것은 독자들도 체감적으로 느끼고 있을 것이다. 정보통신의 발달로 인해 쇼핑 시 꼭 매장에 방문해야 할 일이 없어졌으며, 원할 경우 해외에서도 직구를 통해 재화를 구매할 수 있게 되었다. 이런 일이 가능해진 것은 물류의 발달을 들 수 있으며 그 가운데 택배시장이 있다. 편의점 도시락 시장도 마찬가지다. 1인 가구의 증가 및 생활패턴의 변화로 인해 간단하면서도 한 끼식사가 될 만한 음식에 대한 수요가 증가하였으며, 이에 맞춰 편의점 도시락이 성장한 것이다. 이렇게 수요와 공급이

자료: 국가물류통합정보센터

―――― 국내 택배 물동량 추이(한국통합물류협회)

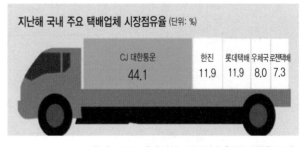

―――― 국내 주요 택배업체 시장점유율(하나금융투자)

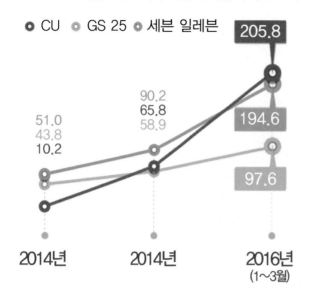

국내 주요 편의점 3사 도시락 매출 증가율 추이 (단위: %)

● CU ● GS 25 ● 세븐 일레븐

205.8

90.2
65.8
58.9

51.0
43.8
10.2

194.6

97.6

2014년   2014년   2016년
                            (1~3월)

편의점 도시락 시장 성장(파이넨셜 뉴스)

같이 증가한 경우에는 최초 균형 A점에서 B점으로 이동한다는 것을 확인할 수 있다. 이 경우, 거래량이 큰 폭으로 증가한다는 것을 그래프를 통해 예측해 볼 수 있다. 실제로 택배와 편의점 도시락의 거래량이 크게 증가했다는 점에서 이를 확인해 볼 수 있다. 반면 가격에는 큰 변화가 없다는 점을 그래프를 통해 확인해 볼 수 있는데 수요와 공급 변화폭에 따라서 다소 가격 변동은 있을 수 있으나 거래량과 같이 큰 폭의 변화는 없을 것이란 점을 예측해 볼 수 있다. 1인 주택가구 시장은 부동산 특성상 공급이 단기에는 경직적이라는 점을 이용하여 독자들이 한 번 그래프를 그려보기 바란다.

그림 4-12 | 택배, 편의점 도시락 시장의 변화

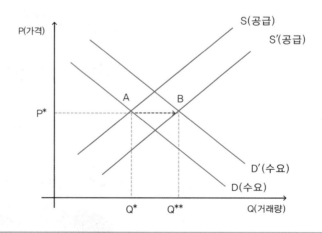

네 번째로, 수요와 공급이 같이 감소하는 경우다. 이는 우리나라의 성냥산업을 통해 확인할 수 있으며 대부분의 사양산업이 이에 속한다. 우리나라에 마지막으로 남아 있던 성냥공장은 2017년에 문을 닫았고 현재는 성냥공장이 존재

하지 않는다. 성냥은 과거 불을 붙이는 용
도로 많이 사용하였으나 시대가 발전하며
대체 상품이 등장하여 점점 수요가 감소
하였다. 수요 감소에 발맞춰 공급도 같이
지속적으로 감소하였다. 이렇게 수요와 공
급이 같이 감소하게 되면 최초 균형 A점
에서 B점으로 이동하게 되는데 새로운 균
형점에서는 이전보다 거래량이 급감하게
된다. 기업이 생산공정을 가동시키기 위해

국내 마지막 성냥공장 경남산업공사

서는 어느 정도의 거래량이 뒷받침 되어야 한다. 예를 들어 고정비용도 충당하
지 못하는 기업이라면 생산을 하면 할수록 적자가 커지기 때문에 문을 닫는 편
이 나을 수 있다. 우리나라 성냥산업도 마찬가지로 수요가 줄고 공급이 지속적
으로 감소하면서 기업이 유지해야 할 최소한의 생산량도 맞추지 못하게 되자 가
동을 중단시킨 것이다.

그림 4-13 | 성냥산업의 변화

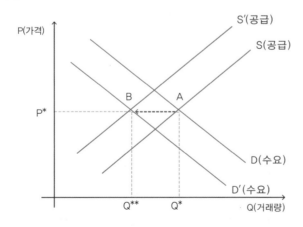

우리는 앞서 4가지의 수요-공급 변화에 의한 새로운 균형점에서의 가격과
거래량 변화를 살펴보았다. 여기서 눈치가 빠른 독자들이라면 확인했겠지만 수
요-공급 모형은 아주 간단한 모형임에도 불구하고 사회·경제 환경 변화에 따른
가격과 수요량 예측이 가능한 장점을 가지고 있다. 물론 경제학을 깊이 공부하

게 되면 더 정교하고 복잡한 모형을 다루게 되지만 실상 출발점은 수요-공급 모형에서 한다는 것을 독자들은 꼭 염두에 두기 바란다.

5 | 가격 규제

대부분의 재화와 서비스 가격은 시장경제 논리에 근거하여 시장에서 자유롭게 결정된다. 이러한 과정을 통해 생산의 효율성과 배분의 효율성을 달성하며 경제 전체적으로 사회적 후생이 높은 방향으로 자연스럽게 선택된다. 하지만 필수품인데도 불구하고 지나치게 가격이 높아서 보편적인 삶을 제약하거나 가격이 너무 낮아서 생산자에게 어려움이 존재할 경우, 정부 혹은 정치인들은 가격을 통제하여 이를 해결하고자 한다. 하지만 이들의 의도와 달리 가격 규제는 자원배분을 왜곡시켜 좋지 않은 결과를 초래하기도 한다.

1 상한가격 규제

상한가격 규제란, 필수 재화나 서비스의 가격이 너무 높아 서민들이 이를 구매하기 쉽지 않다고 판단될 경우 정부가 가격 상한선을 제한하는 것을 말한다. 예를 들어 감기약 같은 경우 누구든 감기에 걸릴 수 있기 때문에 필수재에 가깝다고 할 수 있다. 하지만 기업이 이익을 위해 의도적으로 높은 가격을 책정한다면 대부분의 사람들은 감기약을 사먹지 못할 수도 있다. 따라서 정부나 지자체는 가격 상한선을 설정하여 판매자가 부과할 수 있는 최고 가격을 정하고 이를 지키지 않을 경우 처벌하는 방식을 행한다. 하지만 본래의 취지와는 다르게 경제적 부작용이 작용할 수 있다는 점도 꼭 염두에 둬야 한다.

그럼 임대료 규제를 통해 나타날 수 있는 경제적 현상에 대해서 확인해 보도록 하자. 우선 **임대료 규제**란 현재 임대료가 너무 높다고 판단되어 임대료 상한선을 정하고 그 이상 가격을 올리지 못하도록 규제하는 것을 말한다. 대체로 정치권에서 임대료 규제를 주장하는 이유는 소득에서 임대료가 차지하는 비중이 너무 높아 인간다운 삶을 영위하기 쉽지 않다는 취지로 출발하는 경우가 많다. 따라서 임대료 상한선을 결정하고 그 이상으로는 임대료를 받지 못하도록 규제함으로써 많은 세입자들이 혜택을 보도록 하자는데 취지가 있다. 그렇다면 실제로 임대료 규제를 할 경우, 모든 임대인들이 낮은 임대료를 지불하고 살 수 있을까? 결론부터 이야기 하면 실제로는 그렇게 되기 어렵다. 자, 그럼 우리가 배운 수요-공급 모형을 통해서 확인해 보도록 하자. 우선 시장에 규제가 없을 경우 임대료 가격은 주택의 수요와 공급에 의해 P^*에서 결정되고 주택의 거래량은 Q^*에서 결정될 것이다. 하지만 임대료를 P^{**}로 규제하면 임대주택에 대한 수요자와 공급자가 변하게 된다. 우선 임대료가 P^*에서 P^{**}로 낮아졌기 때문에 임대주택에 살려고 하는 수요자는 늘어날 것이다. 이는 임대료 P^{**}에서 수요곡선까지의 거리를 통해 우리가 확인할 수 있다. 실제로 임대료가 낮아지면 2명이 룸메이트로 같이 살던 친구들이 서로 독립하길 원할 것이고, 독립에 대한 요구가 강한 대학생이나 사회 초년생들이 임대 수요로 들어오게 될 것이다. 반면 임대료가 P^*에서 P^{**}로 하락하면 임대주택을 공급하려는 사람은 감소하게 될 것이다. 이는 임대료 P^{**}에서 공급곡선까지의 거리로 나타낼 수 있다. 실제로 많은 민간 주택 공급자들은 수익률이 낮아진 임대주택시장을 떠날 것으로 기대해 볼 수 있다. 따라서 임대료 P^{**}에서 실제로 거래되는 주택의 거래량은 Q^{**}로 규제 전보다 줄어들게 된다. 하지만 시장에는 초과수요만큼 임대주택에 대한 수요자들이 여전히 존재하며 이들은 Q^{**}의 거래량에서 수요곡선을 따라 형성된 가격인 P^{***}에서 살게 될 것이다. 잠시 어리둥절한 독자들이 있을지 모르겠지만 우리가 수요곡선의 정의를 다시 한 번 생각한다면 쉽게 이해할 수 있을 것이다. 수요곡선은 해당 가격에 수요량을 나타내는 의도다. 따라서 P^{***} 임대가격에서 분명 Q^{**}만큼 살겠다는 의도를 가진 사람이 있다는 뜻이다. 자, 그럼 이제 정리해 보자. 임대료 상한규제는 임대료를 낮춰 임대주택에 살고 있는 사람들의 부담을 줄여주자는 취지에서 출발하였지만 수요-공급의 메커니즘에 따르면, 이런 혜택은 보는 사람은 한정되어 있으며 많은 주택수요자들이 균형 임대료 가격 보다 높은 임대료에 살게 될 것이라는 것을 확인할 수 있다. 더욱이 낮은 임대료 혜택을 보는 사람들이 무작위로 선출된다면 그렇지 못한 사람들의 박탈감은 더욱 커질 수도 있을 것이다.

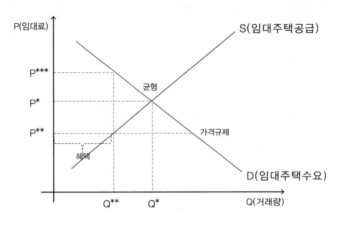

그림 4-14 | **임대료 규제**

임대료 규제는 아직까지 우리나라에서도 갑론을박이 진행되는 가운데 미국에서는 실제로 부작용이 확인된 사례가 있다. 미국도 임대료 규제를 처음 시행할 때는 우리와 같은 의도로 시작하였다. 너무 높은 임대료를 낮춰 임대주택에 사는 서민들의 부담을 줄여주자는 의도에서 출발한 것이다. 따라서 우리가 위에서 살펴본 취지와 같이 균형 가격 P^{*}보다 낮은 P^{**}로 임대료를 규제한 것이다. 이에 임대주택을 공급하던 공급자들은 가지고 있으면 손해만 보는 임대주택 용도를 호텔, 유스호스텔, 상가 등으로 변경하기 시작하였다. 이런 현상이 반복적으로 발생하고 시간이 흐르자 도심에는 임대주택 자체가 사라지게 되었다. 따라서 공급곡선 자체가 좌측으로 이동하여 새로운 균형점으로 이동하게 되었고, 새로운 균형점에서는 규제 이전보다 임대료는 높아지고 주택 거래량은 줄어드는 부작용이 발생하였다.[16] 더욱이 도심에 사라진 임대주택을 대체하기 위해 시민들은 먼 거리의 불편함을 감수하고 변두리로 이사하게 되지만 변두리에 수요가 몰리게 되면 변두리 임대료가 상승하는 현상이 발생할 수도 있다. 이런 이유 때문에 미국은 대부분의 도시에서 임대료 규제를 포기하거나 줄이는 추세를 따르고 있다.

16
임대료 규제로 P^{**}에서 거래되어야 한다고 생각하는 독자들도 있겠지만, P^{**}가격에는 더 이상 공급 물량이 없을 경우, 이를 감수하고서라도 높은 임대료에 살려는 사람과 임대하려는 사람의 욕구가 맞아 실제 거래는 P^{***}의 임대가격에서 거래된다.

표 4-1 | **주요 국가의 임대료 상한 규제 시행 결과**

국가	결과
미국	메사추세츠주 임대주택 공급 감소 부작용 발생, 1995년 폐지
독일	베를린 등 임대료 상한제 시행결과 1년 새 임대료 평균 30% 상승

2 최저가격 규제

최저가격 규제는 가격의 하한선을 정부나 지자체가 정하는 것으로 소득의 하한선을 정하는 사례가 많다. 이 역시 상한가격 규제와 마찬가지로 규제 가격 밑으로 가격을 설정할 경우 정부나 지자체가 이에 대한 제재를 가한다. 최저가격 규제 취지는 서민들이 인간다운 삶을 영위하기 위해 최소한의 소득을 보전해 줘야 한다는 것에서 출발한다. 자본주의의 가장 큰 단점 중에 하나가 양극화라는 점을 상기하면 최저가격 규제는 어느 정도 설득력이 있어 보인다. 다만, 시장 가격을 통제할 경우 경제적 부작용이 작용할 수 있다는 점을 항상 같이 염두에 둬야 한다. 우선 우리가 앞서 수요와 공급의 이동과 새로운 균형을 통해 확인했던 쌀 가격 규제를 통해 왜 공급이 크게 증가하고 수요가 감소했는데도 불구하고 쌀 가격이 하락하지 않았는지 확인해 보도록 하자.

그림 〈그림 4-15〉 그래프의 최초 균형점 A를 쌀의 공급이 증가하고 수요가 감소하여 가격이 큰 폭으로 하락한 균형점으로 가정해 보자. 하지만 정부나 지자체는 농민들의 소득을 우려해 쌀 가격을 P^{**}로 규제하였다. 즉 균형 가격 보다 높은 가격이 형성된 것이다. 이 경우 수요자들은 쌀 가격이 너무 높다고 판단하여 쌀에 대한 수요를 줄일 것이다. 이는 쌀 가격인 P^{**}에서 수요곡선까지의 거리로 나타난다. 반면 농부들은 쌀에 대한 가격이 상승하였으므로 더 많은 쌀을 경작하여 이득을 보려고 할 것이기 때문에 최초 균형점 보다 많은 쌀을 경작하길 원할 것이다. 이는 쌀 가격인 P^{**}에서 공급곡선까지의 거리로 나타낼 수 있다. 따라서 실제 쌀의 거래는 수요곡선까지인 Q^{**}에서 거래되므로 최초 균형점보다 거래량이 줄어든다. 하지만 쌀에 대한 경작이 늘어 쌀은 초과공급상태가 되는데 이를 정부가 매입해 주는 것이다. 그렇다면 정부가 매입한 쌀은 어디로 갈까? 독자들 중에 남자 분들이 있다면 군대에서 하루 3끼 열심히 먹었던 쌀이 바로 그 쌀일 것이다. 또한 이 쌀은 다른 나라 원조를 할 때도 쓰인다.

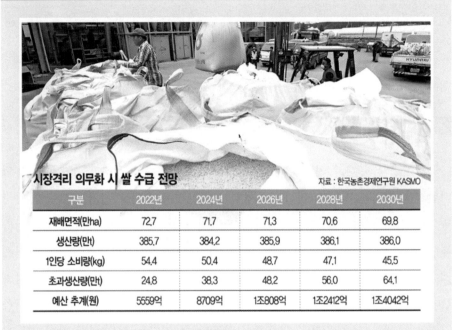

구분	2022년	2024년	2026년	2028년	2030년
재배면적(만ha)	72.7	71.7	71.3	70.6	69.8
생산량(만t)	385.7	384.2	385.9	386.1	386.0
1인당 소비량(kg)	54.4	50.4	48.7	47.1	45.5
초과생산량(만t)	24.8	38.3	48.2	56.0	64.1
예산 추계(원)	5559억	8709억	1조808억	1조2412억	1조4042억

시장격리 의무화 시 쌀 수급 전망   자료 : 한국농촌경제연구원 KASMO

2022년 벼농사 풍년으로 예상을 뛰어넘는 쌀이 시장에 공급되며 쌀 가격이 급락하자 정부는 일시적으로 45만 톤의 쌀을 공공비축 명목으로 매수하는 수급안정화 대책을 발표하였다. 이에 쌀 가격은 안정을 찾았으나 쌀 시장에 대한 정부 개입에 대해 많은 논란을 낳았다. 그 중 대표적인 것이 "양곡법 개정(안)"이다. 양곡법 개정안은 앞서와 같이 추가 공급되는 쌀에 대해 일시적 대응이 아닌 법을 개정하여 추가 공급되는 쌀에 대해 항시 정부가 의무적으로 매입해야 한다는 내용을 골자로 하고 있다.

하지만 이는 시장 경제를 외면한 것으로 많은 경제적 부작용이 발생할 수 있음을 간과하고 있다. 이를 현재의 국내 쌀 시장의 상황을 통해 확인해 보자. 우선 국내 쌀에 대한 수요는 지속적으로 감소하고 있으며 그 속도도 빨라지고 있다. 이렇게 고착화된 쌀의 수요가 단기간에 반등하기는 쉽지 않아 보인다. 다음으로 공급 측면에서 쌀의 재배면적은 정부 정책 등의 이유로 감소 추세에 있으나 그 속도는 빠르지 않다. 결과적으로 쌀에 대한 수요 감소 속도가 공급의 감소 속도보다 빠르다는 의미다. 이런 상황에서 양곡법 개정안이 시행될 경우, 공급 측에서 다음과 같은 변화들을 예상해 볼 수 있다. 기존에 벼농사를 짓던 농부들은 다른 농작물로 바꿀 유인이 없기 때문에 그대로 벼농사를 계속 지을 것이다. 또한 다른 농작물을 재배하던 농부들도(가령 밭농사) 벼농사로 넘어갈

그래도 소진이 되지 않는다면 폐기하는 방법도 있다. 자, 그럼 이제 쌀 가격 규
제로 나타날 수 있는 경제적 부작용에 대해서 살펴보도록 하자. 우선 잉여쌀을
정부가 매입하면서 들어가는 정부재원은 세금이다. 즉 전 국민이 낸 세금을 가
지고 농부들에게 보조금을 주는 것과 같다고 보면 된다. 다음으로 쌀과 관련된
재화들의 가격이 올라갈 것이다. 우리나라 전 국민에게 사랑 받는 쌀떡볶이의
주원료가 쌀이기 때문에 가격 인상이 불가피하다. 마지막으로 자원의 최적 배분
이 왜곡된다. 자원의 최적 분배는 다음의 예를 통해 쉽게 이해할 수 있다. 만약
독자가 10헥타르의 땅에 고구마와 양파를 각각 5헥타르씩 경작하고 있는데 양
파 값이 2배로[17] 올랐다면 독자는 이윤극대화를 위해 고구마 경작지에 양파를
심을 것이다. 이는 독자 입장에서 이윤극대화를 위한 행동이었지만 사회 전체적
으로 후생이 극대화 되는 행동으로도 해석할 수 있다. 즉 소비자가 고구마를 먹
었을 때 만족감이 헥타르당 5이고 양파를 먹었을 때 헥타르당 10이라면 이전에
는 사회 전체 후생이 $75((5 \times 5)+(10 \times 5))$인데 반해 이후에는 사회 전체 후생이
$100((10 \times 5)+(10 \times 5))$으로 증가함을 확인할 수 있는 것이다. 이처럼 사회적으로
만족감이 높은 쪽으로 자원이 배분되는 것을 자원의 최적 배분이라고 한다. 하
지만 쌀 가격 규제 사례와 같이 쌀 가격을 올릴 경우, 사회적으로 큰 만족감을
얻지 못하는 쌀을 더 많이 생산하게 하고 이보다 사회적으로 원하는 다른 농산
물을 덜 생산하게 됨으로써 사회 전체적인 만족감은 하락하게 된다. 즉 자원 최

17
양파 가격이 오른
이유를 소비자의 수
요가 증가하여 올랐
다고 가정하자.

18

경제학적으로 우리나라 농산물을 보호하면서 이런 시장의 왜곡을 막을 수 있는 방법에 대해서 독자들은 한 번 고민해 보길 바란다.

적 배분을 왜곡했다는 것이다.[18]

다음으로 최근 사회적으로 많은 이슈를 낳고 있는 최저임금규제다. 최저임금 규제의 취지는 최저임금을 받고 있는 서민들이 최소한 인간다운 삶을 영위할 수 있도록 최저임금을 규제해야 한다는 것이다. 그럼 실제로 최저임금을 규제할 경우, 본래의 취지와 맞게 결과가 도출되는지 한 번 확인해 보도록 하자. 최지임금은 재화시장과 달리 노동시장을 통해 확인하여야 하기 때문에 몇 가지 바뀌는 요소를 확인하여야 한다. 우선 노동시장의 가격은 임금이므로 세로축에 w(wage)로 표시한다. 다음으로 재화의 거래량은 노동량으로 대체하기 때문에 노동량인 L(labor)로 표현한다. 또한 노동시장의 공급은 가계가 주도하며 수요는 기업이 주도한다는 점을 염두에 두기 바란다. 그럼 최저임금규제가 없는 최초의 균형점 A에서 임금은 w^*로 결정되고 노동량은 L^*에서 결정된다. 이때 최저임금을 w^{**}로 규제하게 되면 노동의 수요와 공급이 변하게 된다. 우선 노동의 수요자인 기업[19]은 임금이 올라 비용이 상승하였으므로 고용을 줄이려 할 것이다. 이는 임금 w^{**}에서 수요곡선까지의 거리로 나타낼 수 있다. 반면 노동의 공급자인 가계는 임금이 상승하였으므로 더 많은 사람들이 일하기 원할 것이다. 이는 임금 w^{**}에서 공급까지의 거리로 나타낼 수 있다. 최저임금이 규제된 이후에 노동량은 L^{**}로 이전보다 더 적은 인력이 고용된다. 하지만 여전히 일하고 싶어 하는 사람들이 존재하므로 노동의 초과공급이 발생되며, 이들은 w^{***}의 낮음 임금 하에서도 일할 의향이 있음을 확인할 수 있다. 따라서 대부분 사람들이 규제 이전의 임금보다 낮은

19 기업

기업이라고 표현했지만 사실상 최저임금에 해당하는 임금을 지급하는 대부분의 업자는 소상공인이나 자영업자들이다.

그림 4-16 | 최저임금 규제

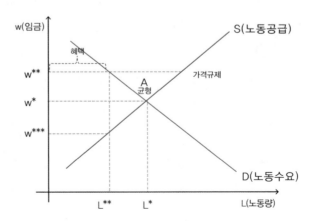

임금을 받고 일하게 된다. 이는 최저임금규제를 단행한 본래의 취지와는 맞지 않는 현상이라는 점을 독자들은 직감적으로 알 수 있을 것이다. 그럼에도 불구하고 세계 여러 나라에서 지속적으로 최저임금규제 문제가 제기되고 있는 이유는 경제이론과 다르게 실증 분석결과가 일관되지 않기 때문이다. 실제로 미국은 최저임금규제 문제를 각 주에서 실증분석하였는데 일부 주에서는 고용이 줄고 임금이 하락한 반면, 일부 주에서는 고용과 임금 하락이 없던 것으로 나타났다.

📊 읽을거리 📊

우리나라 최저임금규제 사례

최근 우리나라에서도 최저임금규제에 대한 논의가 진행되었다. 하지만 당시 상황을 좀 더 엄밀히 이야기하면 우리나라 최저임금규제는 최저임금을 규제해야 한다, 아니다가 아니라 얼마나 빨리 최저임금을 올릴 것인가로 해석해 볼 수 있다. 즉 서민들의 인간다운 생활을 보장하기 위해 최저임금을 규제해야 한다는 입장에서는 여당과 야당에 큰 이견이 없는 것으로 보였다. 이는 앞서 설명한 자본주의 단점인 양극화 해소를 위한 하나의 방법이기도 하기 때문이다. 하지만 속도 문제에 있어서는 정치권과 경제학자들의 의견이 달랐다. 정치권은 우리나라 최저임금이 선진국인 일본, 미국, 독일 등에 비해서 낮은 수준이므로 선진국 수준까지 빠른 시일에 올려야 한다는 입장을 보이고 있는 반면 경제학자들은 너무 급하게 인상되는 최저임금은 많은 경제적 부작용을 낳을 수 있음을 우려한 것이다. 경제학자들이 우려하는 경제적 부작용은 다음과 같다. 우선 너무 급격한 최저임금인상은 <그림 4-16> 그래프와 같이 고용을 급격하게 줄일 가능성이 있다. 더욱이 경제이론상으로는 초과공급 되어진 노동자들이 균형 임금보다 낮은 임금에 내몰릴 수 있다는 결론에 도달하게 되는데 현실은 더 심각할 수 있다. 이는 경제가 발전하고 사회가 고도화됨에 따라 균형임금보다 낮은 임금으로 가야할 노동력들이 자동화 시스템 도입으로 인해 일자리 자체를 잃을 수도 있다는 데 우려가 크다.[20] 결과적으로 일부 최저임금에 혜택을 받는 노동자들조차 줄어든 노동자들을 대체하여 더 많은 일을 해야 할 수도 있으며 이조차도 일자리를 얻지 못한 노동자들은 자동화 시스템에 일자리를 빼앗겨 사실상 고용이 큰 폭으로 감소할 수도 있다. 다음으로 최저임금이 급격히 상승할 경우 고용주들은 비용이 급격히 상승하여 수익이 감소하는 것을 막기 위해 재화나

20
정확히 표현하자면 주문자동화 시스템(키오스크, Kiosk) 도입 속도가 빨라진다는 것이다.

서비스에 비용을 전가시킬 수도 있다. 이럴 경우 물가 상승이 가속화되어 최저임금인상에 대한 실질임금 상승효과가 거의 나타나지 않을 수도 있다. 더욱이 이런 물가 상승이 서민물가에 집중된다면 최저임금인상에 따른 효과는 떨어지고 최저임금인상 혜택을 받지 못하는 일반 서민들의 생활은 더 궁핍해 질 수 있다. 최저임금 인상에 직격탄을 맞은 대부분의 고용주들은 대기업이나 글로벌 기업들이 아닌 영세 자영업자나 소상공인들이라는 점을 감안할 때 노동자들뿐만 아니라 고용주들도 부정적인 영향을 받을 수 있다. 결국 계획되지 않은 급격한 최저임금 인상 문제는 "갑"과 "을"의 싸움이 아닌 "병"과 "정"의 싸움이라는 웃지 못할 결과를 만들어 낼 수도 있다.

──────── 최저임금 인상에 대한 논의

국내에서 최저임금에 대한 논의가 가장 뜨거웠던 시기는 2018에서 2019년 사이다. 이유는 당시 최저임금인상률이 매우 높았기 때문이다. 실제로 2018년 16.4%, 2019년에는 10.9%나 인상되며 큰 상승폭을 기록하였다. 당시 최저임금이 이처럼 크게 상승한 것은 정부가 주도한 "소득주도성장"과 무관치 않다. 소득주도성장은 인위적 소득 증가가 총수요를 자극하여 소비를 촉진시키고 이로 인해 생산이 증가하는 등 성장이 확대될 수 있다는 주장이었다. 하지만 우리가 앞서 학습한 것과 같이 인위적 가격 조정은 경제적 부작용이 따를 수 있음을 고려해야 한다. 즉 인위적 임금 인상은 고용을 줄일 수 있으며 높아진 인건비가 물가를 자극하여 실질 임금을 줄이는 등 양극화가 심화될 수 있음을 생각해봐야 한다. 더욱이 경제학에서 소득은 인위적 인상의 주체가 아니라 성장의 산물이라는 기본 원리를 생각해 볼 필요가 있다. 최저임금은 시장경제체제(자본주의)하에서 양극화를 줄이고 인간다운 삶을 영위하기 위해 꼭 필요한 제도다. 하지만 해당 제도를 어떻게 시행하느냐에 따라 그 효과는 달라질 수 있음을 명심해야 한다.

01 수요의 법칙을 커피 예를 통해 설명해 보시오.

02 다음 그림은 실제로 시장에서 판매자가 사용하는 문구다. 이를 통해 수요의 원리를 설명해 보시오.

03 다음 중 수요의 증가 원인이 아닌 것은?

① 최근 핫도그의 종류가 다양화 되면서 이에 대한 선호도가 증가하였다.

② 커피에 대한 인식이 변화되면서 소비자 수가 크게 증가하였다.

③ 노령화가 급격히 진행되며 실버제품 소비자 수가 증가하였다.

④ 소득이 증가하면서 중고제품에 대한 소비가 감소하였다.

⑤ 내년 노트북의 가격이 10% 올라갈 것이 확실하여 올해 노트북 구매 대기자가 증가하였다.

04 삼성 스마트폰과 애플의 스마트폰은 대체재 관계이고 애플의 스마트폰과 삼성의 반도체는 보완재 관계이다. 그리고 삼성의 반도체와 SK하이닉스 반도체는 대체제 관계이다. 애플 스마트폰의 가격이 상승하였다면 다음 중 틀린 설명은?

① 삼성 스마트폰의 판매량이 감소한다.

② 삼성 반도체의 가격은 하락한다.

③ SK하이닉스 반도체의 가격은 하락한다.

④ 삼성 스마트폰의 가격은 상승한다.

⑤ 삼성 반도체의 판매량은 감소한다.

05 다음 중 대체재 관계와 보완재 관계가 잘못 연결된 것은?

① 카스와 하이트-대체재

② 두부와 달걀-대체제

③ 하드웨어와 소프트웨어-대체재

④ 핫도그와 소스-보완재

⑤ 현대차와 기아차-대체재

06 공급 증가요인으로 틀린 것은?

① 커피 전문점에서 생산요소인 원두가격이 하락하였다.

② 양식 기술 발달로 다랑어 양식이 가능해졌다.

③ 중소 가구업체에 정부 보조금이 증가하였다.

④ 3D프린터 산업 활성화를 위해 법인세가 인하되었다.

⑤ 손선풍기가 보편화되면서 기대가격이 하락하였다.

07 현재 A국에서 커피는 3천원에 100잔이 판매되고 있다. 3천원에 100잔은 구매하고자 하는 모든 사람은 구매하고 판매하고자 하는 모든 사람은 판매하고 있으므로 균형 상태다. 하지만 어떤 이유에선지 커피 가격이 4천원으로 상승하였다. 이 경우 나타날 수 있는 경제적 현상과 균형으로 회귀하는 경제적 메커니즘을 다음 그래프를 이용하여 설명해 보시오. 그리고 가격이 2천원으로 하락할 경우를 같은 경로로 설명해 보시오.

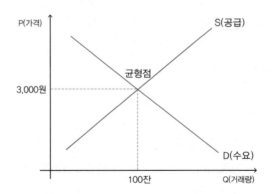

08 우리나라의 쌀 시장은 생산이 지속적으로 증가한 반면 수요는 감소하였다. 이렇게 공급은 증가하나 수요가 감소하는 산업의 경우 가격과 거래량은 어떻게 변하는지 수요-공급 그래프를 이용하여 설명해 보시오. 그리고 현재 우리 사회에서 쌀 시장과 같이 공급이 증가하고 수요가 감소하는 산업은 무엇이 있는지 조사해 보시오.

09 2000년 중반부터 2008년까지 원유시장에서 수요증가와 공급감소가 발생하였다. 당시 중국을 필두로 한 이머징마켓들의 고도성장은 원유 수요를 급격하게 늘린 반면 석유수출기구(OPEC)는 원유 감산에 합의하며 원유 공급을 줄였기 때문이다. 이처럼 공급이 감소한 반면 수요가 증가한 경우 가격과 거래량은 어떻게 변화되는지 수요-공급 그래프를 이용하여 설명해 보시오. 또한 수요가 증가하고 공급이 감소한 사례에 대해서 조사해 보시오.

10 최근 택배시장과 편의점 도시락 시장의 특징에 대해서 수요-공급 모형을 이용하여 설명해 보시오.

11 1인 가구가 증가함에 따라 소형 주택시장도 같이 성장하였다. 즉 소형 주택시장은 수요와 공급이 같이 증가한 사례로 꼽힌다는 것이다. 하지만 주택시장의 특성상 공급이 경직성을 보인다. 즉 수요가 증가하였다고 하여 단기에 소형 주택이 증가하지는 못한다는 것이다. 이는 소형 주택을 늘리기 위해서 부지 선정, 건축 허가, 시공사 선정, 시공 등 얼마간의 기간이 소요되기 때문이다. 이처럼 공급이 경직성을 보이는 경우 수요와 공급이 증가하면 가격과 거래량은 어떻게 변화하는지 수요-공급 모형을 이용하여 설명해 보시오.

12 최근 우리나라에 최저임금인상 문제가 뜨거운 감자로 떠올랐다. 최저임금은 서민들이 인간다운 삶을 영위하기 위해 꼭 필요한 제도라는 것에 이의를 제기할 사람은 별로 없다. 더욱이 자본주의 사회에 가장 큰 단점 중 하나인 양극화 문제를 완화 시켜줄 수 있는 제도이기 때문에 정부 권한이 일부분 작용하는 것에 대해서도 대부분의 경제학자들은 용인하는 입장이다. 하지만 준비 없이 사회가 용인할 수 있는 수준 이상의 최저임금인상은 고용 및 경제에 부담이 될 수 있다는 것이 경제학자들의 생각이다. 이는 최근 우리 사회에서도 노동자와 소상공인 사이 갈등이 야기되었던 사건을 통해 표출되기도 하였다. 그렇다면 경제 이론적으로 최저임금인상 규제를 단행할 경우 나타날 수 있는 고용시장의 현상을 노동시장을 통해 설명해 보시오.

13 우리나라의 최저임금인상 문제는 이제 임대료 규제로까지 확장되었다. 임대료 규제는 임대료가 너무 높아 서민들이 인간다운 삶을 영위하기 어렵기 때문에 정부가 규제를 통해 시장 가격을 통제하는 것을 말한다. 이 역시 사전에 대응책을 마련하지 않은 상황에서 규제를 단행할 경우, 매우 심한 부작용이 발생할 수 있다. 이는 미국과 독일의 사례에 잘 나타나 있다. 그렇다면 이처럼 임대료 규제를 단행할 경우 나타날 수 있는 현상을 경제이론에 근거하여 주택시장의 수요와 공급을 통해 설명해 보시오.

14 최근 가장 인기 있는 재화 혹은 서비스에 대해서 조사해 보고, 이를 수요-공급의 원리로 설명해 보시오.

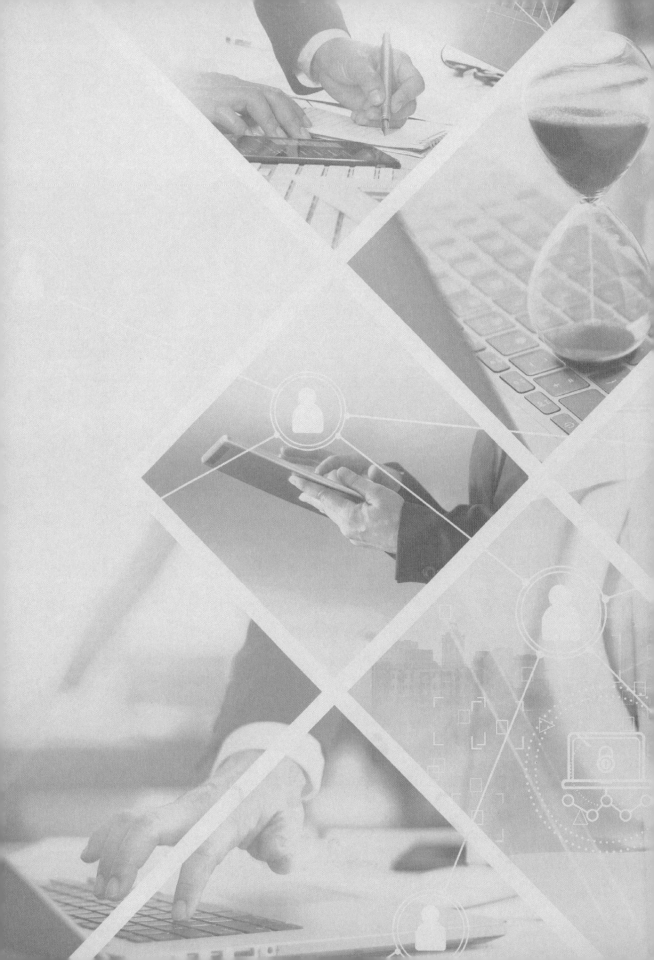

PART 2

거시경제 기초

CHAPTER

05

국내총생산

단원을 시작하며

독자들은 뉴스나 신문에서 지난해 우리나라 성장률이 ○○%로 재작년에 비해서 얼마나 변동되었는지에 대한 기사를 읽거나 들어 본 적이 있을 것이다. 그렇다면 이런 경제성장률은 도대체 어떻게 측정하고, 어떤 항목들이 포함되는지 생각해 본 적이 있는가?

또한 최근 경제 활성화를 위해 공휴일이나 대체휴일을 늘려야 한다는 기사를 읽어본 적 있는가? 독자들은 경제성장률을 높이려면 더 많이 일을 해야 한다고 생각할 텐데 왜 성장률을 높이기 위해 휴일을 늘려야 하는지 궁금할 것이다. 이는 GDP를 측정하는 항목 중 가장 큰 비중을 차지하는 민간소비를 끌어올리려는 정책의 일환으로 우리는 이번 단원을 통해 GDP는 어떻게 측정하는지 등에 대해서 자세히 살펴보도록 할 것이다.

1 | 국내총생산

경제학을 처음 접하는 독자라면 국내총생산(GDP, Gross Domestic Product)이라는 단어보다는 GDP에 더 익숙할 것이다. 이유는 신문이나 뉴스 등 방송 매체를 통해 GDP는 매우 빈번하게 언급되고 있는 반면 국내총생산은 그 빈도수가 높지 않기 때문이다. 그리고 어렴풋이 GDP가 국가 경제력을 나타내는 지표라는 점도 알고 있을 것이다. 그럼 이제부터 독자들이 어렴풋이 알고 있던 국내총생산에 대해서 자세히 알아보도록 하자.

우리가 국내총생산을 제대로 이해하기 위한 유용한 방법은 큰 그림을 확인하는 것이다. 여기서 큰 그림이라 함은 **국내총생산**과 **국내총소득**, **국내총지출**의 관계를 이해하는 것이다. 국내총생산을 측정하기 위한 대표적인 방법은 국내총지출을 통해 확인하는 것이다. 따라서 우리는 용어의 혼돈을 피하기 위해 국내총생산과 국내총소득, 국내총지출이 항상 같아야 한다는 사실을 확인할 필요가 있다. 쉽게 설명하자면 한 국가 내에서 1년 동안 생산한 총생산과 총소득, 총지출이 항상 같아야 한다는 의미로 3면 등가의 법칙으로 불리기도 한다. 이를 항등식이라고 하고 총생산, 총소득, 총지출은 항상 같아야 함을 의미한다. 처음부터 조금 혼란이 오는 독자들이 있을 수도 있을 것 같다. 독자들은 쉽게 내가 생산한 생산량과 그로 인한 소득, 소득을 지출로 활용한 것이 항상 같아야 된다고 생각하면 기억하기 수월할 것이다.[1]

1
실제로 국내총생산과 국내총소득, 국내총지출의 의미도 이와 크게 다르지는 않다.

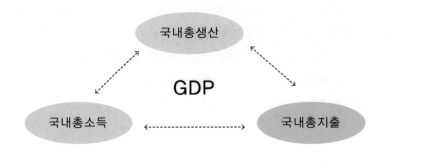

그림 5-1 | **국내총생산=국내총소득=국내총지출**

자, 그럼 이를 근거로 국내총생산의 정의에 대해서 알아보도록 하자. 국내총생산의 정의는 **"1년 동안 한 나라의 국경선 안에서 생산된 모든 최종재화의 시장가치"**로 표현한다. 많이 길지는 않지만 단어마다 내포되어 있는 의미가 중요하므로 하나씩 확인해 보도록 하자.

▌1년 동안

"1년 동안"이라는 의미는 해당 연도 1월 1일부터 12월 31일까지를 나타낸다.

▌한 나라의 국경선 안에서 생산된

"한 나라의 국경선 안에서 생산된"이란 의미는 한 나라를 상징하는 국경선 안에서 생산되어진으로 해석할 수 있으며 다음 2가지 예를 통해 쉽게 이해할 수 있다. 첫 번째는 GM의 국내 공장에서 생산된 자동차가 국내총생산에 포함되는지 여부다. GM, 즉 General Motor's는 미국 기업이지만 국내 공장에서 생산되어졌기 때문에 우리나라의 국경선 안에서 생산되어진 것으로 간주할 수 있다. 따라서 이는 국내총생산에 포함된다. 두 번째는 현대자동차의 미국 공장에서 생산된 자동차가 국내총생산에 포함되는지 여부다. 현대자동차는 명실상부 국내 기업이다. 하지만 미국 공장에서 생산된 자동차는 우리나라의 국경선 밖에서 생산되어진 자동차이기 때문에 국내총생산에는 포함되지 않는다.

트럼프 "아베가 미국 내 공장 늘리겠다고 말해…환영한다"

송고시간 | 2018/06/08 07:07

———— 트럼프 미국 전 대통령의 미국 내 공장 증설(연합뉴스)

트럼프 미국 전 대통령이 일본이나 우리나라에게 미국 내 공장 증설을 요구한 이유가 무엇일까? 또 이에 응한 일본 전 아베(故) 총리에게 환영 의사를 표시한 이유는 무엇일까? 이는 GDP와 관련이 있다.

▍ 모든 최종재화

"모든 최종재화"의 의미는 최종소비자에게 판매되었다는 것으로 해석할 수 있다. 최종소비자에서 판매되었다는 것은 최종소비자가 해당 재화와 서비스를 구매하여 이를 사용함으로써 개인적인 만족감(효용)이 증가하였다는 의미다. 최종재화만을 국내총생산에 산입하는 이유는 이중 계산 방지를 위해서다. 만약 중간재[2]가 국내총생산에 산입되면 이미 최종재화 가격에 포함되어 있는 가격을 중복 계산하게 되는 문제점이 발생할 수 있다. 이는 다음 최종재화를 측정하는 방법의 예를 통해 확인해 볼 수 있다.

국내총생산을 측정할 때 최종재화의 가격을 측정하는 방법은 2가지가 있다. 첫 번째는 재화와 서비스가 최종 소비자들에게 전달되는 가격을 산정하는 방법이 있고, 두 번째는 재화와 서비스의 생산 각 단계마다 발생하는 부가가치의 합계를 통해 산출하는 방법이다. 여기서 부가가치란 재화와 서비스의 판매 가격에서 구입비용을 차감한 것으로 쉽게 설명하자면 재화와 서비스를 생산하며 창출한 가치를 말하는 것이다. 이를 빵 만드는 과정의 예를 통해 확인해 보도록 하자.

우선 빵을 만들기 위한 최초 단계는 밀을 생산하는 것이 될 것이다. 이는 사진에 나타나 있는 것처럼 농부들이나 곡물회사가 담당한다. 여기서는 곡물회사가 담당한다고 가정해 보자. 곡물회사는 회사가 가지고 있던 밀 종자를 이용해 밀을 재배하고 이를 수확하여 5천원에 판매하였다. 따라서 곡물회사의 부가가치는 판매가격인 5천원에서 비용인 0원을 차감한 5천원의 부가가치를 창출했음을 확인할 수 있다. 다음으로 빵을 만들기 위해서는 밀가루가 필요하므로 해당 밀은 밀가루를 만드는 제분회사로 넘어가게 될 것이다. 제분회사는 곡물회사로부터 사들인 밀을 가공하여 밀가루를 만들고 이를 1만 2천원에 판매하였다. 그렇

2 중간재
중간재란 최종재화를 생산하기 위해 필요한 생산요소이다. 독자들이 쉽게 이해하려면 최종재화의 부품 정도로 이해하면 된다.

빵을 만드는 과정을 통한 부가가치 창출 과정 ━━━━━

다면 제분회사의 부가가치는 얼마일까? 그렇다. 제분회사의 부가가치는 밀가루의 판매 가격인 1만 2천원에서 밀을 매입할 때 사용한 비용인 5천원을 차감한 7천원이 된다. 즉 제분회사가 새롭게 창출한 가치는 7천원이 되는 것이다. 마지막으로 빵을 만드는 제과회사는 제분회사의 밀가루를 1만 2천원에 사들여 빵을 만든 후 2만원에 판매하였다. 이제는 독자들이 쉽게 부가가치를 계산할 수 있을 것이다. 제과회사의 부가가치는 빵의 판매 가격인 2만원에서 밀가루를 매입할 때 사용한 비용인 1만 2천원을 차감한 8천원이 되는 것이다. 즉 제과회사가 창출한 가치가 8천원이 되는 것이다.

이제 국내총생산에 산입되는 최종재화의 가격 혹은 부가가치의 합계를 확인해 보도록 하자. 우선 위의 예에서 알 수 있는 최종재화의 가격은 2만원이라는 사실을 확인할 수 있다. 다음으로 부가가치의 합계를 계산해 보면, 곡물회사가 창출한 5천원, 제분회사가 창출한 7천원, 제빵회사가 창출한 8천원의 합계는 2만원이라는 사실도 확인할 수 있다. 즉 국내총생산의 산입되는 최종재화의 가격은 실제 최종재화의 가격 혹은 부가가치의 합계로 계산이 가능하다.

여기서 독자들이 주의해야 할 사항은 어떤 재화와 서비스도 중간재가 될 수 있고 최종재화도 될 수 있다는 점이다. 위의 예에

중간재

최종재

요거트를 이용한 최종재와 중간재 이해 ━━━━━

요거트가 레스토랑에 납품되어 후식 메뉴를 만드는데 사용된다면 이때 요거트는 중간재가 되고, 독자가 요거트를 마트에서 구입해서 먹었다면 이때 요거트는 최종재가 된다.

서처럼 제분회사가 만든 밀가루를 제빵회사가 매입하였다면 이는 빵을 만들기 위한 중간재가 되기 때문에 최종재화인 빵에 밀가루의 가격이 포함된다. 반면 제분회사가 만든 밀가루를 독자가 구매하여 수제비를 만들어 먹었다면 이는 밀가루 상태가 최종재화가 된다. 다시 한 번 언급하지만 최종재화의 의미는 최종 소비자가 해당 재화 혹은 서비스를 구입하여 사용할 때 만족감(효용)이 증가하는 것을 말한다. 반면 중간재는 최종재화를 생산하기 위한 부속품, 재료 등으로 생각하면 이해하기 쉽다.[3]

3
타이어가 자동차 생산 공장에 가거나 타이어 전문점으로 갈 때, 야채가 레스토랑으로 가거나 일반 가정으로 갈 때 등을 생각해 보며 중간재와 최종재화에 대해서 한 번 이야기 해보자.

표 5-1 | **부가가치의 합계와 최종재화의 가격 비교**

	판매가격	구매가격	부가가치
곡물회사	5천원	0원	5천원
제분회사	1만 2천원	5천원	7천원
제빵회사	2만원	1만 2천원	8천원
부가가치의 합계		2만원	

▌시장가치

시장가치"의 의미는 화폐단위로 표시되었다는 것을 뜻한다. 즉 우리나라의 경우 2016년 GDP는 약 1,500조원으로 표시하는 것과 같다. 국제적인 비교를 위해서는 달러로 환산하여 비교한다. 이렇게 화폐단위로 환산하여 표현하는 이유는 이질적인 시점 간에 비교를 위해서이다. 예를 들어 2017년에는 스마트폰 2대와 컴퓨터 1대를 생산하였고 2018년에는 스마트폰 1대와 컴퓨터 2대를 생산하였다면 GDP가 증가하였다고 할 수 있는가? 수량으로만 따지자면 2017년에도 3대가 생산되었고 2018년에도 3대가 생산되었기 때문에 같다고도 할 수 있고, 제품의 종류가 다르기 때문에 다르다고도 할 수 있다. 따라서 정확한 시점의 구분을 위해 화폐단위로 표시된 시장가치를 사용하는 것이다. 위의 경우에서 스마트폰은 1백만원이고 컴퓨터는 2백만원이라고 할 경우, 2017년의 GDP는 4백만원, 2018년은 5백만원이 되기 때문에 GDP가 증가했다고 볼 수 있는 것이다.

표 5-2 | **GDP 비교**

	스마트폰	컴퓨터	수량합계	가격합계
2017년	2대	1대	3대	400만원
2018년	1대	2대	3대	500만원

▌ GDP에서 제외되는 중고품과 이전거래

모든 거래가 GDP에 포함되지는 않는다. 간단하게 설명하자면 실제 올해 생산에 활용되었거나 거래한 것들만 GDP에 포함되며 그렇지 않은 거래들은 GDP에 포함되지 않는다. 그렇다면 GDP에 포함되지 않는 것들은 어떤 것들이 있는지 한 번 확인해 보도록 하자.

우선 중고품의 경우 거래시점에서 최초로 생산된 것이 아니므로 포함되지 않는다. 즉 중고품은 최초 생산된 연도에 이미 GDP에 포함이 되었기 때문에 중고거래로 GDP에 또다시 산입한다면 중복 계산의 문제가 발생한다. 예를 들어 독자들이 결혼을 준비하기 위해 중고자동차와 건설되어진지 5년 된 아파트를 거래했다면 많은 돈을 지불하기는 하였지만 GDP에는 전혀 영향을 주지 못한 것이 된다.

다음으로 순수금융거래 역시 GDP에 포함되지 않는다. 예를 들어 주식이나 채권을 매수하는 행위는 소유권 이전거래에 해당하는 것으로 생산하고는 무관하다. 즉 삼성전자 주식을 거래소시장에서 매수하였다면 이전에 삼성전자 주식을 소유하고 있던 사람에서 독자로 소유권만 이전되었기 때문에 생산하고는 무관하다는 말이다. 이는 이전거래도 마찬가지다. 이전거래는 크게 정부이전지출

중고물품 ▬▬

중고물건은 이미 제품이 생산된 연도에 GDP에 산입되었기 때문에 거래가 되어도 GDP에 포함되지 않는다.

과 개인이전지출이 있으며 정부이전지출은 정부가 가계에 대가성 없이 자금을 이전시키는 것을 뜻한다. 예를 들면 사회보장지출이나 복지지출, 저소득층 지원금, 노인연금 등이 포함된다. 이는 자금의 소유권이 정부에서 개인으로 이전된 것으로 생산하고는 무관하다. 다음으로 개인이전지출은 개인에서 개인으로 자금이 이전되는 것을 말하며 대표적으로 용돈을 들 수 있다. 즉 독자들이 학창시절 부모님께 받은 용돈은 자금의 소유권이 부모님에서 독자들로 이전된 것으로 생산하고는 무관하다는 것이다.

———— 용돈

용돈은 개인이전지출로 생산과는 무관하므로 GDP에 산입되지 않는다.

2 │ 국내총생산의 측정방식

앞서 국내총생산의 정의에 대해서 알아보았다. 그렇다면 실제 우리나라의 GDP는 어떻게 측정되는 것일까? 국내 GDP 측정방법은 총지출측면의 방법을 활용한다. GDP 측정방법은 아래와 같다.

$$Y(\text{국내총생산}) = C(\text{민간소비}) + I(\text{민간총투자}) + G(\text{정부지출}) + NX(\text{순수출})$$

위의 식은 이미 우리가 앞에서 국내총생산과 국내총지출, 국내총소득이 같아야 한다는 3면 등가법칙에서 확인하였다. 실제로 우리나라의 GDP는 분기별로 민간소비, 민간총투자, 정부지출, 순수출을 측정하여 발표하고 있다. 그럼 지출측면에서 각 항목에 해당하는 요소들을 확인해 보도록 하자.

▌민간소비

민간소비는 GDP에서 가장 큰 영역을 차지하고 있는 부분으로 경제주체인 가계가 생산물시장을 통해 소비하는 모든 지출을 포함한다. 즉 자동차, 가전제품 등을 포함하는 내구재와 생필품, 의약품을 포함하는 비내구재, 의약서비스, 법률서비스 등을 포함하는 서비스까지 모든 소비지출항목을 포함한다. 보통 경제학자들은 내수시장 소비만으로 경제성장을 유지하기 위해서는 1억명의 인구가 유지되어야 한다고 본다. 최근 일본이 인구 1억명을 유지하기 위해 여러 가지 제도를 시행하는 것도 이와 무관하지 않다. 우리나라의 경우 인구가 약 5천만명이기 때문에 내수시장 소비만으로 성장률을 유지하기 쉽지 않다.

내구재

자동차나 가전제품과 같이 내구연한이 길면서 고가인 것을 내구재라고 한다.

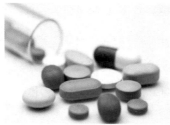

비내구재

비내구재는 생필품이나 의약품 등을 포함한다.

서비스 ━━━━

의약서비스, 법률서비스 등은 서비스에 포함된다.

▌ 민간총투자

민간총투자는 대부분 기업이 생산설비 확장 등의 이유로 기계, 생산설비, 공구 등을 매입하거나 새로운 사업 영위를 위한 연구개발비 투자 등을 포함한다. 대체로 독자들은 기업이 이윤극대화를 목적으로 생산설비를 확충하거나 연구개발비에 대한 투자를 늘린다는 것에 대해서 큰 의문점이 없을 것이다. 우리가 앞서 자본의 확대가 성장을 견인하고 자본의 확대는 투자와 연관되어 있다고 설명했기 때문이다. 독자들이 유념해야 할 사항은 상업용 및 주거용 건물에 대한 매입도 투자로 간주한다는 점이다. 여기서 상업용 건물은 생산에 사용될 수 있기 때문에 그렇다고 할 수 있겠지만 주거용 건물까지 투자에 포함된다는 사실에서 독자들은 조금 의문이 들 것이다. 주거용 건물이 투자로 간주되는 이유는 주거용 건물 역시 언제든 임대가 가능하며 임대를 할 경우 임대수익을 올릴 수 있기 때문이다. 생각해 보면 독자들이 살고 있는 주거용 건물은 독자들이 거주하면서 기회비용이 계속 발생하고 있다. 그 기회비용은 임대를 했으면 얻을 수 있었던 임대수익이 되는 것이다.

다음으로 재고의 증감을 들 수 있다. 재고의 정의는 생산은 되었으나 판매가 되지 않은 재화를 말한다. 이것이 어떻게 지출항목인 투자항목에 들어가는지 확인해 보도록 하자. 우선 앞서 설명한 것과 같이 재고는 생산은 되었으나 판매되지 않은 것을 뜻하기 때문에 총생산(Y)은 증가하였으나 총지출($C+I+G+NX$)은 증가하지 않은 것으로 판단해 볼 수 있다. 우리는 앞선 정의에서 총생산과 총지출은 무조건 같아야 한다고 가정하였기 때문에 이 식은 성립할 수 없다는 것을 독자들은 파악할 수 있을 것이다. 그렇다면 이를 어떻게 조정해야 할까? 이는 재고를 자본재로 간주함으로써 해결할 수 있다. 즉 자본재는 투자의 대상이 되는 것으로 재고를 재고투자로 간주하는 것이다. 이렇게 되면 앞선 문제가 해결된다. 좀 더 이해가 쉽도록 2017년도 현대차 재고가 증가하였다고 가정해 보자. 즉 2017년도에 현대차가 차를 많이 생산하였지만 판매를 하지 못해 재고가 많이 쌓였다고 가정한 것이다. 이럴 경우, 국내총생산은 증가하게 되어 좌변은 증가하게 된다. 만약 재고가 투자로 간주되지 않으면 우변의 소비가 증가하지 않았기 때문에 등식이 성립되지 않는다. 반면 현대차의 재고를 자본재로 간주하여 재고투자가 증가하면 우변인 민간총투자가 증가하므로 좌변과 우변이 같아지게 되는 것이다.

$$Y\uparrow = C+I\uparrow + G+NX$$

이럴 경우, 눈치가 빠른 독자는 GDP는 증가하지만 실제로 GDP의 증가분이 재고의 증가에 의한 것이라는 것을 알 수 있을 것이다. 그리고 이듬해인 2018년 재고가 소진되었다면 어떤 결과가 나타날까? 우선 재고의 소진은 민간소비의 증가로 나타나기 때문에 민간소비는 증가할 것으로 기대해 볼 수 있다. 하지만 민간소비의 증가가 실제로 GDP 증가를 견인할 수 없다는 것을 독자들은 직감적으로 알 수 있을 것이다. 이유는 2018년도에 생산된 자동차가 없으므로 좌변인 국내총생산은 변화가 없을 것이기 때문이다. 그렇다면 또 좌변과 우변이 같지 않은 현상이 발생하게 되는데 이는 재고투자의 감소로 해결할 수 있다. 2017년도에 재고투자의 증가로 확대되었던 민간총투자가 2018년도에는 재고가 소진되며 재고투자 감소로 나타난 것이다.

$$\overline{Y}= C\uparrow +I\downarrow + G+NX$$

주식이나 채권, 부동산과 같은 재무적 투자는 총지출 측면의 투자항목에 포함되지 않는다. 이유는 우리가 앞서 살펴본 바와 같이 이런 재무적 투자는 소유권만 이전되는 것으로 생산과는 무관하기 때문이다. 보통 민간총투자는 순투자와 대체투자의 합계로 정의되며 대체투자는 기존 생산설비가 노후화되거나 마모되어 교체할 경우 발생하는 투자이고 순투자는 새로운 설비 증설 등의 이유로 투자되는 것을 말한다.

$$민간총투자 = 대체투자 + 순투자$$

▌정부지출

정부지출은 정부의 지출부분으로 정부소비와 총고정자본형성으로 구분할 수 있다. 정부는 우리가 앞서 3분면 개방경제모형에서 확인한 바와 같이 다른 경제주체인 가계와 기업으로부터 받은 세금으로 운영된다. 이 중 정부소비는 정부가 공공서비스를 제공하기 위해 생산물시장으로부터 구입하는 재화와 서비스가 포함되며 기업이 생산요소시장에서 노동력을 구매하고 임금을 지출하는 것처럼 공무원에 대한 임금도 지출항목에 포함된다.

다음으로 총고정자본형성은 정부소유의 자본재에 대한 지출을 말하는 것으로 학교, 고속도로, 항만, 공항, 철도 등이 포함된다. 그리고 앞서도 언급하였지만 정부이전지출은 정부에서 자금이 가계로 소유권만 이전되는 것으로 GDP에는 산입되지 않는다. 마지막으로 정부지출은 중앙정부뿐만 아니라 지방정부의 지출까지도 포함한다.

스마트폰 수입과 소비, GDP와의 관계

국내에서 스마트폰의 소비가 일어났어도 수입 스마트폰은 해외에서 생산된 것이기 때문에 GDP에서 차감된다.

▌순수출

대외 거래는 우리나라와 같이 소규모 개방경제를 표방하는 국가에게 굉장히 중요한 항목이다. 한국 전쟁 이후 세계 최빈국에서 세계 11위의 경제대국으로 성장할 수 있었던 계기가 바로 수출주도형 경제구조에 있기 때문이다. 순수출(net export)은 수출(export)에서 수입(import)을 차감한 것을 뜻한다. 그렇다면 왜 수출이나 수입 항목을 쓰지 않고 순수출 항목을 사용하는지 확인해 보도록 하자. 우선 국내총생산의 정의에 의하면 국경선 안에서 생산된 재화나 서비스만 해당되기 때문에 수출은 GDP에 포함된다는 사실을 알 수 있다. 즉 수출이란 국내에서 생산하여 해외로 판매되는 것이기 때문에 GDP에 포함되는 것이다. 반면 수입은 국경선 밖에서 생산된 재화와 서비스가 국내에서 지출되는 것이므로 이를 GDP에서 차감하여야 한다. 예를 들어 미국에서 생산된 애플 스마트폰이 국내에 수입되어 판매되었다면 이는 민간소비 항목에 포함되므로 이를 차감해줘야 한다는 것이다.

읽을거리

지하경제

우리는 GDP가 지출측면에서 실제로 매 분기마다 측정된다는 사실을 확인하였다. 그렇다면 국내에서 거래되는 모든 지출항목이 GDP에 포함될까? 그렇지 않다. 실제로 국가 통계에 잡히는 지출항목은 세무당국에 신고되는 것들만 계산된다. 따라서 세무당국에 신고되지 않는 거래들은 GDP 계산에서 제외된다. 이때 세무당국에 신고되지 않고 거래되는 것을 **지하경제**라고 한다. 지하경제라고 하면 단어에서 풍기는 뉘앙스가 왠지 음산하고 양지가 아닌 음지에서 불법적인 거래를 하는 시장이라고 생각하는 독자들이 있을 것이다. 실제로 지하경제에는 불법적인 거래가 있지만 대부분은 합법적인 거래에 기인하는 경우가 많다. 세무당국에 신고되지 않은 불법적인 거래는 도박, 불법 밀수, 성매매, 장물아비, 마약 등이 있다. 이런 거래들은 거래 자체가 불법이기 때문에 들어내고 거래하기 어렵다. 따라서 지하경제로 분류되게 된다. 이외에 대부분의 세무당국에 신고되지 않은 거래들은 재래시장, 전문직 종사자 및 식당이나 상점의 현금거래 등이 있다. 이들 거래는 대부분 합법적인 거래들이지만 일부는 세금을 줄이기 위한 수법으로 활용되기도 한다. 이런 지하경제로 인해 실질GDP는 항상 과소평가되는데 우리나라의 경우 GDP 대비 약 20%의 지하경제가 존재한다.

지하경제가 커진다는 것은 그만큼 나라의 세수가 감소한다는 의미로도 해석해 볼 수 있다. 또한 국가에 대한 신뢰가 낮을 수 있다고도 해석해 볼 수도 있다. 이는 모두 건전한 국가경제 형성에 부정적인 요인으로 작용하는 것이며 대표적인 예로 그리스를 들 수 있다. 현재 그리스는 국가 부도사태에 있다고 해도 과언이 아니며, 그 근본적인 원인 중에 하나로 지하경제를 뽑는 경제학자들이 많다.

지하경제가 국가경제에 부정적인 영향을 미침에도 불구하고 지속적으로 발생하는 이유는 무엇일까? 이는 경제주체인 가계나 기업에게 지하경제를 활성화시킬 요인이 무엇이 있는지 질문해 봄으로써 답을 찾을 수 있을 것이다.

그림 5-2 | **한국의 GDP대비 지하경제 규모 추이**

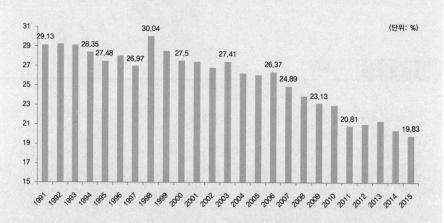

출처: IMF

01 다음 중 GDP 계산에 포함되는 것은?

① 지난해에 생산된 스마트폰

② 베트남 삼성공장에서 생산된 스마트폰

③ 건축된지 2년된 거의 새 것 같은 아파트 매매

④ 삼성전자 주식 매수

⑤ 미국 기업인 GM의 부평 공장에서 생산된 자동차

02 최근 도널드 트럼프 대통령은 미국에 수출하고 있는 글로벌 기업들의 자국 유치를 위한 행보를 계속하고 있다. 이런 트럼프 대통령의 행보를 GDP 측면에서 설명해 보시오.

03 다음은 유제품을 생산하는 과정을 간단하게 표현한 것이다. 이를 통해 단계별 부가가치를 계산하고 최종 부가가치의 합계와 최종재화의 가격을 비교해 보시오.

	판매가격	구매가격	부가가치
농장	100만원	0원	( )
가공회사	200만원	( )	( )
레스토랑	400만원	( )	( )
부가가치의 합계		( )	

04 지출측면에서 GDP는 다음과 같이 나타내며 실제로 우리나라는 분기별, 연도별로 GDP를 측정하여 발표하고 있다.

$$Y(국내총생산) = C(민간소비) + I(민간총투자) + G(정부지출) + NX(순수출)$$

지출측면에서 GDP를 구성하는 각각의 항목에 대해서 간단히 설명해 보시오.

05 내구재, 비내구재, 서비스를 차례로 바르게 연결한 것은?

ㄱ.자동차	ㄴ.가전제품	ㄷ.의약서비스
ㄹ.법률서비스	ㅁ.생필품	ㅂ.의약품

① ㄱ-ㅁ-ㄹ   ② ㄴ-ㅂ-ㄹ   ③ ㄷ-ㄱ-ㅂ

④ ㄹ-ㄴ-ㄱ   ⑤ ㄱ-ㄴ-ㄷ

06 민간총투자에 해당하는 것을 모두 고른 것은?

ㄱ.생산설비투자	ㄴ.연구개발투자	ㄷ.주거용 건물 매입
ㄹ.재고투자	ㅁ.상업용 건물 매입	

① ㄱ,ㄴ   ② ㄱ,ㄴ,ㄷ   ③ ㄱ,ㄴ,ㄷ,ㄹ

④ ㄴ,ㄷ,ㄹ,ㅁ   ⑤ 모두

07 A씨는 올해 민간소비가 지난해에 비해 크게 증가하여 총생산 역시 크게 증가할 것을 예상하고 있었으나 실제로는 총생산이 민간소비만큼 증가하지 않았다는 사실을 한국은행 발표를 통해 알게 되었다. 이에 A씨는 총생산 보고서를 자세히 확인해 보기로 하였다. 그 결과 민간총투자에서 그 사실을 발견하였다. A씨가 발견한 민간총투자에서 어떤 일이 있었을 것으로 예상되는지 간략하게 설명해 보시오.

08 순수출은 우리나라와 같이 소규모 개방경제를 표방하는 나라에서 매우 중요한 항목이다. 그럼에도 불구하고 GDP에서 순수출의 비중은 크지 않은 것처럼 보인다. 그 이유를 GDP의 정의를 이용하여 설명해 보시오. (순수출은 수출에서 수입을 차감한 것이다. 왜 수입이 제외되는지를 생각하면 쉽게 답을 찾을 수 있다.)

09 실제 GDP는 지하경제로 인해 과소평가된다. 지하경제는 세무당국에 신고되지 않는 모든 거래들을 말한다. 다음 중 지하경제에 해당하는 것으로만 구성한 것은?

> a. 재래시장에서 PAYCO를 이용한 결제
> b. 도박에 사용된 현금
> c. 성형외과에서 현금거래로 20% 할인 받은 지출거래
> d. 식당에서 현금결제 후 현금영수증을 수취한 거래

① b, c   ② a, b, c   ③ b, c, d   ④ c, d   ⑤ a, d

06

경기순환,
실업, 인플레이션

단원을 시작하며

한국의 명목GDP 그래프를 보면 우리나라가 꾸준히 성장해 왔음을 짐작할 수 있다. 비단 그래프를 보지 않더라도 한국 전쟁 당시 최빈국으로 전락했던 한국의 국제적 위상이 얼마나 향상되었는지 다음 몇 가지 사례를 통해서도 쉽게 확인할 수 있다. 우선 우리나라는 올림픽, 월드컵 등 세계적인 운동 대회를 많이 개최하였다.[1] 또한 세계 경제 등과 관련된 G20 회담 개최국이 되기도 하였다. 그리고 최첨단 산업에서 세계시장 점유율 1~2위를 다투고 있다. 대표적으로 스마트폰이 세계시장 점유율 1~2위를 다투고 있으며 첨단 산업의 핵심이라고 할 수 있는 반도체 역시 국내 기업이 세계시장 점유율 1위를 지키고 있다. 이렇듯 우리나라는 장기적으로 눈부신 발전을 거듭하며 성장해 왔다. 하지만 독자들은 기억하고 있을 것이다. 지난 2008년 미국의 서브프라임 모기지 사태로 촉발된 글로벌 금융위기와 1997년 외환위기, 그리고 1980년대 초 2차례의 오일쇼크, 이 사건들의 공통점은 우리나라 경기침체와 같은 시기에 발생했던 충격들이라는 것이다. 장기적으로 보면 끊임없이 성장한 것처럼 보이는데 단기적으로는 왜 이런 호황과 침체의 순환이 반복되는 것일까? 그리고 호황기 때는 왜 자산버블과 같은 인플레이션이 발생하고 침체기에는 실업이 발생하는 것일까? 우리는 이번 단원을 통해 그 원인을 확인해 보도록 할 것이다.

[1] 세계운동대회
1988년 올림픽, 2002년 월드컵, 2018년 동계올림픽 등을 개최하였다.

1 | 경기순환

우리는 앞서 수요와 공급 이론에서 균형이라는 것을 배웠다. 균형은 외부의 충격이 없는 한 현 상태를 유지하려는 현상이라고 설명하였다. 그렇다면 경기도 균형이라는 것이 있을까? 결론부터 말하면 있다. 우리나라의 명목GDP 추세를 보면 장기적으로 계속 성장하였음을 확인할 수 있다. 이때 장기적 성장을 장기균형 혹은 **추세**(trend)라고 한다. 그리고 이 장기균형에서 벗어난 것을 **순환**(cycle)이라고 부른다. 이렇게 명목GDP의 흐름을 2가지로 구분하면 장기적 관점과 단기적 관점을 쉽게 이해할 수 있다. 즉 우리나라는 장기적으로 꾸준히 성장하였지만 단기적으로는 호황과 불황이 반복적으로 크거나 작게 발생하였으며 이를 **경기순환**이라고 부른다.

경제에서 경기순환모형은 이론적으로 2국면 혹은 4국면으로 구분하여 설명한다. 2국면은 경기가 침체기와 확장기로 구분하여 반복적으로 발생한다는 것이고 4국면은 침체기와 확장기를 추가적으로 구분하여 설명하는 방법이다. 즉 〈그림 6-1〉에서와 같이 경기는 호황, 수축, 침체, 회복의 4단계를 거치며 호황기의 최고점을 과열이라고 부르고 침체기의 최저점을 불황이라고 부른다. 이런 경기순환과정에서 필연적으로 나타나는 경제현상이 있는데 그것은 과열기 때의 인플레이션과 불황기 때의 실업이다. 만약 경기순환과정에서 어떠한 경제 현상도 발생하지 않는다면 시장의 자율조정기능으로 장기에 균형에 도달할 것이기 때문에 인위적인 개입이 필요 없을 것이다. 하지만 이처럼 필연적으로 특정한 경제 문제가 발생하기 때문에 경기순환에 대한 정부 개입 당위성이 제공되는 것이다. 이는 우리가 추후 총수요-총공급에서 자세히 다루도록 하겠다. 그렇다면 경기가 침체 국면에 있다는 것은 누가, 어떻게 결정할까? 이는 정부당국 혹은 통화당국에서 총산출, 총소득, 고용 등이 2분기 연속 하락할 때 침체에 들어섰다고 발표함으로써 결정된다.

그림 6-1 | **경기순환모형**

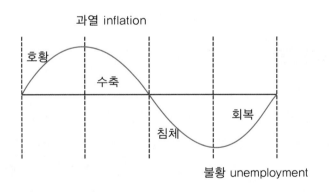

▌경기순환 발생원인

우리는 앞서 수요-공급 이론에서 수요와 공급이 만나는 점에서 균형이 형성된다고 설명하였다. 또한 외부적 충격에 의해 가격이 균형에서 벗어나면 불균형 상태에 놓인다고 설명하였다. 경기순환의 발생 원인도 이와 크게 다르지 않다. GDP가 장기균형 상태에서 벗어나는 것은 예상치 못한 외부적 **충격**(shock) 때문이다. 경제학을 처음 접하는 독자라면 충격이라는 단어가 부정적인 의미를 내포하고 있으므로 경제에서의 충격을 부정적인 현상으로 간주하는 경우가 많은데 그렇지 않다는 것을 분명히 하자. 경제에서 충격이란 외부에서 예상하지 못한 일이 발생하여 총수요가 줄거나 늘어나는 것을 의미한다. 즉 충격 자체가 부정적인 의미를 내포하는 것이 아니라 양(positive)의 충격인지 음(negative)의 충격인지에 따라서 충격의 의미가 부여된다는 것이다.

독자들의 이해를 돕기 위해 수요측 요인의 충격을 통해 설명해 보도록 하자. 수요측 충격은 양의 충격이 발생할 수도 있고 음의 충격이 발생할 수도 있다. 우선 음의 수요충격은 수요가 외부충격에 의해 감소하는 것을 말한다. 우리가 총수요-총공급에서 배우겠지만 총수요는 재화시장(C, I, G, NX)과 화폐시장(M)의 균형으로 재화시장의 지출이 줄거나 화폐가 감소하는 것을 말한다. 이럴 경우, 경기는 수축되고 침체가 발생할 수도 있다. 반면 양의 수요충격은 수요가 외부충격에 의해 증가하는 것을 말한다. 이 경우 지출이 늘거나 화폐 공급이 증가하여 경기가 확장되며 호황기에 들어설 수도 있는 것이다.

경제학을 처음 접하는 독자는 아직도 조금 어려울 수 있으므로 수요측 음의 충격에 대해서 좀 더 자세히 살펴보도록 하자. 먼저 미국의 서브프라임 모기지 사태가 촉발되며 국제적으로 음의 수요충격이 발생했다고 가정해 보자.[2] 이 경우 국내 기업은 직접적으로 매출이 감소할 것이다. 이는 미국 소비자를 대상으로 재화를 수출하는 기업의 경우를 생각하면 쉽게 이해할 수 있다. 기업은 미국의 위축된 수요를 타개하기 위해 제품의 가격을 낮추려고 노력할 것이다. 하지만 단기적으로 제품의 가격은 경직성을 보인다. 이유는 생산요소에 경직성 때문인데 대표적인 것이 임금과 부품 가격이다. 임금계약은 보통 연단위 장기계약이다. 이는 부품계약도 마찬가지다. 즉 수요가 급격하게 줄어드는 충격이 왔다고 해서 당장 임금이나 부품계약을 바꿀 수 없다는 말이다. 이로 인해 제품 가격은 경직성을 보이고 매출은 급격하게 하락할 것이다. 기업은 매출하락에 대한 비용증가를 막기 위해 생산량을 줄이거나 고용을 감소시키는 방법을 선택하게 될 것이며 이는 결국 GDP감소로 이어져 단기적으로 침체 국면에 접어들게 되는 것이다. 우리가 총수요-총공급 단원에서 배우겠지만 이런 침체가 깊어지게 되면 정부 개입의 당위성이 증가하게 된다.[3]

2
서브프라임 모기지 사태 충격을 가정하고 있지만, 서브프라임 모기지 사태는 실제로 미국을 비롯하여 전 세계에 음의 총수요 충격을 주었다.

3
이는 우리가 1단원에서 확인한 바와 같이 거시경제가 생겨난 근본적인 원인이기도 하다. 1930년 대공황 당시 고전학파 경제학자들은 장기에 균형을 찾아가기 때문에 시장에 개입하는 것은 옳지 않다고 주장하였다. 반면 거시경제 창시자인 케인즈는 "The long run, We are all dead"라는 말을 남기며 정부 개입의 당위성을 설명하였다.

그림 6-2 | 음(negative)의 수요충격에 의한 경제 메커니즘

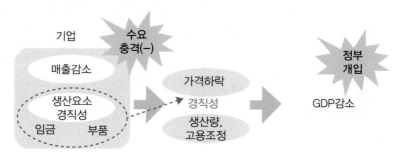

충격의 종류는 다음과 같이 공급측 충격과 수요측 충격으로 나눈다.

① 공급측 충격

대표적인 공급 충격은 예상하지 못한 생산성의 변화다. 만약 양의 생산성 충격이 발생하면 단위당 비용이 하락하여 경제는 호황을 맞게 된다. 반대로 음의 생산성 충격이 발생하면 경제는 침체에 들어서게 된다.

② 수요측 충격

수요측 요인의 충격은 다음 몇 가지로 구분해 볼 수 있다. 우선 통화요인이다. 예상하지 못한 통화량 증가 혹은 감소가 총산출에 영향을 미칠 수 있다. 예를 들어 예상하지 못한 통화량 증가는 총산출을 증가시키지만 이는 경기과열과 맞물려 인플레이션을 발생시키기도 한다. 반면 예상하지 못한 통화량 감소는 총산출을 감소시켜 경기침체를 가속화 시키고 실업을 발생시키기도 한다. 예상하지 못한 통화량 증감은 중앙은행의 경기 예측이 잘못된 경우 등에 의해 발생한다. 다음으로 정치적 사건[4]을 들 수 있다. 예상하지 못한 부정적인 정치적 사건은 총수요를 급격히 위축시켜 경기침체를 가속화 시킨다. 마지막으로 금융요인이 있다. 금융요인은 경기가 호황기에 접어들면 금융기관에 대한 신뢰가 상승하고 이는 대출증가로 이어져 자산 가격이 상승하여 버블경제(총수요 급증)를 형성한다. 반면 금융기관에 대한 신뢰가 하락하고 대출이 급감하게 되면 자산 가격이 하락하여 버블붕괴가 발생함에 따라 총수요가 급격히 위축되는 현상이 발생할 수 있다.

[4] 정치적 사건
9/11테러사건, 연평도 포격사건, 북한 핵실험 등이 있다.

━━━ 9·11테러(인사이트)

━━━ 연평도 포격(AP)

9·11테러나 연평도 포격사건은 수요측 음의 충격에 대표적 사례다.

읽을거리

서브프라임 모기지 사태

2008년 미국에서 발생한 서브프라임 모기지 사태는 대표적인 수요측 충격에 해당된다. 2000년대 초반 닷컴버블, 엔론 회계부정 사건, 9·11테러 등 경기침체를 야기하는 사건이 연이어 발생하며 미국의 총수요는 급격히 위축되었다. 이에 따라 연준(연방준비은행)은 금리를 낮추는 확장적 통화정책을 시행하여 경기를 부양하고자 하였다.

이후 경기는 점차 회복 국면에 접어들었다. 하지만 연준은 저금리 기조를 계속 유지하였으며 이는 자산 가격 상승으로 이어지는 계기가 되었다. 즉 예상치 못한 통화 공급이 자산 가격 상승으로 이어지는 경로를 따른 것이다. 이와 더불어 금융기관에 대한 신뢰가 상승하며 대출도 크게 증가하였다. 연준의 저금리와 대출 증가는 시장의 유동성을 급격히 상승시켰으며 이는 자산 가격의 급등으로 이어졌다. 즉 부동산 버블이 발생한 것이다. 물론 서브프라임 모기지 사태는 이외에도 과도한 금융공학 의존 및 금융사와 평가사의 도덕적 해이 등이 결합된 종합적인 충격이었다.

이렇게 자산 가격이 급등하자 연준은 기준금리를 급격히 인상하는 긴축적 통화정책을 실시하였다. 시장에 예상치 못한 통화량 감소 충격이 발생한 것이다. 이와 더불어 금융기관의 도덕적 해이가 공개되며 금융기관에 대한 신뢰 역시 급격히 하락하였다. 즉 수요측에 부정적인 충격이 발생한 것이다. 이는 미국 경제를 급격

히 침체시켜 실업률을 급등시키는 원인이 되었다. 더욱이 서브프라임 모기지 충격은 미국에 국한되지 않고 전 세계 수요충격으로 이어지는 계기가 되었다.

영화 빅쇼트는 미국의 서브프라임 모기지 사태가 주택시장을 통해 어떻게 발생했는지 잘 설명해 주고 있다.

정리하면 경기순환은 경제주체들의 예측하지 못한 충격에 의해서 발생하며 그 충격이 양의 충격인지 음의 충격인지에 따라서 경기가 호황 혹은 침체를 경험하게 된다. 예를 들어 총수요(총지출)에 음의 충격이 발생하게 되면 재화나 서비스의 판매가 급격하게 위축되는데 생산요소의 장기 계약 성격 때문에 재화나 서비스의 가격은 하락하지 않는 경직성을 보인다. 따라서 판매량은 더욱 감소하게 되고 비용을 감당하지 못하는 기업들은 생산량과 고용을 줄임으로써 이 상황을 돌파하려 한다. 이 과정에서 GDP가 감소하게 되는 것이다. 반면 총수요(총지출) 양의 충격이 발생하면 구매자들의 수요가 증가하므로 재화나 서비스의 가격이 상승하고 판매량이 증가함에 따라 생산과 고용이 증가하며 이 과정에서 GDP가 증가하게 되는 것이다.

앞서 충격의 종류에 대해서 간단하게 정리해 보았는데 실제로 공급측 충격요소로 경기가 변동되는 경우는 드물다. 공급측의 요소는 대부분 장기적인 요소이기 때문에 단기적인 경기변동에 영향을 주는 경우가 많지 않다는 것이다. 이에 따라 대부분의 경기변동 원인은 수요측 요인에서 발생하는 충격으로 많은 경제학자들은 경기순환의 직접적인 요인을 예측하지 못한 총지출(총수요)의 변화라는데 이의가 없다.

우리나라는 경기변동에 민감할까?

우리는 경기변동의 원인에 대해서 알아보았는데 그렇다면 우리나라는 경기변동에 민감할까? 이는 호황기와 불황기에 소비되는 재화와 서비스의 특성을 확인하면 쉽게 판단해 볼 수 있다. 앞서 민간소비에서 우리는 재화를 내구재와 비내구재로 구분하였다. 또한 민간총투자에서 투자의 대상이 되는 자본재에 대해서도 알아보았다.

그렇다면 독자는 직관적으로 한 번 생각해 보길 바란다. 자동차나 고가의 가전제품, 스마트기기 등은 호황기때 잘 팔릴까? 아니면 불황기때 잘 팔릴까? 크게 생각해 볼 여지없이 호황기때 잘 팔린다고 생각할 것이다. 이는 호황기때 내구재 소비가 증가한다는 것을 대변해 주는 결과다. 마찬가지로 호황기때 내구재에 대한 소비가 증가함에 따라 기업들은 추가 생산을 위해 새로운 시설들이 필요할 것이다. 이런 이유로 자본재에 대한 투자가 증가할 것이라는 것을 짐작할 수 있을 것이다. 반면 불황기때는 내구재에 대한 소비와 자본재에 대한 투자가 감소할 것이라는 것을 예상해 볼 수 있다. 그러나 서비스와 비내구재는 내구재와 같이 불황이라고 하여 소비를 줄일 수 있을까? 다시 말해 독자들은 불황이라고 하여 의료서비스나 식료품, 생필품 소비를 크게 줄일 수 있을까? 그렇지 않을 것이다. 최소한의 생활을 위해서 독자들은 의료서비스를 받을 것이고, 먹고 살기 위해 식료품과 생필품은 줄일 수 없을 것이다. 따라서 불황기 때도 서비스와 비내구재의 소비는 크게 줄지 않는다. 오히려 저가의 비내구재는 소비가 증가하는 경우도 있다.

자, 그럼 우리나라의 주력 상품은 무엇인지 한 번 생각해 보자. 우리나라는 현재 제조업에서 생산성과 부가가치가 높은 첨단산업 및 바이오산업으로 산업이전을 위해 노력하고 있지만 여전히 산업을 지탱하고 있는 것은 제조업이다. 즉 가전, 자동차, 선박, 철강 등이 우리나라의 주요 산업이라는 말이다. 따라서 예상치 못한 총지출의 증가가 일어나게 되면 세계는 호황을 맞이하게 되는데 이때 우리나라의 주력 산업이 내구재, 자본재 등에 많이 편중되어 있어 세계 성장률보다 크게 확대될 가능성이 높다. 반면 예상치 못한 총지출의 감소가 일어나게 되면 세계는 침체에 들어서게 되는데 이때 우리나라는 세계 성장률보다 크게 하락할 가능성이 높다.

자동차산업 　철강산업 　반도체 산업 　조선업 　디스플레이산업

한국의 주력 산업 ━━━━━

우리나라의 주력 산업은 반도체, 자동차, 조선, 철강, 디스플레이 산업 등이 있으며 이는 대부분 내구재에 속한다.

2 | 실업

최근 우리나라는 산업구조 변화와 저성장 등의 영향으로 "실업(Unemployment)"이라는 단어에 매우 민감한 반응을 보이고 있다. 실업의 사전적인 의미는 "일할 능력과 생각이 있는데도 일자리를 얻지 못하는 상태"를 말하는 것으로 독자들 역시 매우 부정적인 의미로 받아들이고 있을 것이다.

실업은 사회·경제적으로도 큰 부담이기 때문에 국가적인 차원에서 이를 해결하기 위해 많은 노력을 기울인다. 좀 더 구체적으로 설명하자면 실업의 증가는 소득 감소로 이어져 소비여력을 줄이고 이는 기업의 생산을 줄이며 고용을 줄이는 경로를 통해 결국 GDP 감소로 나타난다. 또한 실업의 증가는 국가 차원에서도 큰 부담으로 작용하며 국가 재원의 소진과도 연결된다.[5] 따라서 미국은 2008년 서브프라임 모기지 사태로 촉발된 경기침체를 벗어나기 전까지 무제한

5
실업의 증가는 국가 재원의 원천인 세금이 감소한다는 것을 의미하며, 더욱이 이들의 사회적 문제를 해결하기 위해 국가 재원을 활용(실업 지원금 등)해야 하므로 재정 건전성에도 부정적인 영향을 준다.

양적완화(quantitative easing) 정책을 실시하였으며 실업률 5%(완전고용 수준)를 선제적 지침(forward guidance)으로 정하기도 하였다.[6]

우리나라는 최근 청년실업 증가 및 산업구조 변화에 따른 실업 증가 등으로 실업과 고용에 대한 관심이 높은 상황이다. 자, 그럼 이제 실업률에 대해서 자세히 살펴보도록 하자.

6
미국은 서브프라임 모기지 사태 이전 4%대였던 실업률이 금융위기를 거치며 10%대까지 상승하였다.

그림 6-3 | **미국의 포워드 가이던스와 실업률**

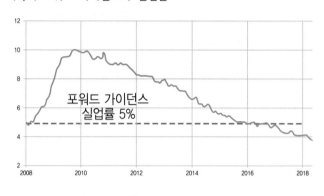

포워드 가이던스
실업률 5%

* 옐런 전 연방준비은행 의장은 실업률이 글로벌 금융위기 발생 전인 5% 이하로 떨어질 때까지 양적완화 정책을 지속한다고 발표하였다.

1 실업의 측정

실업은 통계청에서 설문조사를 통해 실시한다. 기준은 2015년 인구주택총조사 결과를 바탕으로 1,737개 표본조사구를 추출하고, 해당 지역 내에서 3만 5천 가구를 조사한다. 조사기간은 매월 15일이 포함된 1주일 동안 진행된다.

그림 6-4 | 고용 보조지표 구성도

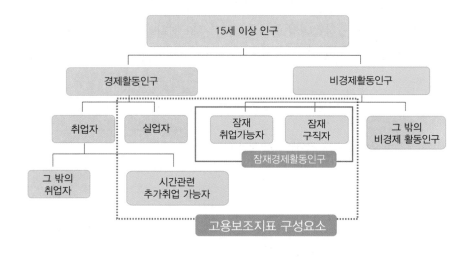

출처: 통계청

설문조사는 약 48개의 항목으로 구성되어 있으며 설문조사를 통해 생산가능인구, 경제활동인구, 비경제활동인구, 취업자, 실업자 등으로 구분된다. 우선 생산가능인구는 조사 당시 만 15세 이상인 인구를 뜻하며 우리나라 전체 인구 다음으로 큰 범위에 해당한다. 다음으로 생산가능인구 안에서 경제활동인구와 비경제활동인구를 나눈다. 경제활동인구는 재화와 서비스를 생산하기 위해 실제로 수입이 있는 일을 한 취업자와 일을 하지는 않았으나 열심히 구직활동을 한 실업자로 구분된다. 여기서 취업자로 구분되는 조건은 조사대상 주간에 수입을 목적으로 1시간 이상 일을 한 사람으로 정의한다.[7] 비경제활동인구는 만 15세 이상으로 생산가능인구에 속하지만 조사대상 기간 중 취업도 실업도 아닌 상태인 자를 말한다. 비경제활동인구에는 전업주부, 전업학생, 은퇴자 등이 포함된다. 최근에 통계청은 보다 정확한 인구통계 자료를 위해 비경제활동인구 내에 잠재취업가능자, 잠재구직자를 추가로 설정하여 발표하고 있다. 잠재취업가능자는 지난 4주간 구직활동을 하였으나 조사대상 기간에 취업이 가능하지 않은 자를 말하며, 잠재구직자는 지난 4주간 구직활동을 하지 않았으나 조사대상 기간에 취업을 희망하고 취업이 가능한 자를 말한다.

고용지표는 크게 실업률과 고용률로 나눈다. **실업률**은 경제활동인구 중 실업자 비중을 나타낸 지표로 아래의 식과 같이 계산된다. **고용률**은 생산가능인구 중

[7] 독자들이 판단할 때 1주일 동안 대가를 바라고 1시간만 일을 해도 취업자로 구분된다는 것이 쉽게 납득되지 않을 것이다. 통계청에 따르면 이는 ILO (국제노동기구)의 기준에 따른 것이며 총생산을 측정하기 위한 노동투입량을 1시간 기준으로 파악하기 때문이라고 명시하고 있다.

취업자의 비중을 나타내는 지표다. 보통 독자들은 방송 매체 등을 통해 실업률 지표에 더 익숙해져 있을 것이다. 하지만 실업률을 직접 계산해 보면 정말 통계가 맞을까라는 의심이 생길 수 있다. 그렇다면 2018년 3월 고용동향 통계치를 통해 실업률을 한 번 계산해 보고 이를 논의해 보자.

$$실업률 = \frac{실업자}{경제활동인구} \times 100 \qquad 고용률 = \frac{취업자}{생산가능인구} \times 100$$

표 6-1 | **2018년 3월 고용동향**   (단위: 천명)

	15세 이상 인구	경제활동인구			비경제활동인구
			취업자	실업자	
2018.3	44,100	27,978	26,862	1,116	16,122

2018년 3월 현재 국내 생산가능인구는 44,100천명이다. 이 중 경제활동인구는 27,978천명이고 비경제활동인구는 16,122천명이다. 또한 경제활동인구 중 취업자는 26,862천명이며 실업자는 1,116천명인 것을 확인할 수 있다. 따라서 2018년 3월 실업률은 4.0%($\frac{1,116}{27,978} \times 100$)이다. 그렇다면 실업률이 나타내는 4.0%의 의미는 무엇일까? 비율을 나타내는 지표이기 때문에 100명 중 단 4명만이 실업상태라는 의미로 해석할 수 있다. 여기서 독자들은 의문점이 생길 것이다. 방송이나 언론매체에서 국내 고용상황이 좋지 않다는 것을 자주 방송하고 국가도 매 정부마다 고용을 최우선 과제로 꼽고 있는데 과연 100명 중 4명만이 실업상태인 것이 그렇게 큰 문제일까? 그 비밀은 비경제활동인구에 있다. 우리가 사실상 실업상태로 봐도 무방할 구직단념자, 불완전취업자, 취업준비생 등이 비경제활동인구로 빠져 있기 때문에 독자들이 느끼는 실업률은 과소평가 되어 있는 것처럼 보이는 것이다. 이 때문에 최근에 보조지표로 잠재경제활동인구(잠재취업가능자+잠재구직자)를 별도로 구분하여 측정하는 것이다. 그리고 실제로 고용지표 중 고용목표로 설정하는 지표는 고용률을 많이 활용한다. 고용률은 생산가능인구 중 취업자 비중을 나타내는 지표로 생산가능인구에 비경제활동인구가 포함되어 있기 때문에 실업률의 과소평가를 어느 정도 해소할 수 있다. 다시 2018년 3월

고용동향을 이용하여 고용률을 계산해 보자. 고용률은 $60.9\%(\frac{26,862}{44,100}\times100)$라는 것을 확인할 수 있다. 만약 비경제활동인구가 증가하게 되면 분모가 커지게 되므로 고용률은 작아지고, 반대의 경우는 고용률이 증가하게 되는 것이다. 이런 이유로 우리나라의 국가 고용 정책목표는 실업률보다 고용률을 이용하는 경우가 많다.

이외에 청년실업률이 있으며 이는 청년층(15~29세)을 대상으로 실업률을 판단해 보는 지표다. 우리나라는 저성장에 들어서며 10%대의 청년실업률을 보이고 있는데 이 또한 과소평가 되었다는 의견이 많다. 따라서 청년 체감실업률을 별도로 산정하여 발표하고 있으며 청년 체감실업률은 비경제활동인구로 분류되던 구직단념자, 불완전취업자, 취업준비생을 실업자에 포함하여 실업률을 재산정한 것이다. 실제로 청년 체감실업률은 청년실업률의 약 2배에 해당하며 실질적인 청년 실업을 대변하는 지표로 활용되고 있다.

그림 6-5 | **청년확장실업률 추이**

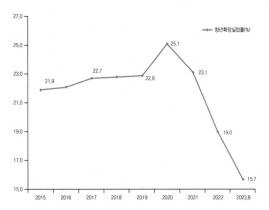

그림 6-6 | **실업률과 고용률 추이**

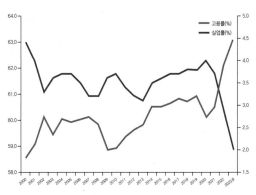

청년확장실업률은 실업자 외에 취업을 원하는 잠재 구직자 등을 포함한 "체감실업률"을 나타낸다. 청년확장실업률은 코로나 펜데믹(pandemic)으로 2020년 25.1%까지 급증하였다가 코로나가 종식된 이후에 급격히 하락하는 모습을 보이고 있으나 여전히 높은 수준을 유지하고 있다.

출처: 통계청

고용률과 실업률은 대체로 상반된 흐름을 보이고 있다. 최근 코로나로 양대 고용지표가 악화되었으나 코로나 상황이 완화되며 실업률과 고용률이 회복되는 흐름을 보이고 있다.

2 실업의 종류

실업의 종류는 크게 마찰적 실업(frictional unemployment), 구조적 실업(structural unemployment), 경기적 실업(cyclical unemployment) 등 3가지로 구분한다.

우선 **마찰적 실업**은 직장을 탐색하거나 직장을 얻기 위해 대기 중인 실업자를 말한다. 쉽게 말해 직장을 이전하면서 발생하는 단기간의 실업 상태를 말하는 것이다. 예를 들어 A씨가 Y기업에 고용되

━━━━━━ 마찰적 실업과 경기적 실업(한국은행)

보통 마찰적 실업은 직업 탐색과정을 통해 자발적으로 회사를 떠나 새로운 직업을 선택하는 것이기 때문에 경제에 큰 부담이 없는 것으로 간주된다. 반면 총지출 감소로 인해 발생한 경기적 실업은 비자발적으로 회사를 떠나야 하는 것은 물론 경제 전반적인 고용사정이 좋지 않기 때문에 경제에 부담으로 작용한다.

어 일을 하다가 Z기업으로부터 좋은 조건으로 이직을 권유받아 이직하는데 Y기업의 퇴사날짜와 Z기업의 입사날짜가 상이하다고 해보자. 그럼 두 기간 사이에 A씨는 어떤 상태가 되는 것일까? 그렇다. 실업상태가 되는 것이다. 하지만 독자들도 알다시피 이 경우 실업이 경제적으로 큰 문제를 야기하지 않는다. 이유는 입사할 곳이 이미 정해져 있기 때문이다.

다음으로 **구조적 실업**은 산업별 구성의 변동으로 발생하는 실업을 말한다. 시대가 변하면서 산업은 지속적으로 변한다. 예를 들면 한국 전쟁 이후 우리나라의 주요 산업은 노동집약적인 산업이 주를 이뤘고, 이후 중화학 공업, 제조업을 거쳐 최근에는 4차산업으로 변화되어 왔다. 이와 함께 한 국가의 산업이 변화되면 노동의 수요구조도 변화되어야 한다. 하지만 새롭게 등장하는 산업군에 맞춰 노동시장이 즉각적인 유연성을 보이지 않으면 실업이 발생하게 되는 것이다.

마찰적 실업과 구조적 실업은 어느 경제에서나 항상 존재한다. 마찰적 실업의 경우, 경기순환에 상관없이 언제든 이직을 할 수 있기 때문이다. 또한 구조적 실업 역시 시대별로 주요 산업은 지속적으로 변화되고 있기 때문에 어느 시대에서나 항상 존재한다. 따라서 마찰적 실업과 구조적 실업은 경제에 큰 부담이 없는 것으로 간주되며 **완전고용**(fully employment)[8]의 정의로 활용된다. 경제학에서 완전고용[9]은 실업률 0%를 의미하는 것이 아니며 현 고용 상태가 마찰적 실업과

8
완전고용은 잠재 GDP와 같은 의미를 내포하고 있다. 그 이유는 잠재 GDP의 정의가 현 경제가 가지고 있는 모든 노동력과 생산설비를 총동원하여 달성할 수 있는 GDP이기 때문이다.

9
우리나라의 완전고용 실업률은 2.7~2.8% 사이로 추정되고 있으며, 미국의 완전고용 실업률은 약 3.5% 정도로 추정되고 있다.

구조적 실업만 존재하는 상태를 말한다.

　　마지막으로 **경기적 실업**은 총지출의 감소로 야기된 실업을 말한다. 경기적 실업은 앞선 두 실업과 달리 경기가 침체되었을 때 발생하는 실업으로 실물경제에 부담을 주는 실업을 말한다. 즉 우리가 앞서 경기변동에서 학습한 침체 때 발생하는 실업이 바로 경기적 실업인 것이다. 경기적 실업은 총수요에 부정적인 충격이 발생하면 생산이 감소하고 이는 고용조정으로 이어지는 과정에서 발생하는 실업으로 정부가 주요하게 관심을 갖는 실업이다.

▍실업률 및 고용률의 잘못된 시그널

　　우리는 보통 실업률과 고용률 지표를 보고 현재 경제 상황을 판단하는 경우가 많다. 예를 들어 실업률이 하락하거나 고용률이 상승하게 되면 경기가 좋아지고 있다고 믿는다. 또한 일자리는 국민들의 삶과 직결되는 문제이기 때문에 정부와 정치권, 국민 모두 관심이 높다.

　　따라서 실업률이나 고용률이 개선되면 정부는 이를 발표하길 원한다. 이유는 정부의 성공적인 정책을 국민에게 인지시키고 싶어 하기 때문이다. 하지만 실업률과 고용률에도 잘못된 시그널이 나타날 수 있음을 명심해야 한다. 그 대표적인 사례가 재정이 투입되는 단기 일자리로 인한 실업률 하락, 고용률 상승이다.

　　사례를 들어보자. 정부가 개선된 고용사정을 근거로 낮아진 실업률과 상승한 고용률을 대대적으로 발표하였다. 앞선 설명에 근거한다면 분명 반가운 소식이다. 일자리가 많아졌고 이에 고용된 사람이 많아졌다는 것은 향후 경기가 좋아질 것이란 점을 예상해 볼 수 있기 때문이다.

　　하지만 실제 경기적 실업률이 좋아졌는지는 실업률과 고용률의 내막을 살펴볼 필요가 있다. 즉 우리가 예상할 수 있는 경기적 실업이 좋아지기 위해서는 기업의 일자리가 증가하는 것이 가장 좋다. 또한 취업 초년생인 20~30대 혹은 우리나라 경제 허리 역할을 하는 40대 일자리가 증가하는 것이 바람직하다. 반면 경기적 실업과는 무관하게 일자리 지표가 개선될 수도 있다. 대표적으로 정부의 재정을 투입하여 60세 이상의 단기 일자리를 창출하는 경우다. 특히 20~30대, 40대 일자리는 감소하는데 60대 단기 일자리가 이를 상쇄하고도 남을 만큼 증가하여 고용지표에 잘못된 시그널을 보낼 경우 이는 경제에 여러 문제점을 발생시킬 수 있다. 이런 고용지표의 잘못된 시그널로 발생할 수 있는 문제점은 첫째, 실업 대책에 대한 적절한 시기를 놓칠 수 있다는 점이다. 고용정책은 어느 정도의 시차가 필요한 만큼 적절한 시기를 놓치면 이를 정상화 하기 위해 훨씬 많은 시간과 재정이 투입되어야 하기 때문에 비효율성을 야기한다. 다음으로 재정 투입을 통한 60대 단기 일자리 창출은 지속적인 재정투입이 전제되어야 하기 때문에 국가 재정 건전성을 악화시킬 수 있다. 결국, 실업률 및 고용률의 잘못된 시그널은 실업 대책에 대한 적절한 시기를 실기하게 함으로써 재정건전성을 악화시켜 장기적 성장률 추세를 이탈시킬 수 있다는 점을 염두에 둬야 한다.

우리나라의 구조적 실업과 미국의 주요 사례

앞서 구조적 실업은 어느 경제 상황에서도 존재하기 때문에 경제에 큰 부담이 없다고 설명하였다. 하지만 주요 산업군이 변화될 조짐을 보임에도 불구하고 노동시장에 경직성이 발생하면 실업이 크게 증가하여 경제에 부담이 되는 경우도 발생한다. 이런 현상이 최근 우리나라에서 발생하였으며 그 대표적인 사례가 조선업이다. 우리나라의 조선업은 2010년을 전후하여 최대 호황기를 맞았었다. 당시 우리나라의 조선업은 뛰어난 기술력과 세계적인 수요 증가 속에 막대한 매출을 기록하였지만 후발주자인 중국의 저가 정책과 세계적인 수요 감소의 직격탄을 맞으며 침몰하였다. 이는 일부 예견된 일이었음에도 불구하고 조선업의 구조조정 등이 지연되며 결과적으로 대량 실업이 발생한 사례다. 사실 우리나라 조선업의 실업은 조선업의 주도권이 일본을 거쳐 한국, 중국으로 넘어가는 과정에서 노동시장의 유연성을 보이지 못한 결과라 할 수 있다.

구조적 실업은 미국의 사례에서도 확인할 수 있다. 2018년 현재 미국의 대통령은 도널드 트럼프이며 그가 대통령이 될 수 있었던 것은 앞서 배운 구조적 실업과 무관하지 않다. 과거 미국 중북부는 제조업의 중심지였다. 하지만 미국 산업이 생산성 높은 서비스업으로 이전되며 미국의 중북부는 몰락하게 된다. 즉 산업 이전을 따라가지 못한 노동의 경직성은 대량 실업 사태를 발생시켰다. 이후 제조업의 상징이었던 미국의 중북부는 "러스트밸트[10]"라는 오명을 쓰기에 이른다. 이렇게 대량 구조적 실업이 발생한 중북부에 도널드 트럼프는 미국의 강력한 제조업 융성이라는 슬로건을 내걸고 고용 확대를 주장하며 이들의 표를 얻어 대통령에 오르게 된 것이다.

[10] 러스트밸트
러스트밸트는 말 그대로 녹슨 도시를 지칭하는 것으로 제조업이 몰락하며 대량 실업이 발생하고 도시기능이 마비되어 자치기능을 상실한 상태를 말한다.

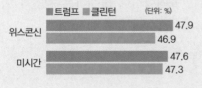

美 대선 판세 뒤집은 러스트밸트

■트럼프 ■클린턴 (단위: %)

위스콘신	47.9
	46.9
미시간	47.6
	47.3

— 트럼프 대통령과 구조적 실업(YTN)

도널드 트럼프가 대통령에 당선된 이유는 대량 구조적 실업이 발생한 미국 중북부의 선택 때문이었다.

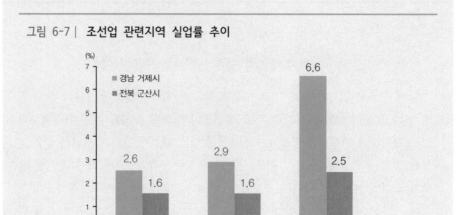

그림 6-7 | 조선업 관련지역 실업률 추이

* 우리나라의 조선업은 노동시장의 경직성을 보이며 구조적 실업이 다소 크게 발생하였다.
출처: 통계청

3 | 인플레이션

독자들은 지난 몇 주 사이 저녁뉴스나 신문에서 "지난달에 비해 물가가 00% 올랐습니다"라는 기사를 본 적이 있는가? 분명 몇 주 사이는 아니더라도 한 번 쯤은 본 적이 있을 것이다. 이처럼 인플레이션은 우리에게 흔한 주제이며 가계나 국민경제에 지대한 영향을 미치기 때문에 독자들도 익히 알고 있는 것이다. 그렇다면 인플레이션이 무엇이고 인플레이션이 발생하는 원인과 이를 통해 경제주체들은 어떤 변화를 겪는지 한 번 확인해 보도록 하자.

1 인플레이션의 정의

인플레이션은 일반적으로 물가가 상승하는 것을 의미한다. 여기서 물가는 우리가 실생활에 쓰고 있는 모든 재화와 서비스의 가격을 가중평균 한 값으로 평

균적인 재화의 가격이 올라간다
는 것을 뜻한다. 이는 다른 표현
으로 화폐의 구매력이 감소했다
고 정의할 수도 있다. 즉 동일한
금액을 가지고 구매할 수 있는
재화나 서비스의 양이 줄어든다
는 것을 의미한다. 간단하게 그림
을 통해서 알아보자. 물가가 상승
한 다는 것은 그림에서와 같이

물가 상승

채소 가격이 올라가는 것이므로 1만원으로 살 수 있는 채소의 양이 줄어든다는
것을 의미한다. 즉 1만원짜리 화폐의 구매력이 하락하였다는 것이다.

2 인플레이션의 측정

우리나라에서 물가는 소비자물가지수(CPI, Consumer Price Index)로 측정한다.
소비자물가지수는 통계청에서 측정하며 소비자가 일상생활에서 자주 이용하는
460여개 품목의 장바구니(basket)를 구성하고 서울, 부산, 대구, 광주 등 38개 지
역에서 조사를 실시한다. 또한 각각의 재화와 서비스는 1,000분의 1단위로 가중
치를 부여하여 산정한다. 가중치는 금액이 크거나 빈번하게 사용할수록 높게 부
여한다.[11] 물가를 구성하는 장바구니는 사회가 변화하면서 재화와 서비스의 사용
빈도가 달라지므로 2~3년마다 갱신된다.

소비자물가지수는 지수(index)[12]이기 때문에 기준연도를 설정해야 한다. 현
재 우리나라는 2020년을 100으로 기준을 산정하고 있다. 따라서 현재 설정되어
있는 소비자물가는 2020년도의 460개 품목 가격을 100으로 보고 이보다 높으면
2020년에 비해서 물가가 상승했다고 판단하고 100보다 낮으면 2020년에 비해서
물가가 하락하였다고 판단한다. 소비자물가지수는 다음과 같이 계산한다.

$$소비자물가지수 = \frac{특정\ 연도의\ 장바구니\ 가격}{2020년\ 장바구니\ 가격} \times 100$$

11
실제로 월세나 전
세는 금액도 크고
빈번하게 발생하
기 때문에 가중치
를 크게 부여하고
통신비는 금액이
전자의 경우보다
크지는 않지만 대
부분의 국민들이
사용하고 있기 때
문에 가중치가 높
다. 반면 연탄과 같
이 금액도 작고 사
용빈도도 낮은 상
품은 가중치를 작
게 부여한다.

12 지수
지수의 개념은 기
준을 설정하고 기
준보다 높은지 낮
은지를 판단하는
지표다. 예를 들어
소비자만족도지수
는 기준을 설정하
고 기준보다 지수
가 높을 경우 만족
하는 사람이 불만
족하는 사람보다
많은 경우를 의미
하며 반대의 경우
불만족하는 사람
이 만족하는 사람
보다 많다는 것을
의미한다.

그렇다면 실제 소비자물가지수를 이용하여 소비자물가지수 읽는 방법을 한 번 확인해 보도록 하자. 〈표 6-2〉에서 2023년 3월 소비자물가지수는 110.56을 나타내고 있다. 이는 2020년도에 비해서 물가가 10.56% 높다고 해석한다. 반면 2015년 소비자물가지수는 94.86을 나타내고 있으므로 2020년도에 비해 물가가 5.14% 낮다고 해석하면 된다.

표 6-2 | **소비자물가지수 동향**

기간	소비자물가지수(CPI)	기간	소비자물가지수(CPI)
2015	94.86	2021	102.5
2016	95.78	2022	107.71
2017	97.64	2022.3	106.06
2018	99.08	2023.1	110.1
2019	99.46	2023.2	110.38
2020	100	2023.3	110.56

하지만 독자들은 뉴스나 신문에서 2020년 대비 물가가 얼마나 오르거나 내렸는지에 대한 기사를 본 적이 없을 것이다. 그 이유는 물가에 대한 우리의 관심이 전월대비 얼마나 증가했는지 혹은 전년대비[13] 얼마나 증가했는지에 있기 때문이다. 따라서 뉴스나 신문에서도 지난달에 비해 소비자물가가 얼마나 변화되었는지 혹은 전년에 비해서는 얼마나 등락을 보였는지를 발표하는 것이다. 우리는 소비자물가지수를 통해 전월대비 혹은 전년대비 소비자물가의 등락률(인플레이션율)을 다음과 같이 구할 수 있다.

$$소비자물가등락률 = \frac{특정월의\ CPI - 비교월의\ CPI}{비교월의\ CPI} \times 100 = 인플레이션율$$

위의 소비자물가동향을 이용하여 2023년 3월 소비자물가지수가 전년동월대비 얼마나 상승하였는지 계산해 보자. 우선 2022년 3월 소비자물가지수는 106.06이고 2023년 3월 소비자물가지수는 110.56이라는 점을 확인하자. 따라서 위의 식을 적용하여 계산하면 인플레이션율이 4.2%($\frac{110.56 - 106.06}{106.06} \times 100$)이라는 것을 계산할 수 있다. 이는 2023년 3월 소비자물가가 전년동월대비 4.2%

상승하였다는 뜻이다.

통계청의 소비자물가동향 발표(통계청)

3 인플레이션의 발생 원인과 경제적 효과

인플레이션이 발생하는 원인은 크게 두 가지가 있다. 첫 번째는 수요 증가로 인플레이션이 발생하는 것이고 두 번째는 비용인상으로 인한 인플레이션이다. 이를 전자는 수요견인 인플레이션이라고 하고 후자는 비용인상 인플레이션이라고 한다. 모두 물가가 상승하는 인플레이션을 야기하지만 경제에 미치는 영향은 각각 다르다. 그렇다면 각각의 인플레이션이 어떻게 발생하고 경제적으로 어떤 파급효과를 갖는지 알아보도록 하자.

1) 수요견인 인플레이션과 경제적 파급 효과

수요견인 인플레이션은 쉽게 말해서 파는 물건은 한정되어 있는데 사려는 사람이 많을 때 발생하는 물가 상승이다. 이런 현상은 시중에 유동성이 풍부할 때 발생한다. 여기서 유동성은 현금성 자산이라고 이해하면 된다. 즉 팔 물건은 하나인데 사려는 사람이 많거나 물건의 생산은 제한적인데 사려는 사람들이 돈을 많이 가지고 있는 경우 물건 값이 상승하는 것이다. 이를 경제학적으로 이야기 하면 다음과 같다. 현재 경제가 완전고용상태로 유휴 노동력이 없는 상황이라면 재화의 생산량은 한계가 있을 것이다. 이런 상태에서 유동성이 계속 증가하게 되면, 즉 시중에 돈이 많아지게 되면 인플레이션이 발생하게 되는 것이다.

최근 수요견인 인플레이션이 발생한 사례는 2000년대 중반 미국의 사례에서 찾을 수 있다. 2000년대 중반 이미 미국은 완전고용상태에 접어들어 있었지만 중앙은행은 여전히 저금리를 유지하며 시장에 막대한 유동성을 공급하였다.

보통 수요견인 인플레이션은 물가가 3% 내외인 경우 경제에 큰 영향을 미치지 않는다는 것이 경제학자들의 생각이다. 즉 지속적으로 성장하는 국가라면 경제 규모가 시간이 지날수록 확대되기 때문에 물가도 일정범위 안에서 지속적으로 증가한다는 것이다. 우리가 총수요-총공급 이론에서 배우겠지만 수요견인으로 인플레이션이 발생할 때 실질성장률도 증가한다. 하지만 수요견인 인플레이션도 3% 이상 상승하게 되면 경제에 부담이 된다. 보통 경제 이론에서 수요견인 인플레이션에 대한 경제적 비용은 **메뉴비용**(menu cost)과 **구두창 비용**(shoe leather costs)으로 설명한다. 보통 메뉴비용이라고 하면 경제학을 처음 접하는 독자들은 "설마 내가 아는 메뉴일까?"라고 생각할 수 있는데 독자들이 생각하는 메뉴가 맞다. 해당 이론은 가격이 계속해서 상승하게 되면 가격표를 계속 바꿔야 하는데 이 때 비용이 발생한다는 것이다. 현대 사회에서는 큰 비용이라고 생각하지 않을 수 있지만 과거에는 메뉴판을 바꾸는 것이 지금 보다는 큰 비용이 들었을 것이다. 그렇다면 지금은 큰 비용이 들지 않기 때문에 무시해도 되는 것일까? 그렇지 않다. 현대의 메뉴비용은 마케팅 비용으로 생각하면 된다. 즉 기업은 가격이 빈번하게 변경되면 제품에 대한 브로셔를 전부 바꿔야 한다. 또한 광고도 바꿔야 한다. 이런 비용들은 생각보다 크다. 따라서 현대에도 인플레이션이 발생하면 메뉴비용이 발생한다. 다음은

메뉴비용 ▬▬▬▬

구두창 비용 ▬▬▬▬

구두창비용이다. 독자들은 또 "내가 생각하는 구두창일까?"라고 생각하겠지만 맞다. 독자들이 생각하는 구두창비용이다. 좀 더 정확히 이야기 하면 구두창이 닳는 비용이다. 갑자기 인플레이션을 이야기하다 무슨 엉뚱한 소리인가 하겠지만 인플레이션이 지속적으로 발생하면 현금을 가지고 있는 것은 손해다. 이유는 지속적으로 현금의 가치가 하락하기 때문이다.[14] 즉 현금의 구매력이 떨어진다는 말이다. 따라서 현금의 구매력이 떨어지지 않도록 은행에 현금을 예금해 두어야 하고, 현금이 필요할 때만 인출하여 현금을 사용해야 한다. 이는 인플레이션이 발생하기 이전에는 1달에 은행을 1번 방문하던 것이 1주일에 7번, 심한 경우 하루에도 몇 번 은행을 방문해야 하기 때문에 구두창이 닳는다는 것이다. 그렇다면 지금은 어떠한가? 최근에는 인터넷뱅킹 혹은 스마트뱅킹을 이용하여 이체할 수 있지만 이 또한 시간적인 비용이 든다. 또한 현금을 찾기 위해서는 어쩔 수 없이 은행을 방문해야 하기 때문에 은행을 방문하는데 들어가는 육체적, 시간적 비용이 발생한다.

[14] 인플레이션 인플레이션의 정의는 물가가 지속적으로 오르거나 화폐의 구매력이 하락하는 것이라고 하였다.

2) 비용인상 인플레이션과 경제적 파급 효과

비용인상 인플레이션은 재화와 서비스 생산에 필요한 생산요소의 비용인상으로 발생하는 물가 상승이다. 이는 생산요소에 해당하는 원자재 가격, 인건비 등이 인상되면 기업은 이윤을 보전하기 위해 이를 제품 가격에 전가하기 때문에 물가가 상승하는 것이다. 비용인상 인플레이션의 대표적인 사례는 오일쇼크다. 1970년대 중순과 1980년대 초에 2차례에 걸쳐 세계적인 오일쇼크가 발생하였다. 당시 오일쇼크는 OPEC의 감산합의로 원유 공급이 급격하게 줄며 오일 가격이 크게 상승한 것에 기인한다. 즉 예상치 못한 음의 공급충격이 발생한 것이다. 대부분의 재화와 서비스는 직·간접적으로 원유 가격에 영향을 받기 때문에 원유 가격 상승은 재화와 서비스의 가격에 전가됨으로써 물가가 크게 상승한 것이다.

1차 오일쇼크 당시 OPEC회의	오일쇼크 당시 한국의 모습	오일쇼크 당시 외국의 모습

비용인상 인플레이션의 대표적인 사례는 1970년대 말과 1980년대 초에 있었던 제1, 2차 오일쇼크다. 당시 OPEC(석유수출기구)의 감산합의로 인해 원유 가격이 급격하게 상승하며 인플레이션이 발생하였다. 이는 우리나라에만 국한 된 것이 아니라 전 세계적인 현상이었다.

그림 6-8 | **물가 상승률 추이**

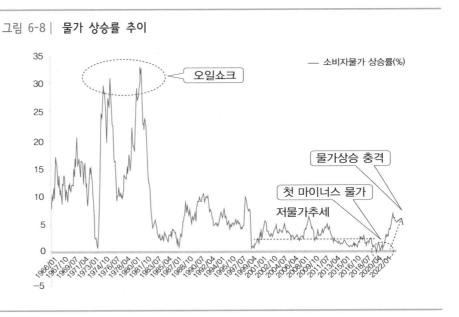

출처: 통계청

비용인상에 의한 인플레이션은 수요견인 인플레이션과 달리 경제에 부정적인 영향을 미친다. 그렇다면 어떤 경로를 통해 부정적인 영향을 미칠까? 우선 공급측면의 예상치 못한 충격으로 인한 비용인상은 생산 가격을 상승시키는 원인이 된다. 즉 제품 가격이 상승한다는 것이다. 제품 가격 상승으로 구매가 일어나지 않게 되면 기업은 재고가 쌓이게 되고 생산을 줄이게 된다. 기업이 생산을 줄이게 되면서 비용 절감을 위해 고용을 줄이게 되고 생산의 감소와 고용 감소는 결국 실질GDP 감소와 실업 증가로 이어지는 것이다. 비용인상 인플레이션이 앞서 수요견인 인플레이션과 다른 점은 물가가 상승하며 실질GDP도 감소한다는 것이다. 이는 총수요-총공급 이론을 통해 다시 확인할 것이다.

러시아-우크라이나 전쟁은 최근 비용인상 인플레이션의 대표적인 사례다. 2022년 2월 24일 러시아가 우크라이나 수도 키이우를 미사일로 공습하고 지상군을 투입하며 러시아-우크라이나 양국 간 전쟁이 시작되었다. 전쟁은 단기간에 끝날 것이라는 예측을 벗어나 2023년에도 지속되고 있다.

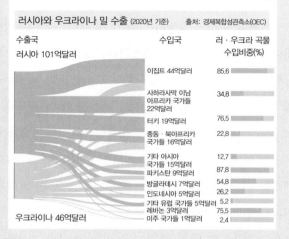

러시아와 우크라이나 밀 수출 (2020년 기준)   출처: 경제복합성관측소(OEC)

수출국	수입국	러·우크라 곡물 수입비중(%)
러시아 101억달러	이집트 44억달러	85.6
	사하라사막 이남 아프리카 국가들 22억달러	34.8
	터키 19억달러	76.5
	중동·북아프리카 국가들 16억달러	22.8
	기타 아시아 국가들 15억달러	12.7
	파키스탄 9억달러	87.8
	방글라데시 7억달러	54.8
	인도네시아 5억달러	26.2
	기타 유럽 국가들 5억달러	5.2
우크라이나 46억달러	레바논 3억달러	75.5
	미주 국가들 1억달러	2.4

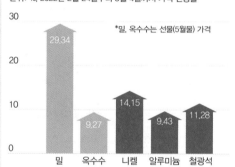

러시아의 우크라이나 침공 이후 원자재 가격 변동률

단위: %, 2022년 2월 24일부터 3월 4일까지 가격 변동률

*밀, 옥수수는 선물(5월물) 가격

- 밀 29.34
- 옥수수 9.27
- 니켈 14.15
- 알루미늄 9.43
- 철광석 11.28

자료: 시카고상품거래소(CBOT), 런던선물거래소(LME), 산업통상자원부

비용인상 인플레이션 사례(러시아-우크라이나 전쟁)

이런 러시아-우크라이나 전쟁은 세계 경제에 큰 충격을 불러 일으켰는데 그것은 바로 인플레이션이다. 우선 러시아는 많은 사람들이 알고 있는 것과 같이 세계 최대 천연가스 수출국이다. 특히 러시아는 유럽 대부분의 나라들에 천연가스를 공급하고 있었기 때문에 국제 에너지 가격 상승에 큰 충격을 주었다. 다음으로 우크라이나는 비옥한 토지(흑토지대)[14]로 세계 4대 곡물 수출국에 속한다. 우크라이나는 전세계 밀 수출의 10%, 옥수수 수출의 18%를 점유하고 있으며 러시아와 합산할 경우 전세계 밀 수출의 30%, 옥수수 20%, 보리 30%를 차지할 만큼 두 국가의 글로벌 곡물 공급량은 큰 비중을 차지하고 있다. 이와 더불어 우크라이나는 철광석(매장량 세계 1위), 석탄(세계 6위) 등을 비롯하여 망간, 티타늄, 니켈, 흑연 등의 자원 부국이면서 최대 수출국 중에 하나이다. 결국 이런 곡물 및 자원 수출 대국들의 전쟁은 글로벌 자원 공급망에 심대한 충격을 가함으로써 비용인상을 촉발하였으며 전 세계적으로 급격한 인플레이션을 발생시켰다.

[14] 흑토지대 우크라이나 흑토지대는 북미 프레리(Prairie), 남미 팜파스(Pampas)와 더불어 세계 3대 곡창지대로 불린다.

4 인플레이션 부의 재분배 효과

인플레이션이 발생하면 부의 재분배가 일어난다. 여기서 말하는 부의 재분배란 특별한 일이나 조치를 취하지 않더라도 어떤 사람은 부가 늘어나는 효과가 발생하고 어떤 사람은 부가 줄어드는 효과가 발생한다는 것이다. 그렇다면 어떻게 이런 일이 가능한지 다음의 사례를 통해 확인해 보도록 하자.

우선 인플레이션이 발생하면 손해를 보는 사람들은 고정적인 소득을 받는 사람과 채권자,[15] 그리고 실질적으로 이자가 지급되지 않는 보통예금에 자금을 예치한 예금자 등이 있다. 우선 고정소득자가 손해를 보는 것은 월급이 정해져 있는데 물건 값이 올라 실질적인 구매력이 감소하기 때문이다. 사진과 같이 월급은 2만원으로 매월 고정되어 있는데 치킨 가격이 1만원에 2만원으로 올랐다면 과거에는 월급으로 치킨 2마리를 살 수 있었으나 현재는 1마리밖에 살 수 없음을 뜻한다. 여기서 중요한 경제적 논리가 설명되는데 그것은 독자들, 즉 경제 주체인 가계의 효용(만족감)은 명목적인 금액이 아니라 실질적인 구매량에 영향을 받는다는 것이다. 다시 말해 2만원어치 치킨을 먹은 것이 효용을 결정하는 것이 아니라 치킨을 1마리 먹었느냐 혹은 2마리 먹었느냐가 효용을 결정한다는 것이다.

다음으로 인플레이션이 발생하면 채권자에게 손실이 발생한다. 이는 아래와 같이 한 가지 가정을 통해 쉽게 이해할 수 있다. 만약 A씨가 치킨집을 운영하기 위해 B씨로부터 2만원을 빌렸다고 가정해 보자. 그리고 1년 뒤에 갚기로 하였다고 하자. A씨는 치킨 가격을 첫 해 1만원으로 설정하였기 때문에 치킨 2마리를

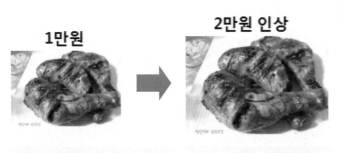

월급은 그대로인데 치킨 가격이 2배로 인상되었다면 독자들은 기쁜가?

15 채권자
채권자는 돈을 빌려준 사람을 의미하며 금전 대부자라고도 한다.

팔아서 B씨로부터 빌린 돈을 갚을 계획이었다. 그러나 1년 뒤 물가가 상승하여 치킨 가격이 2만원이 되었다. 그렇다면 A씨와 B씨 중 누가 손해를 보는 것일까? 이런 경우 돈을 빌려준 B씨가 손해를 본다. 이유는 B씨가 돈을 빌려줄 당시 2만원의 가치는 치킨 2마리였으나 1년 뒤 돌려받은 2만원의 가치는 치킨 1마리 밖에 되지 않기 때문이다. 즉 구매력으로 설명하자면 치킨 2마리를 빌려주고 나중

에 치킨 1마리로 갚는 겪이 되는 것이다. 여기서 B씨는 은행이라고 간주해도 된다. 그렇다면 은행은 정말로 인플레이션이 발생하면 손해를 보는 것일까? 이것은 우리가 다음에 기대인플레이션(expected inflation)이라는 것을 통해 확인해 볼 것이다.

마지막으로 인플레이션이 발생하면 보통예금[16] 예금자는 손실을 본다. 예를 들어 2만원을 보통예금에 넣어두고 있는 사람이 있다고 하자. 또한 앞선 예와 같이 예금을 예치할 당시 치킨 1마리의 가격은 1만원이었다고 하자. 그런데 1년 뒤 물가가 상승하여 치킨 가격이 2만원이 되었다면 예금자는 손실을 보게 된다. 이는 앞선 고정소득자와 같은 이유이며 예금할 당시 2만원의 구매력은 치킨 2마리였으나 1년 뒤 치킨 1마리로 구매력이 하락한 것이기 때문이다.

반면 인플레이션이 발생하면 이익을 보는 사람들도 있다. 대표적인 사람이 채무자[17]다. 이는 앞서 설명한 채권자의 예를 역으로 생각하면 쉽게 이해할 수 있다. 즉 치킨가게 운영을 위해 돈을 빌린 A씨는 돈을 빌릴 당시 치킨 2마리에 해당하는 돈을 빌렸으나 갚을 때는 치킨 1마리에 해당하는 돈만 갚으면 되기 때문이다.

이외에 변동소득자와 물가연동채권과 같은 인플레이션을 헷징(hedging)[18]하는 것들도 있다. 우선 변동소득자의 기본 개념은 매년 물가 상승만큼 소득이 변동되는 것을 의미한다. 우리나라의 대표적인 변동소득은 국민연금과 공무원연금이 있다. 해당 연금 등은 매년 물가 상승률을 반영하여 임금을 인상한다. 다음으로 물가연동채권은 채권의 표면금리에 물가를 연동하여 채권금리를 결정하기 때문에 물가 상승 위험을 제거하는 채권을 말한다.

5 기대인플레이션과 명목금리, 실질금리

인플레이션이 발생하면 채권자는 손해를 보고 채무자는 이익을 본다고 배웠다. 여기서 채권자는 은행으로 설명할 수 있고 채무자는 대출자로 설명할 수 있다. 따라서 위와 같이 인플레이션이 발생하면 대출자는 이익을 보고 은행은 손실을 본다는 말이 된다. 실제로 그럴까? 실제로 그런 경우는 매우 드물다. 이유는 기대인플레이션 때문이다. **기대인플레이션**은 실현된 인플레이션이 아니라 향후 발생할 인플레이션을 예측한 값이다. 그렇다면 은행은 기대인플레이션을

16 보통예금
보통예금은 흔히 수시입출금예금 혹은 저축예금과 유사한 것으로 언제든지 자금 입출이 자유로운 대신 이자가 거의 없는 예금을 말한다.

17 채무자
채무자는 돈을 빌린 사람으로 금전 차입자라고도 한다.

18 헷징
인플레이션에 대한 위험을 제거한다는 의미다.

어떻게 반영할까? 우리가 흔히 은행에서 보는 예금금리와 대출금리는 명목금리 (nominal interest rate)다. 즉 실제로 지급되거나 받는 이자 금액을 나타내는 금리 라는 말이다. 이 명목금리에 기대인플레이션이 반영되어 있지 않다면 인플레이 션 발생 시 은행은 손실을 보게 된다. 따라서 은행은 실질금리에 기대인플레이 션을 더해 명목금리를 결정하게 되는 것이다. 예를 들어 은행에 일정 수익 및 비용을 감안한 실질금리가 3%라고 가정할 경우, 이를 그대로 대출금리로 사용 할 때 인플레이션이 발생하면 은행은 비용도 충당하지 못하는 경우가 생길 수도 있다. 즉 인플레이션이 3%라면 비용도 충당하지 못하게 되는 것이다. 따라서 은 행은 실질금리 3%에 기대인플레이션 3%(예를 들면)를 더해 6%의 명목금리를 제 시하는 것이다. 이 경우 실제로 3%의 인플레이션이 발생하면 원래 은행이 목표 로 하고 있는 3%의 수익과 비용을 충당할 수 있는 것이다.

지금까지 은행의 입장에서 설명하였는데 그렇다면 예금자의 입장에서도 동 일할까? 그렇지 않다. 예금자 입장에서는 실질금리(real interest rate)라는 것을 확 인해야 한다. 실질금리는 아래와 같이 피셔효과(fisher effect)로 계산할 수 있다.

$$실질금리(r) = 명목금리(R) - 기대인플레이션율(\pi^e)$$

예금자가 실질금리를 확인해야 하는 이유는 가계의 효용이 실질구매력과 연결되어 있기 때문이다. 앞서도 언급했지만 독자들이 은행에서 보는 예금금리 는 명목금리다. 따라서 실질 구매력을 따져보기 위해서는 인플레이션율 만큼을 제거해야 한다. 예를 들어 1년 정기예금금리가 5%라면 명목금리가 5%라는 뜻 이고, 100만원을 예금할 경우 만기 때 105만원을 수령할 수 있다는 말이다. 명 목적인 화폐금액은 증가하였지만 실제로 인플레이션이 10% 발생하였다면 실질 구매력은 떨어진다.[19] 이는 다음의 쉬운 예를 통해 이해할 수 있다. 즉 인플레이 션이 10% 발생하였다는 의미는 정기예금 가입 당시 100만원이었던 노트북 가격 이 1년 뒤 110만원이 되었다는 것을 뜻한다. 반면 예금자의 100만원은 1년 뒤 105만원이 되기 때문에 해당 노트북을 구매하지 못한다. 즉 구매력이 떨어졌다 는 것이다.[20]

19
이 경우 실질금리 는 -5%(5-10) 가 된다.

20
105만원의 실질 가치는 95만원 ($y(실질가치) = \frac{Y(명목가치)}{P(물가상승률)}$) 으로 예금가입 당 시 100만원보다 하락한다.

6 명목소득과 실질소득

명목소득이란 소득을 화폐단위로 표시한 것이고 실질소득은 화폐소득으로 구매할 수 있는 상품의 양을 나타낸 것이다. 다시 말해서 실질소득은 명목소득에서 물가 상승률을 제거한 것이다. 독자들의 이해를 위해 다음과 같이 한 가지 가정을 하고 독자들에게 질문을 던져 보겠다. 독자들이 만약 직장을 다니면서 월급 300만원을 받고 있다고 가정해 보자. 그리고 재계약 시즌이 다가와 경영자 측에서 연봉을 5% 인상해주기로 했다고 가정해 보자. 독자들은 기쁜가? 이유 없이 기쁘다고 이야기 했다면 아직 명목개념과 실질개념을 이해하고 못한 것이다. 앞선 예에서 연봉인상분 5%는 명목개념으로 독자들은 실질개념을 따져봐야 한다. 즉 같은 해 기대인플레이션이 5% 미만이면 기뻐할 일이지만 5% 이상이라면 기뻐할 일이 아니라는 말이다.

예를 들어 기대인플레이션이 10%라면 독자들의 연봉인상분 보다 물가가 더 오르게 될 것이라는 것을 의미하며 독자들이 받은 315만원은 실질가치는 약 286만원 밖에 되지 않는다. 오히려 지난해에 받았던 월급 가치인 300만원보다도 줄어든 것이다.

실질소득의 개념은 물가가 하락하는 디플레이션의 정의에서도 생각해 볼 수 있다. 만약 물가가 지난해에 비해서 하락하여 물건 가격이 떨어진다면 독자들은 임금인상이 일어나지 않아도 실질구매력이 늘어나는 현상을 경험하게 될 것이다. 우리나라는 통계청에서 물가를 측정한 이래 2019년 7월까지 단 한 번도 디플레이션에 접어든 적이 없다. 하지만 2019년 8월, 9월 등 처음으로 물가가 마이너스를 기록하였다.

7 하이퍼인플레이션

하이퍼인플레이션은 물가가 보편적인 수준을 넘어 급격하게 진행되는 경우를 말한다. 독자들은 우리나라에서 물가가 크게 증가하는 것을 본 적이 거의 없을 것이다. 더욱이 최근 저성장기조를 보이며 물가가 0~3% 안에 갇혀 있기 때문에 물가가 높은 수준이라고 하면 5% 내외 정도로 생각하고 있을 것이다. 하지만 하이퍼인플레이션은 이런 보편적인 수준에서의 물가 상승을 말하는 것이 아

짐바브웨 화폐

님을 독자들은 알아야 한다. 하이퍼인플레이션이라고 하면 적어도 1년에 물가가 10,000% 이상, 즉 물건 가격이 100배 이상은 올라야 하이퍼인플레이션이라고 정의할 수 있다.

이렇게 물가가 싱싱할 수 없을 정도로 오르게 되면 경제주체는 더 이상 화폐를 소유하지 않는다. 이유는 화폐를 소유하고 있는 시간이 길어질수록 화폐의 가치가 하락하기 때문이다. 실제로 1차 세계대전 이후 독일에서는 음식을 주문할 때 가격이 음식을 먹고 계산할 때 보다 2배로 올랐다고 한다. 자, 그럼 독자들은 화폐를 소유하겠는가? 이런 상황이 되면 가계는 화폐보다 실물자산을 소유하려 할 것이다. 이유는 자산은 그나마 인플레이션을 타깃(target)할 수 있기 때문이다. 모든 사람이 자산만 소유하려 한다면 이제 시장에서 화폐는 사라지고 물물교환이 성행하게 될 것이다. 물물교환은 우리가 앞서 배운 것처럼 서로 간에 원하는 물건이 다를 경우 욕망의 불일치라는 치명적인 단점이 들어나게 된다.

이렇게 하이퍼인플레이션이 발생하게 되면 경제는 치명타를 입게 된다. 시장에서는 화폐거래가 이뤄지지 않기 때문에 물건을 구매하거나 소비하기 어려워지고 이는 생산 감소로 이어지며 결국 GDP 감소와 실업이 발생하게 되는 것이다.

독자들은 실제로 이런 하이퍼인플레이션이 발생할 수 있겠냐고 반문하겠지만 역사적으로 사례는 많다. 그리고 지금도 일부 국가에서는 하이퍼인플레이션

헝가리의 하이퍼인플레이션

하이퍼 인플레이션이 발생하게 되면 화폐가 신용을 잃게 되어 더 이상 거래에 사용하지 않게 됨으로 물물교환이 성행하게 된다.

에 준하는 인플레이션이 발생하기도 한다. 우선 하이퍼인플레이션이 발생하기 좋은 조건은 전후 패전국가에서다. 대표적으로 독일과 일본이다. 패전국가들은 보통 전쟁에 따른 보상금을 지급하게 되는데 이미 전쟁에서 패한 국가에 정상적인 보상금이 지급될리 만무하다. 따라서 패전 국가들은 중앙은행에서 막대한 돈을 찍어내게 되며 이는 결국 하이퍼인플레이션으로 연결되는 것이다. 이외에도 니카라과는 1986년 6월부터

1991년 3월까지 11,895,866,143%의 인플레이션이 발생하였으며 세르비아는 1993년 2월부터 1994년 1월까지 156,312,790%의 인플레이션이 발생하기도 하였다. 역사상 최악의 인플레이션은 어디일까? 역사상 최악의 인플레이션은 1946년에 헝가리에서 발생한 인플레이션으로 천문학에서만 볼 수 있는 숫자인 무려 1경 3천 600조%의 인플레이션이 발생하였다고 한다.

8 새롭게 나타난 디플레이션의 공포

우리는 앞서 인플레이션이 발생하면 여러 가지 경제적 비용이 발생하며 자산 가격이 크게 상승할 경우 버블경제가 형성될 수 있음을 배웠다. 또한 인플레이션이 급격하게 진행되어 하이퍼인플레이션이 발생하면 순환적으로 실물경제에 부정적인 영향을 미친다는 것도 확인하였다. 이렇듯 2000년을 전후하여 최근까지도 물가가 상승하는 인플레이션만이 경제에 부정적인 영향을 줄 수 있다고 간주되었다. 이는 한국은행의 통화정책 목표만 봐도 쉽게 알 수 있다. 우리나라의 중앙은행인 한국은행의 통화정책 목표는 물가안정에 있다. 즉 물가가 예상되는 범위를 넘어설 경우 경제적인 비용이 증가하여 거시경제에 부정적인 영향을 미칠 수 있음으로 인플레이션이 예상되는 범위를 벗어나는 것을 경계한 것이다.

반면 물가가 지속적으로 하락하는 디플레이션에 대한 우려는 크지 않았다. 이유는 물가가 하락한다는 것은 물건 가격이 내려간다는 것을 의미하므로 소비자들에게 긍정적인 요소이기 때문에 소비가 증가하여 경제에 긍정적인 영향을 줄 것으로 기대되었기 때문이다. 독자들도 그렇게 생각하는가? 다른 제약이 없다면 물건 가격이 높은 것보다는 저렴한 것이 좋을 것이다.

처음 디플레이션이 발생한 곳은 일본이다. 일본은 1990년대 버블경제가 붕괴되면서 물가가 하락하는 디플레이션을 경험하게 되었다. 당시만 해도 세계 경제학자들은 이것을 큰 문제로 받아들이지 않았다. 이유는 위에서 언급한 것과 같다. 하지만 디플레이션이 지속되면서 일본의 경기침체는 장기화로 접어들었다. 무엇이 문제였을까?

—— 일본의 디플레이션 공포

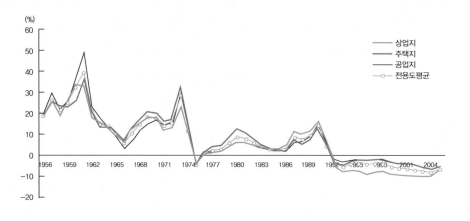

그림 6-9 | 일본의 부동산 가격지수 증가율 추이

출처: 일본 부동산연구소

　　일본은 소비자의 기대(expectation)를 간과하였다. 당장 재화의 가격이 하락하는 것은 재화를 구매하여야 하는 구매자에게는 분명 매력적인 조건이다. 하지만 당장 재화를 구매하지 않아도 되는 구매자라면 어떨까? 이런 경우 구매자는 재화에 대한 기대가격이 형성된다. 즉 지속적으로 물가가 하락하는 디플레이션이 발생하면 다음 달 혹은 내년에도 가격이 하락할 것이기 때문에 굳이 지금 재화를 구매하려 하지 않는다는 것이다. 예를 들어 독자들이 사고 싶은 노트북 가격이 200만원인데 지속적으로 가격이 하락하고 있다면 어떻게 하겠는가? 당장 노트북을 써야 한다면 모를까 그렇지 않다면 가격이 하락할 것을 알고 있는데 굳이 지금 가격에 노트북을 구매하려 하지 않을 것이다. 이렇게 구매가 지속적으로 연기되면서 소비가 위축되는 것이다. 이는 수요 감소로 나타나고 기업은 지속적으로 재화의 가격을 낮춤에도 불구하고 판매가 되지 않는 이상한 현상이 발생하는 것이다. 판매가 되지 않는 기업은 생산을 멈추게 되고 비용을 절감하기 위해 고용을 조절하게 된

지속적으로 가격이 하락할 것이란 소비자의 기대가 반영되면 소비가 줄어드는 현상이 발생한다.

다. 즉 GDP 감소와 실업이 발생하게 되는 것이다. 이와 더불어 수요 위축은 자산 가격 하락으로도 발생한다. 대표적으로 부동산 가격 하락이 발생하게 되는 것이다. 부동산 가격 하락은 가계와 은행의 부실을 가중시킴으로써 소비를 더욱 위축시키게 된다. 결국 인플레이션보다 무서운 디플레이션으로 경기가 장기침체에 빠지게 되는 것이다. 최근 우리나라도 0% 이하로 물가가 하락하며 디플레이션에 대한 우려가 있지만 디플레이션은 장기적인 소비자들의 기대가 형성되어야 하는 만큼 추가적인 확인이 필요하다.

그림 6-10 | 디플레이션 경로

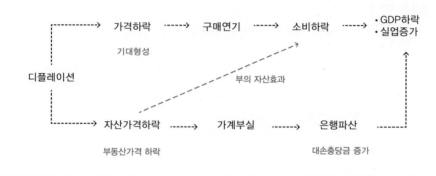

01 다음 그림은 경기순환모형을 나타낸 것이다. 각각의 괄호에 알맞은 답을 써 넣으시오.

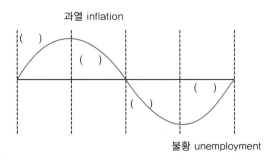

02 다음 설명 중 틀린 것은?

① 경기순환은 충격에 의해서 발생한다.

② 충격은 부정적인 의미이므로 경제에 충격이 발생하면 경기는 침체된다.

③ 음의 수요측 충격이 발생하면 수요가 위축되어 경기가 침체된다.

④ 최근 대표적인 음의 수요충격은 미국의 서브프라임 모기지 사태다.

⑤ 양의 수요측 충격은 경기를 호황으로 이끈다.

03 다음 중 수요측 충격과 경제적 효과가 잘못 연결된 것은?

① 예상치 못한 통화량 증가 - 경기과열을 야기하여 인플레이션 발생

② 예상치 못한 정치적 사건 - 총수요를 급격히 악화시켜 경기침체 가속화

③ 예상치 못한 통화량 감소 - 경기침체를 야기하여 실업 발생

④ 예상치 못한 금융기관 신뢰 상승 - 대출증가로 인해 자산버블 발생

⑤ 예상치 못한 생산성 향상 - 단위당 비용 상승으로 경기 호황 견인

04 미국의 서브프라임 모기지 사태에 해당하는 충격으로 바르게 묶은 것은?

a. 음의 통화 충격	b. 음의 금융기관 신뢰 충격
c. 음의 생산성 충격	d. 음의 정치적 충격

① a   ② a, b   ③ a, b, c   ④ a, c, d   ⑤ a, b, c, d

05 음의 수요충격이 발생하였을 경우 어떤 경제적 메커니즘을 따르는지 설명해 보시오.

06 우리나라는 세계경기 변동에 민감하다고 생각하는가? 그렇다고 생각하면 그에 대한 이유를 우리나라 주력 산업을 통해 설명해 보시오.

07 다음 표를 이용하여 실업률과 고용률을 계산해 보시오.

	15세 이상 인구	경제활동인구	취업자	실업자	비경제활동인구
최근 동향	43,200	28,425	27,121	1,304	14,775

08 실업률과 고용률 간의 차이를 설명하고, 우리나라 실업률이 과소평가된 이유에 대해서 설명해 보시오.

09 인플레이션에 대한 설명 중 틀린 것은?
① 소비자물가지수(CPI)로 측정한다.
② 인플레이션은 재화 혹은 서비스의 가격이 상승하였거나 화폐가치가 상승한 것을 의미한다.
③ 소비자물가지수는 2020년 100을 기준으로 작성된다.
④ 소비자물가지수는 460여개 품목을 바스켓으로 구성하여 가격변화를 측정한다.
⑤ 소비자물가지수를 측정하는 품목은 2~3년 주기로 변경된다.

10 다음 표를 이용하여 2022년 2월과 3월 전월대비 인플레이션율을 계산해 보시오.

기간	소비자물가지수(CPI)
2022.1	103.46
2022.2	104.26
2022.3	104.16
2022.4	104.30

11 수요견인으로 인한 인플레이션은 3% 이내일 경우, 경제에 큰 무리가 없다는 것이 일반적인 경제학자들의 의견이다. 하지만 3% 이상 빈번한 인플레이션은 경제적 비용을 발생시킴으로써 경제에 부정적인 영향을 줄 수 있다고 주장한다. 인플레이션으로 인한 대표적인 비용은 메뉴비용과 구두창비용이 있다. 각각의 비용에 대해서 예를 들어 설명해 보시오.

12 비용인상 인플레이션은 GDP에 부정적인 영향을 미침에 따라 실업을 발생시킨다고 알려져 있다. 이는 다음과 같은 경로를 따르기 때문이다. 괄호 안에 들어갈 내용을 채워보시오.

> 생산요소 가격 상승 → 비용 (   ) → 재화와 서비스 가격 (   ) → 소비위축 → 생산 (   ) → 재고상승, 고용 (   ) → GDP 감소

13 인플레이션으로 손실 혹은 이익을 보는 주체와 설명이 잘못 연결된 것은?
① 고정소득자 - 화폐가치 하락으로 손실 발생
② 공무원, 국민연금 소득자 - 인플레이션을 타깃하므로 손실 제한
③ 저축예금 저축자 - 화폐가치 하락으로 손실 발생
④ 채권자 - 상환 시 더 많은 자금을 받을 수 있으므로 이익
⑤ 채무자 - 상환 시 화폐 가치 하락으로 이익

14 인플레이션이 발생하면 채권자는 손해를 본다고 하였다. 그렇다면 실제로 은행은 손실을 보는가? 그렇지 않다는 것은 피셔효과를 통해 확인할 수 있다. 그렇다면 다음에 제시된 금리와 피셔효과를 이용하여 한국과 일본의 실질금리를 계산해 보고 그 차이점에 대해서 설명해 보시오.

> 한국 : 인플레이션율(3%), 명목정기예금금리(2%)
> 일본 : 인플레이션율(-0.4%), 명목정기예금금리(-0.1%)

15 물가가 일반적인 수준 이상으로 급격하게 오르는 현상을 무엇이라고 하는가?

① 하이퍼인플레이션   ② 스테그플레이션
③ 디스인플레이션   ④ 디플레이션
⑤ 인플레이션

16 일본은 1990년 버블경제 붕괴 이후 장기침체에 빠지게 되었다. 많은 경제학자들은 일본이 장기침체에 빠진 대표적인 이유를 디플레이션에서 찾고 있다. 사실 디플레이션은 재화와 서비스 가격이 하락하는 현상으로 민간소비를 증가시켜 경제에 긍정적인 영향을 줄 것으로 기대하기도 한다. 그렇다면 왜 일본은 디플레이션이 경제에 부정적인 영향을 미쳤는지 디플레이션 경로를 통해 설명해 보시오.

17 최근 우리나라도 0% 이하로 물가가 하락하는 모습을 보이며 디플레이션에 대한 논의가 있었다. 이에 대해 조사해 보고 최근 물가 하락의 주요 요인이 무엇인지 조사해 보시오.

CHAPTER

07

총수요-총공급
이론

단원을 시작하며

앞서 우리는 경기가 침체와 호황을 반복한다는 사실에 대해서 학습하였다. 또한 호황이 지속되어 경기가 과열되거나 침체의 골이 깊어 불황이 발생하게 되면 단기적으로 정부와 통화당국은 각각의 정책을 실시하여 이를 벗어나려 노력한다고 하였다. 그럼 정부와 통화당국은 무엇을 근거로 정책을 결정할까? 우리는 이번 단원에서 학습하게 될 총수요-총공급 모형을 통해 앞서 언급한 근거를 찾아볼 것이다.

1 | 총수요

우리는 앞서 개별재화의 수요와 공급이론을 통해 수요 및 시장수요에 대해서 배웠다. 또한 개별재화 수요는 가격이 오르면 감소하고 가격이 내리면 증가한다고 학습하였다. 총수요도 이와 크게 다르지 않다. **총수요**는 모든 경제주체가 주어진 물가수준에서 구매하고자 하는 총지출액(총산출=총소득)으로 정의할 수 있다. 개별재화와 다른 점은 가격이 물가로 정의된다는 점인데 앞서 설명한 바와 같이 물가는 모든 재화와 서비스의 가격을 가중 평균한 값으로 해석할 수 있다.

총수요곡선은 생산물시장의 균형(IS곡선)과 화폐시장의 균형(LM곡선)에 의해 도출되며 거시경제 창시자인 케인즈의 완성모형으로 힉스(1937년)에 의해 개발되었다. 생산물시장과 화폐시장 균형은 이자율과 국내총소득 간의 관계를 나타내며 이들이 어떤 형태로 총수요를 도출하는지 확인해 보도록 하자.

1 생산물시장 균형조건(IS곡선)

총수요를 결정하는 첫 번째 요소는 경제주체들의 구매의사이다. 즉 가계, 기업, 정부로 구성된 경제주체들이 해당 물가수준에서 얼마만큼의 구매의사가 있는지를 통해 총수요를 판단해 보는 것이다. 우리는 이를 생산물시장 균형조건을 통해 확인할 수 있다.

생산물시장 균형조건은 우리가 앞서 배운 3분면 개방경제모형을 생각하면 쉽게 이해할 수 있다. 3분면 개방경제모형은 경제주체인 가계, 기업, 정부가 생산물시장과 생산요소시장, 해외시장을 통해 재화와 서비스를 만들고 거래하는 시장모형을 말한다. 이를 통해 총수요는 $Y^D = C + I + G + NX$로 표현할 수 있다. 즉 생산물시장에서 총수요에 영향을 미치는 요소는 민간소비, 민간총투자, 정부지출, 순수출이라는 뜻이다. 총수요를 결정하는 각각의 요소들은 다음에 나오는 함수로 정의할 수 있다.

$$Y^D = C(Y-t) + I(r) + \overline{G} + NX(Y, Y^*, \frac{S}{P})$$

위의 식은 민간소비, 민간총투자, 정부지출, 순수출이 각각의 함수로 정의되며 함수에 포함된 요소들이 변동하면 총수요가 변화됨을 의미한다. 우선 민간소비는 가계의 가처분소득($Y-t$)에 함수로 가정한다. 가처분소득은 가계의 소득(Y)에서 세금(t)을 뺀 금액으로 일상생활에서 월급의 실수령액이라고 생각하면 쉽게 이해할 수 있다. 이는 가계의 소비 제원이 단순 소득이 아니라 세금을 제외하고 실제 통장에 입금되는 금액이라는 뜻이다. 따라서 민간소비는 가계의 소득이 증가하거나 세금이 감소하면 늘어난다. 이를 민간소비는 소득의 증가함수이고 세금에 감소함수라고 말한다. 다음으로 민간총투자는 이자율(r)에 함수로 가정한다. 보통 시장이자율이 상승하면 기업의 대출이자도 상승하므로 추가적인 투자가 부담스러워진다. 반면 시장이자율이 하락하면 대출 이자 역시 하락하므로 기업은 추가 투자를 적극 고려하게 된다. 따라서 민간총투자는 이자율이 감소함수로 정의한다. 정부지출은 외생적인[1] 것으로 간주한다. 정부지출을 외생적으로 간주하는 것은 정부지출의 변화가 어떤 변수에 의해 영향을 받는 것이 아니라 정부의 지출결정에 의해 집행되기 때문이다. 즉 추가적인 정부지출이 결정되면 국회승인을 받아 정부가 집행하면 정부지출이 결정되기 때문에 다른 경제지표에 의해 영향을 받지 않는다는 뜻이다. 마지막으로 순수출은 국내소득(Y)과 해외소득(Y^*), 실질환율($\frac{S}{P}$)의 함수로 정의한다. 우선 국내 가계의 소득이 증가할 경우, 소비가 늘게 되므로 수입이 증가할 것을 예상할 수 있다. 수입 증가는 순수출의 감소를 의미하므로 국내 소득은 순수출의 감소함수로 정의할 수 있

[1] 외생적
외생적이라는 말은 다른 변수들과 같이 외부적인 변수들에 의해 영향을 받지 않는다는 말이다. 예를 들어 민간총투자는 이자율의 함수로 이자율이 변동됨에 따라 민간총투자가 변화한다고 가정하였다. 하지만 정부지출에 영향을 주는 변수는 없다는 말이다.

다. 반면 해외 가계 소득이 증가할 경우, 해외 소비자들의 소비가 증가하게 되므로 국내 수출이 증가함을 예상해 볼 수 있다. 수출 증가는 순수출의 증가를 의미하므로 해외소득 증가는 순수출의 증가함수로 정의할 수 있다. 마지막으로 실질환율이다. 실질환율 상승은 국내 수출품의 가격경쟁력을 상승시키므로 수출에 긍정적인 영향을 준다.[2] 따라서 실질환율은 순수출의 증가함수로 정의할 수 있다. 이상 총수요에 영향을 미치는 요소들의 함수에 대해서 살펴보았으며 이를 다시 정리하면 다음과 같이 표현할 수 있다.

2
환율에 대한 정의는 뒤에 환율이해를 참조하길 바란다.

$$Y^D = C(Y^+ - t^-) + I(r^-) + \overline{G} + NX(Y^-, Y^{*+}, (\frac{S}{P})^+)$$

1) IS곡선의 도출

IS곡선은 평면상에 이자율(r)과 총수요(Y^D)[3]와의 관계를 나타내기 때문에 위의 요소 중 민간총투자에 의해서 곡선의 모양이 결정된다. IS곡선의 모양은 이자율이 하락하면 민간총투자가 증가하므로 총수요가 증가하기 때문에 〈그림 7-1〉과 같이 우하향하는 곡선으로 표현할 수 있다.

3
거시경제학에서 IS-LM곡선은 이자율과 총소득과의 관계를 나타낸다. 하지만 앞서 3면 등가의 법칙에서 총생산과 총지출, 총소득은 같다고 정의하였기 때문에 총소득을 총지출로 표현된 총수요로 정의해도 큰 무리는 없다. 이는 독자들의 이해를 돕기 위함이므로 보다 자세한 도출방법을 위해서는 거시경제학 서적을 참고하길 바란다.

그림 7-1 | **IS곡선의 도출**

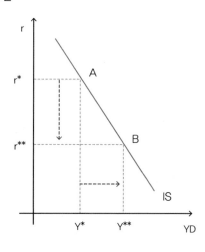

2) IS곡선의 이동

우리가 앞서 수요-공급 모형에서 배웠듯이 평면상에 표현되는 이외의 변수가 변동되면 그래프가 이동한다. 따라서 소득(Y)이 증가하거나 세금(t) 감소, 독립투자(I_0)[4] 증가, 정부지출(G) 증가, 해외소득(Y^*) 증가, 실질환율($\frac{S}{P}$)이 상승하면 총수요(Y^D)가 증가하므로 IS곡선이 우측으로 이동한다. 반면 소득(Y)이 감소하거나 세금(t) 증가, 독립투자(I_0) 감소, 정부지출(G) 감소, 실질환율($\frac{S}{P}$)이 하락하게 되면 총수요(Y^D)가 감소하므로 IS곡선은 좌측으로 이동하게 된다.

4 독립투자
독립투자는 이자율에 영향을 받지 않고 독립적으로 투자되는 절대투자를 말한다.

그림 7-2 | **IS곡선의 이동**

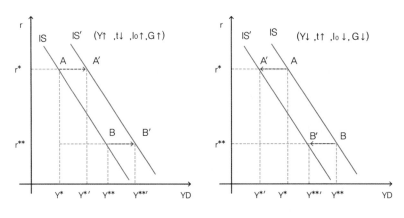

3) 환율과 환율용어에 대한 간단한 이해

세계 각 국가마다 일반적으로 고유의 통화를 사용한다. 한국은 원화, 미국은 달러, 일본은 엔화, 중국은 위안화 등 모두 다른 통화를 사용하고 있다. 가끔 유로존처럼 통화 단일화를 이룬 공동체는 유로화 같은 단일 통화를 쓰기도 하지만 대부분은 자국 고유통화를 사용한다. 따라서 각 국가의 재화와 서비스를 교환하기 위해서는 각 국가마다 사용하는 통화의 교환 비율이 존재하여야 한다. 이를 환율(exchange rate)이라고 하며 자국통화와 외국통화의 교환비율을 뜻한다. 보통 독자들은 달러당 몇 원이라고 기억하고 있을 것이다. 이는 1달러와 우리나라 화폐인 원화의 교환비율을 나타낸 것이다. 또한 독자들이 해외여행을 가봤다면 해당 국가에서 사용하는 화폐단위, 예를 들어 100엔당 몇 원으로 교환을 해본 경험이 있을 것이다. 이렇게 각 국가에서 사용하는 화폐와 국내 화폐인 원화와의 교환비율은 은행이나 포털사이트를 통해 실시간으로 검색해 볼 수 있다. 그렇다면 실제로 각 국가마다 원화와의 교환비율이 전부 존재하는 것일까? 실제로는 그렇지 않다. 보통의 경우에는 달러와 원화만이 직접교환비율이고 나머지 국가들의 화폐와는 크로스환율을 채택하고 있다. 예를 들어 1천원에 80엔의 환율은 1달러에 1천원의 교환비율과 1달러에 80엔의 크로스환율을 사용하여 나타낸 결과다. 대부분의 나라들이 달러와의 직접교환비율이 있기 때문에 원화와의 교환비율은 쉽게 구할 수 있으며 은행에서는 독자들이 계산하는 수고를 덜어주기 위해 이미 계산된 환율을 보여주는 것이다.

그렇다면 환율은 어떻게 결정될까? 우리나라를 포함해 대부분의 나라들이 자율변동환율제도를 채택하고 있으므로 환율도 수요와 공급의 원리에 의해서 결정된다. 예를 들어 글로벌 시장에 달러의 공급이 증가한다면 달러의 가치가 하락하고 상대적으로 자국의 화폐가치가 올라 환율이 하락하게 되는 것이다. 여기서 환율이 하락한다는 의미는 1,000원/달러에서 800원/달러으로 바뀐 것으로 예전에는 1달러를 구매하기 위해 1천원을 주어야 했지만 지금은 800원만 주면 살 수 있기 때문에 원화가치가 상승했다고 이야기 하는 것이다. 즉 원/달러 환율이 하락하였다는 말과 원화가치가 상승하였다는 말은 같은 뜻이다.

이를 통해 우리는 앞서 설명한 실질환율이 순수출에 미치는 영향을 설명할 수 있다. 즉 환율이 상승하였다는 말은 1,000원/달러에서 2,000원/달러가 되었다는 뜻이고 이는 원화가치가 하락하였다는 말과 같다. 이 경우 국내 가격이 1천원으로 1달러에 수출하던 재화를 0.5달러에 수출하면 되기 때문에 재화의 국제적인 가격경쟁력이 높아져 수출에 긍정적인 영향을 미치게 되는 것이다. 실제로 이웃국가인 일본은 장기침체를 벗어나기 위해 아베노믹스라는 양적완화(Quantitative Easing) 정책을 실시하였으며 그 결과 환율이 80엔/달러에서 120엔/달러로 50%나 상승하였다. 이로 인해 일본 수출기업, 특히 자동차 기업들의 국제적인 가격경쟁력이 상승하여 사상 최대 실적을 기록하기도 하였다.

그림 7-3 | 일본 엔/달러 환율 추이

출처: 한국은행

2 화폐시장 균형조건(LM곡선)

화폐시장 균형은 케인즈의 유동성 선호설에 입각한 이자율결정모형을 통해 도출된다. 따라서 케인즈의 유동성 선호설에 입각한 이자율결정모형을 먼저 확인하고 이를 통해서 LM곡선이 어떻게 도출되는지 확인해 보도록 하자.

1) 케인즈의 유동성 선호이론과 이자율 결정

케인즈는 가계가 화폐를 보유하고 있는 이유를 크게 3가지로 구분하였다. 첫 번째는 거래적 화폐수요이고 두 번째는 예비적 화폐수요, 마지막으로 투자적 화폐수요로 간주하였다. 우선 거래적 화폐수요는 가계가 재화와 서비스를 구매하기 위해서 일정부분 현금을 보유하고 있으며 예비적 화폐수요는 돌발 상황이 발생할 경우를 대비해서 소정의 현금을 보유하고 있다는 것이다. 최근에는 신용카드 등 화폐를 대신할 수 있는 수단이 활성화됨에 따라 현금을 소지하는 일이 많이 줄어들기는 했으나 밤늦은 시간 사고를 당했거나 지갑, 카드를 분실하였을 경우 현금이 필요함을 느낀다. 거래적 화폐수요와 예비적 화폐수요는 가계의 소득에 비례하기 때문에 명목소득의 증가함수($L(Y)$)로 가정한다. 즉 가계의 소득이 증가할 경우 거래적·예비적 화폐수요가 증가한다는 말이다.

마지막으로 투자적 화폐수요는 케인즈 화폐수요의 가장 중요한 요소로 가계는 시장이자율 변동에 따라 금융자산 투자를 결정하기 때문에 시장이자율 변동이 가계의 화폐수요를 결정한다는 것이다.[5] 예를 들어 시장이자율이 상승할 경우, 가계는 화폐를 소유하고 있는 것보다 높은 이자를 제시하는 은행 예금에 예치하는 것을 선호한다. 이는 가계가 소유하고 있는 화폐가 줄어든 것이기 때문에 화폐수요가 감소했다고 볼 수 있다. 반면 시장이자율이 하락할 경우, 가계는 은행에 예금하는 것보다 향후 금리가 오를 것에 대비하여 현금을 보유하고 있는 것이 나은 선택이라고 생각할 것이다. 이는 가계가 소유하고 있는 화폐가 늘어난 것으로 화폐수요가 증가했다고 볼 수 있다. 즉 시장이자율이 상승하면 가계의 화폐수요는 감소하고 시장이자율이 하락하면 화폐수요가 증가하여 이 둘 사이에는 역의 관계가 성립함을 확인할 수 있다.[6] 이를 함수로 표현하면 다음과 같이 쓸 수 있다.

$$\frac{M_d}{P} = L(Y) + L(r) = L(Y,r)$$

이를 시장이자율과 화폐수요 관계의 평면에 도식화하면 우하향 하는 화폐수요 그래프를 얻을 수 있다. 이는 앞서 설명한 바와 같이 시장이자율이 r^*에서 r^{**}로 상승할 경우, 가계는 현금을 보유하지 않고 은행에 예금하기 때문에 화폐수요가 M^*에서 M^{**}로 감소하고 반대로 시장이자율이 r^{***}로 하락할 경우, 가계는 은행에 예금을 하는 것보다 현금을 보유하고 있는 것이 향후 투자를 대비하기 위해 나은 선택이라고 생각하기 때문에 가계의 화폐수요는 M^{***}로 증가

5
케인즈의 화폐수요 함수와 대비되는 것이 고전학파적인 화폐수요이며 고전학파는 화폐수요의 목적을 단순 교환의 수단으로만 주장하였다.

6
실제로 케인즈 유동성 선호가설의 투자적 화폐수요 가정은 현금보유와 채권투자를 전제로 하고 있지만 독자들의 이해를 돕기 위해 예금으로 단순화 하였다. 자세한 내용을 확인하고 싶다면 저자의 『금융과 경제』를 참고하길 바란다.

그림 7-4 | **화폐수요와 시장이자율 그래프**

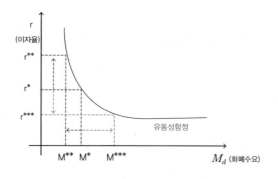

하게 되는 것이다.

케인즈의 유동성선호설에 입각한 화폐공급은 외생적으로 주어지는 것이기 때문에 수직으로 표현된다. 즉 화폐공급은 어떤 변수에 의해서 영향을 받는 것이 아니라 중앙은행이 통화공급을 늘리거나 줄이기로 결정하면 되는 것이기 때문이다.[7] 실세로 우리나라의 중앙은행은 한국은행으로 매월 열리는 금융통화위원회를 통해 기준금리를 결정하거나 공개시장조작을 통해 통화량을 조절한다. 이는 통화당국의 독립성을 보장하기 위해 어떤 외압도 용인되지 않으며 전적으로 금융통화위원회 7명의 위원에 의해서 결정되기 때문에 외생적으로 주어진다는 통화공급의 가정이 현실적임을 확인할 수 있다.

케인즈의 유동성 선호설에 입각한 화폐수요와 화폐공급에 대해서 확인해 봤으니 이제 화폐수요와 화폐공급이 만나는 화폐시장의 균형에 대해서 알아보도록 하자. 〈그림 7-5〉는 화폐수요와 화폐공급이 만나는 점에서 시장이자율이 결정되는 것을 보여주고 있다. 우하향 하는 화폐수요곡선과 수직인 화폐공급곡선이 만나는 점에서 시장이자율 r^*가 결정되는 것이다.

7
우리가 앞서 재화 시장에서도 정부 지출이 외생적으로 주어진다고 가정하였다. 이는 통화공급이 외생적인 이유와 같은 것이니 확인해 보길 바란다.

그림 7-5 | **케인즈 유동성선호설에 입각한 이자율 결정**

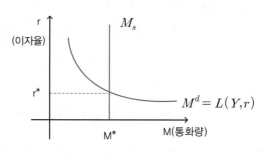

본 이론에 따르며 시장이자율은 외생적으로 주어지는 통화공급과 평면상에는 표현되지 않은 명목소득에 의해 결정된다고 볼 수 있다. 우선 외생적으로 주어지는 통화공급이 늘어날 경우, 통화공급곡선은 M_s에서 M_s'로 이동하게 된다. 이렇게 되면 화폐시장의 균형점은 A점에서 B점으로 이동하게 되고 시장이자율은 r^*에서 r^{**}로 하락하게 된다. 이는 직관적으로도 설명이 가능하며 시중에 돈이 많다는 것은 돈을 빌리려는 사람보다 돈을 빌려주려는 사람이 많다는 것을 의미한다. 따라서 돈을 빌리기 수월해 지고 돈을 빌려주는 사람들이 서로 경쟁

을 하다보면 자연스럽게 이자율이 하락하게 된다. 반면에 통화당국이 통화량을 흡수한다면 통화공급은 줄어들게 되고 시장이자율은 상승하게 된다.

다음으로 앞서 화폐수요 중 거래적·예비적 화폐수요는 명목소득의 증가함수로 가정하였다. 하지만 우리가 보고 있는 화폐시장 균형의 평면상에는 명목소득이 표현되어 있지 않으므로 명목소득의 증감은 화폐수요곡선의 이동으로 표현할 수 있다. 예를 들어 다른 조건이 동일할 때 가계의 명목소득이 Y에서 Y^*로 증가하다면 화폐수요곡선이 우측으로 이동함을 확인할 수 있다. 이 경우 시장이자율은 r^*에서 r^{**}로 상승하는 것을 확인할 수 있다.[8]

8
직관적으로 가계는 화폐수요를 늘리려 하나 시장에 공급된 화폐는 변화가 없기 때문에 가계가 화폐를 늘리기 위해서는 더 많은 금리를 제시해야 한다.

그림 7-6 | **통화공급 변경에 따른 시장이자율 변동**

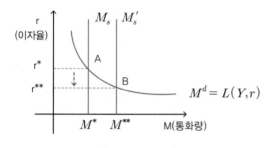

그림 7-7 | **명목소득 변경에 따른 시장이자율 변동**

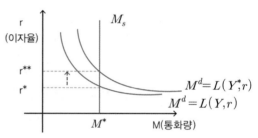

2) LM곡선 도출

LM곡선은 IS곡선과 같이 이자율과 총소득(총수요) 사이 관계를 평면상에 표현한 것이다. 화폐시장의 균형에서 이자율과 총소득 사이 관계는 화폐수요 함수 중 거래적·예비적 화폐수요에서 찾을 수 있다. 앞서 우리는 화폐시장 균형에서 명목소득이 증가할 경우 화폐수요곡선이 우측으로 이동하여 시장이자율이 상승함을 확인하였다. 따라서 〈그림 7-8〉과 같이 총소득이 증가함에 따라 이자율이 상승하는 LM곡선을 도출할 수 있다. 즉 LM곡선은 이자율과 총소득 사이에 우상향하는 곡선의 형태를 따른다.

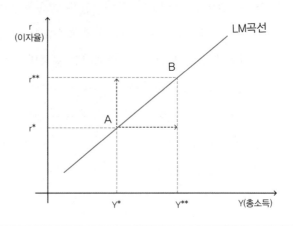

그림 7-8 | 화폐시장 균형과 LM곡선 도출

3) LM곡선의 이동

　　LM곡선의 이동은 이자율과 총소득 이외 변수가 변동되면 나타난다. 우선 통화량이 변동되면 LM곡선이 이동하게 된다. 화폐시장 균형에서 통화량의 증가는 시장이자율을 하락시킨다는 점을 확인하였다. 따라서 통화량이 M_1에서 M_2로 증가하게 되면 LM곡선은 LM'로 우측 이동하게 된다. 이동한 LM'에서는 동일한 총소득 Y^*에서 이자율이 r^{**}로 하락하였음을 확인할 수 있다. 정리하면 통화량 증가는 LM곡선을 우측으로 이동시키고 통화량 감소는 LM곡선을 좌측으로 이동시키는 것이다.

　　다음으로 LM곡선을 이동시키는 요인은 물가(P)를 들 수 있다. LM곡선의 화폐수요는 실질화폐수요($\frac{M}{P}$)임을 앞서 확인하였다. 따라서 물가 하락은 실질화폐수요[9]를 증가시키기 때문에 LM곡선을 우측으로 이동시킨다. 결국 물가 하락은 같은 이자율(r^*) 하에서 총소득이 Y^*에서 Y^{**}로 증가하는 효과가 나타나는 것이다. 실제로 우리는 인플레이션을 통해 명목소득이 동일하다면 물가 하락이 실질소득을 증가시키는 효과가 발생한다는 점을 확인하였다. 반면 물가가 상승하게 되면 실질화폐수요가 하락하기 때문에 LM곡선은 좌측으로 이동하게 된다.

[9] 실질화폐수요
실질화폐의 개념은 수량의 개념으로 명목화폐가 아무리 증가하여도 물가가 상승하면 실제 구매량은 줄어든다는 것을 우리는 인플레이션에서 확인하였다. 좀 더 자세한 사항은 앞서 배운 인플레이션을 확인하길 바란다.

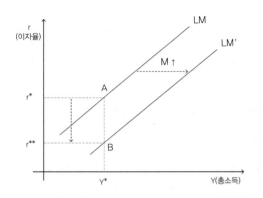

그림 7-9 │ **통화량과 LM곡선 이동**

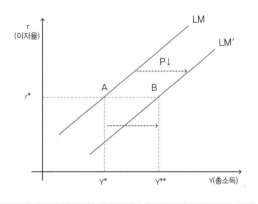

그림 7-10 │ **물가와 LM곡선 이동**

3 IS-LM곡선 균형

우리는 재화시장의 균형을 통해 IS곡선을 도출하였으며 화폐시장의 균형을
통해 LM곡선을 도출하였다. IS곡선은 이자율과 총수요(총소득) 사이에 우하향하
는 곡선을 따르고 LM곡선은 우상향하는 곡선을 따른다. 이는 우리가 앞서 배운
수요-공급의 곡선과 매우 흡사한 형태로 각각의 곡선 이동에 따라 시장이자율
과 총소득이 어떻게 변하는지 한 번 확인해 보도록 하자.

IS-LM곡선의 최초 균형은 두 곡선이 만나는 점인 A에서 균형이자율 r^*와
총소득(총수요) Y^*가 결정됨을 확인할 수 있다. 균형은 외부충격이 없는 한 계속
A점을 유지하려 하지만 외부충격이 발생하게 되면 각각의 곡선이 이동하여 새
로운 균형점에 도달하게 된다. 그렇다면 우선 IS곡선의 이동을 통해 균형점이
어떻게 이동하는지 간단하게 확인해 보도록 하자. IS곡선의 이동은 우리가 앞서
배운 것처럼 정부지출(G), 세금(t), 독립투자(I_0) 등의 변수가 변하게 되면 이동한
다.[10] 만약 정부지출이 증가하거나 세금 감소, 독립투자가 증가할 경우 IS곡선은
IS'와 같이 우측으로 이동하게 된다. 이런 경우, 균형점은 A점에서 B점으로 이동
하게 되는데 새로운 균형점에서는 이전보다 이자율이 상승하고($r^* \rightarrow r^{**}$) 총소득
(총수요)도 상승($Y^* \rightarrow Y^{**}$)한다. 이를 직관적으로 설명하면 정부지출의 증가는 정
부의 자금이 가계의 소득으로 이전되었음을 의미하는 것으로 해석할 수 있다.
따라서 총소득이 증가함을 나타내며 이자율이 상승한 것은 정부지출을 위해 민
간자금을 정부자금으로 흡수하는 과정에서 시중에 자금이 줄어들게 됨으로써

[10]
독자들의 이해를
돕기 위해 폐쇄모
형을 가정하자.

11
이런 이자율의 상
승은 투자를 위축
시켜 '구축효과'를
발생시키는데 이
는 우리가 다음에
배울 재정정책에
서 자세히 배울 것
이다.

나타난 현상이라고 볼 수 있다. 즉 민간자금이 줄어들게 됨에 따라 돈을 빌리기
가 어려워지며 이로 인해 이자율이 상승하는 것으로 이해하면 된다.[11]

다음으로 LM곡선의 이동이 균형점을 어떻게 이동시키는지 확인해 보도록
하자. LM곡선의 이동은 통화량과 물가에 의해서 영향을 받는다고 앞서 설명하
였다. 예를 들어 통화량이 증가하거나 물가가 하락하게 되면 LM곡선은 LM'와
같이 우측으로 이동하게 된다. 이 경우 균형점은 A점에서 B점으로 이동하게 되
고 새로운 균형점 B점은 이전 균형점에 비해 이자율은 하락($r^* \to r^{**}$)하게 되고
총소득(총수요)는 상승($Y^* \to Y^{**}$)하게 된다. 이는 직관적으로 통화량 증가로 인
해 시중에 유동성이 풍부하므로 돈을 빌리기 수월해 짐에 따라 이자율이 하락한
다는 것으로 이해할 수 있으며 통화량 증가에 따라 총수요(총소득)가 증가하는
것으로 해석해 볼 수 있다.

그림 7-11 | **IS곡선 이동에 따른 균형 이동**

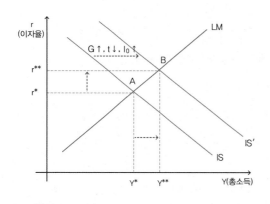

그림 7-12 | **LM곡선 이동에 따른 균형 이동**

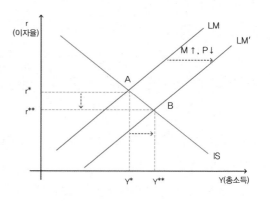

4 총수요(AD)곡선 도출 및 이동

총수요곡선은 물가와 총산출, 즉 총생산과의 관계를 평면상에 표현한 것이
다. 서두에도 설명했던 것처럼 정해진 물가수준 하에서 경제주체들이 얼마나 구
매할 수 있는지를 표현한 곡선이다. 독자들은 직관적으로 물가가 하락하면 총수
요가 증가하고 물가가 상승하면 총수요가 감소한다는 것을 알고 있을 것이다.
이를 IS-LM곡선을 통해 도출해 보도록 하자.

우선 IS-LM곡선상에 물가와 관련이 있는 변수는 LM곡선의 실질통화량

$(\frac{M}{P})$을 찾을 수 있다. 그렇다면 물가 상승 및 하락이 총소득에 어떻게 영향을 미치는지 상기해 보도록 하자. 물가 상승($P^* \rightarrow P^{**}$)은 실질통화량을 하락시켜 LM곡선을 좌측으로 이동시키고 이는 총소득을 감소시킨다. 즉 총소득이 $Y^* \rightarrow Y^{**}$로 하락함을 확인할 수 있다. 이를 총수요곡선으로 표현하면 물가가 P^*에서 P^{**}로 상승하게 되면 총생산[12]이 Y^*에서 Y^{**}로 하락하게 되므로 이를 연결하면 우하향하는 총수요(AD) 곡선을 얻게 된다.

12
3면 등가의 법칙 (소득=총생산=총지출)에 따라 IS-LM곡선 상의 총소득은 총수요(AD)-총공급(AS)상의 총생산으로 표현할 수 있다.

그림 7-13 | IS-LM곡선을 통한 AD곡선 도출

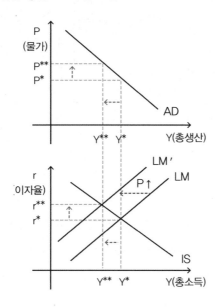

물가(P)와 총생산(Y) 사이에서 우하향하는 총수요곡선은 물가와 총생산 이외 변수가 변동하면 이동하게 된다. 우선 IS곡선의 이동 요인인 정부지출(G), 세금(t), 독립투자(I_0), 실질환율($\frac{S}{P}$) 등이 변하거나 LM곡선의 이동 요인인 통화량(M)이 변하면 총수요곡선은 이동한다. 예를 들어 〈그림 7-14〉와 같이 정부지출 증가, 세금 감소, 독립투자 증가, 실질환율이 상승하면 IS곡선이 우측으로 이동하며 같은 크기만큼 총수요곡선이 우측으로 이동하게 된다. 그리고 통화량이 증가하게 되면 LM곡선이 우측으로 이동하고 같은 크기만큼 총수요곡선이 우측으로 이동하게 되는 것이다.

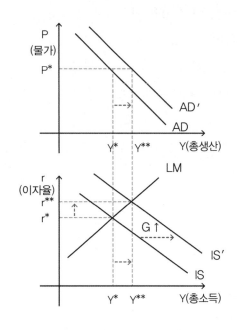

그림 7-14 | IS곡선 이동에 따른 AD곡선 이동

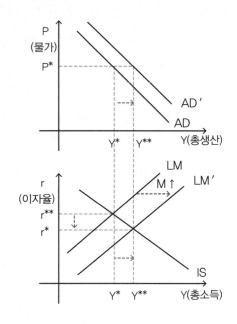

그림 7-15 | LM곡선 이동에 따른 AD곡선 이동

▌이외에 총수요곡선을 이동시키는 요인

앞서 설명한 요소들 이외에도 소비를 통해 총수요에 영향을 미치는 몇몇 요소들이 있다. 우선 소비를 통해 총수요에 영향을 미치는 요소는 가계의 자산을 들 수 있다. 보편적으로 자산가치가 상승하면 소비가 증가할 것으로 기대하며 이를 **자산효과**(wealth effect)라고 부른다. 예를 들어 독자들이 아파트를 구매했는데 1년만에 아파트 가격이 2배로 올랐다면 어떤 생각이 들겠는가? 아마도 갑자기 부자가 되었다는 생각이 들 것이다. 실제로 아파트를 매도해서 수익이 실현되지 않았는데도 말이다. 부자가 되었다고 느낀 독자들은 친구들에게 밥을 살수도 있고, 사고 싶었던 재화나 즐기고 싶었던 서비스를 제공 받을 수도 있다. 즉 자산 가격 상승이 소비 증가로 이어질 수 있는 것이다. 그럼 실제로 자산 가격 상승은 소비 증가로 이어질까? 실증연구 결과에 따르면 부동산자산 가격 상승은 소비 증가로 연결되는 것으로 나타났으나[13] 금융자산 가격 상승은 소비 증가에 큰 영향을 미치지 못하는 것으로 나타났다. 다음으로 소비를 통해 총수요에 영향을 미치는 요소는 가계부채를 들 수 있다. 가계부채, 즉 차입은 가계로 하여금 유동성 제약을 완화시켜주는 역할을 함으로써 이론적으로는 가계의 효용을

13
최남진·주동헌
(2016) 연구결과
참고.

증가시킨다고 알려져 있다. 만약 차입이 없다면 가계는 보유자금 안에서만 소비를 선택할 수 있기 때문에 소비가 보유 현금으로 제한된다. 하지만 사람마다 각자 개성이 다르듯이 소비에 대한 성향도 모두 다르기 때문에 현재 소비를 통한 만족감이 높은 사람은 미래에 기대되는 소득을 현재로 이전시켜 소비할 경우 만족감을 극대화 시킬 수 있다. 이를 차입, 즉 대출이라고 하는 것이다. 이처럼 가계부채는 가계의 현금자산을 증가시키므로 소비가 증가할 수 있는 경로를 따를 수 있다. 다만, 현재 우리나라와 같이 가계부채가 크게 증가한 경우(더욱이 가계부채의 대부분이 현금 자산 증가로 이어지는 것이 아니라 부동산 대출 증가로 이어진 경우) 시장이자율이 조금만 상승하여도 대출상환 이자금액이 증가하기 때문에 오히려 소비여력이 하락할 수도 있다.

그림 7-16 | **국내 가계부채 증가 추이**

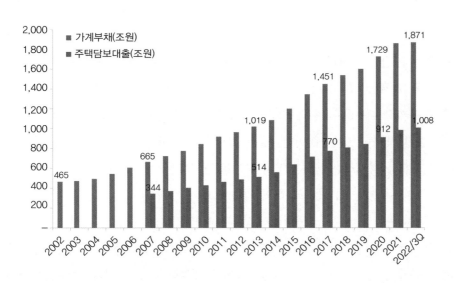

* 국내 가계부채는 급격한 증가세를 보이며 2022년 3분기 기준 1,871조원을 넘어서고 있다. 특히 우리나라는 주요 선진국에 비해 GDP대비 가계부채 비율이 매우 높다. 실제로 2021년 기준 우리나라 GDP 대비 가계부채 비율은 105.1%로 OECD 평균인 64.9%에 비해 매우 높게 나타났다. 우리나라보다 GDP대비 가계부채 비율이 높은 나라는 스위스, 호주, 캐나다 등 3개국에 불과하다.
출처: 한국은행

2 | 총공급

총공급(Aggregate supply)은 주어진 물가수준에서 기업이 판매하고자 하는 총생산량을 의미한다. 보통 거시경제 이론에서는 노동시장과 총생산함수를 이용하여 도출하지만 본서는 전통적인 경제 이론보다 직관적인 관점에서 총공급곡선을 도출해 보고자 한다.[14]

총공급곡선은 생산물이나 생산요소의 가격이 얼마나 신축적으로 변하는지에 따라서 초단기, 단기, 장기로 구분할 수 있다. 여기서 초단기, 단기, 장기는 특정한 기간을 나타내는 것이 아님을 독자들은 유의하기 바란다.

14
거시경제 이론을 통한 총공급곡선 도출은 고전학파의 경우 물가가 완전 신축적이어서 물가 변동이 총생산에 영향을 주지 못함(비탄력적인 총공급곡선)을 가정하며, 케인즈학파의 경우 생산물 및 생산요소 등의 가격 경직성이 존재하여 물가 변동 없이도 총생산이 증가(탄력적인 총공급곡선)할 수 있음을 가정하였다.

1 초단기 총공급곡선

초단기 가정은 기간이 너무 짧아서 생산물 가격 및 생산요소 가격이 변동될 수 없는 기간을 말한다. 실제로 기업들은 제품이 출시되면 팜플렛, 광고 등을 통해 제품 가격을 공지하며 이는 상당한 마케팅 비용이 소요된다. 결국 단기적으로는 마케팅 비용을 감수하면서까지 제품 가격을 변동시키지 않겠다는 기업의 의도를 내포하고 있는 것이다. 생산요소 가격도 마찬가지다. 생산요소에 가장 많은 부분을 차지하는 노동계약은 장기로 계약되는 것이 일반적이다. 예를 들어 외부적인 수요충격이 왔다고 하여 기업 오너가 당장 새로운 임금계약서 작성을 요구하지 못한다. 이는 노동법에서도 명시하고 있다. 노동계약과 더불어 부품계약도 대부분은 장기계약에 속한다. 보통 소비재(완제품)를 생산하는 기업들은 원활한 부품 납입을 위해 부품업체와 장기로 계약하는 것이 일반적이다. 이 역시 노동계약과 마찬가지로 수요측에 부정적인 충격이 발생하였다고 하여 즉시 변경할 수 있는 사항이 아니다.

이런 경우, 총공급곡선은 완전히 탄력적(수평)인 상태가 된다. 즉 총수요가 어떻게 변동하던 간에 가격은 P^*에 고정되어 있다는 뜻이다. 이를 해석하면 총수요가 변동한다면 기업은 가격 변동 없이 생산량 조절을 통해 이를 해결한다는 것이다. 즉 총수요가 단기에 증가하면 가격은 P^*에서 변동되지 않으며 총산출량만 총수요 변화만큼 증가한다. 이는 기업이 총수요에 맞춰 유휴설비를 가동하거나 잔업 등의 증가를 통해 생산량을 맞춘다는 의미다. 이를 케인즈의 총공급 곡선이라고 한다.

2 단기 총공급곡선

단기의 가정은 생산물의 가격은 변동되지만 생산요소의 가격은 고정되어 있는 기간을 의미한다. 즉 외부 수요충격에 의해 생산물의 가격은 충분히 변동 될 수 있는 시간이 존재하지만 노동 및 부품 계약과 같은 생산요소의 가격 변동 까지는 일어날 수 없는 기간이다. 이런 경우에는 총공급곡선이 어떤 모습을 보 일까? 우리는 다음과 같은 간단한 가정을 통해 이를 이해할 수 있다. 비타민 드 링크를 생산하는 기업에 10명이 고용되어 있고 이들은 한 사람당 8천원의 인건 비를 받고 있다고 가정해 보자. 그리고 비타민 드링크는 1병에 1천원이며 100병 이 판매되었다고 해보자. 그렇다면 이 기업의 이윤은 얼마일까? 우선 이 기업의 총매출액은 10만원(1,000원×100병)이 될 것이다. 그리고 비용은 인건비인 8만원 (8,000원×10명)이 들었기 때문에 이윤은 2만원이 됨을 알 수 있다. 이때 물가가 올라 비타민 드링크 가격이 2천원이 되었다고 가정해 보자. 하지만 생산요소의 가격은 변동되지 않았다면 이 기업의 이윤은 어떻게 변할까? 우선 인건비는 장 기임금계약으로 인해 단기에는 변화가 없다. 따라서 비용인 8만원은 변화가 없 다. 반면 제품의 가격이 올랐기 때문에 총매출액에는 변화가 발생한다. 이를 계 산하면 20만원(2,000원×100병)이 된다. 따라서 이윤은 20만원에서 비용인 8만원 을 차감한 12만원이 된다. 여기서 끝은 아니다. 물가가 2배 올랐기 때문에 실질 이윤은 6만원($\frac{12만원}{2}$)이 된다.

정리하면, 단기로 정의되는 생산물의 가격만 변동되는 기간에 물가가 상승 할 경우, 기업 이윤이 증가(2만원→6만원)한다. 이는 우리가 수요-공급곡선에서 공급곡선이 도출될 때 개별기업의 공급곡선이 우상향하는 이유와 같다. 즉 물가 가 상승할 때 기업들의 이윤이 증가하기 때문에 총산출량을 늘린다는 것이다. 따라서 단기의 총공급곡선은 우상향하는 기울기를 갖는다. 이를 단기 총공급곡 선의 창시자이자 경제학자인 루카스(Robert Lucas)의 이름을 따서 루카스의 **총공 급곡선**이라고 부르며 현대의 총공급곡선이라고도 부른다.

▌단기 총공급곡선 기울기가 완전고용 총산출량을 기점으로 다른 이유

〈그림 7-17〉에서와 같이 단기 총공급곡선의 기울기가 완전고용 총산출량 (Q_f)을 기준으로 왼쪽은 완만하고 오른쪽은 가파르다는 것을 확인할 수 있다. 이렇게 기울기가 다른 이유는 완전고용, 즉 잠재GDP 때문이다. 우리는 앞서 완전고용이 마찰적 실업과 구조적 실업만 존재하고 경기적 실업은 없는 상태라고 배웠다. 또한 완전고용은 잠재적 GDP와 같은 의미로 잠재적 GDP는 현재 한 국가가 가지고 있는 모든 노동력과 자원, 생산설비 등을 총 가동하였을 때 달성할 수 있는 성장률이라고 설명하였다.

따라서 완전고용 총산출량(Q_f) 이전에 물가가 상승하면 기업 이윤이 증가하기 때문에 유휴설비나 실업상태에 있는 노동자들을 고용하여 생산량을 빠르게 증가시킬 수 있다. 즉 물가가 P_2에서 P_1으로 조금만 상승하여도 총산출량은 Q_1에서 Q_f로 크게 증가한다. 반면 완전고용 총산출량(Q_f) 이후에 물가가 상승하면 기업은 이윤이 증가한다는 사실을 알고 있지만 이미 모든 생산설비가 가동되고, 고용도 완전고용 상태이기 때문에 추가적인 인력채용이나 설비투자가 쉽지 않다. 따라서 물가가 P_1에서 P_3로 이전과 같이 상승하여도 총산출량은 Q_f에서 Q_2로 거의 늘지 않는 것이다.

그림 7-17 | **단기 총공급곡선과 기울기**

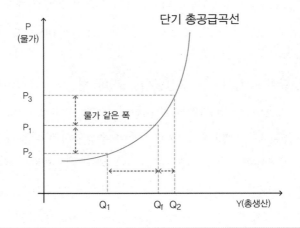

3 장기 총공급곡선

　　장기의 가정은 생산물의 가격은 물론 생산요소의 가격도 변경될 수 있는 충분한 기간을 의미한다. 즉 외부적인 수요충격에 의해 생산물 가격이 변동되고 생산물 가격 변동에 따라 임금계약이나 부품계약의 가격까지도 변경될 수 있는 기간을 말한다. 이는 앞서 설명한 단기 총공급곡선의 가정을 통해 쉽게 유추해 볼수 있다. 앞선 비타민 드링크 회사의 가정에서 생산물의 가격과 생산요소의 가격이 모두 2배 올랐다면 이윤은 어떻게 변할까? 우선 총매출은 앞선 가정과 같이 비타민 드링크 가격이 2배로 올라 2천원이 되었으므로 20만원(2,000원×100병)이 될 것이다. 또한 생산요소 가격인 인건비도 2배로 올랐으므로 비용은 16만원(16,000원×10명)이 될 것이다. 따라서 이윤은 4만원이 되고 물가가 2배 올랐으므로 실질이윤은 2만원($\frac{4만원}{2}$)이 된다. 결국 생산물과 생산요소의 가격이 신축적으로 움직이게 되면 이윤의 변화가 없기 때문에 기업들은 추가 생산을 할 요인이 없어진다.

　　따라서 장기에는 총공급곡선이 비탄력적(수직)인 모양을 나타내게 된다. 총공급곡선이 수직이라는 의미는 총수요가 아무리 변하더라도 기업들은 총산출량을 늘릴 요인이 없기 때문에 총산출량에는 변화가 없고 물가만 변동됨을 의미한다. 이를 고전학파적 총공급곡선이라고 부르며 고전학파는 물가가 신축적이어서 시장은 항상 완전고용 총산출량에 머물러 있다고 주장하였다.

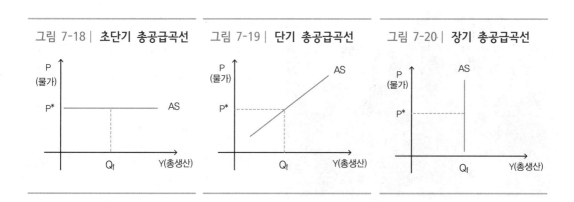

그림 7-18 | **초단기 총공급곡선**　　그림 7-19 | **단기 총공급곡선**　　그림 7-20 | **장기 총공급곡선**

4 총공급곡선의 이동

총수요곡선과 같이 총공급곡선도 물가와 총산출량 이외의 요소가 변하면 좌우로 이동하게 된다. 우리는 앞서 개별 재화의 수요-공급곡선에서 공급곡선 이동이 비용과 관련되어 있다는 사실을 확인하였다. 총공급곡선 역시 개별기업들의 합계이므로 근본적인 요소는 다르지 않다. 즉 비용을 증가시키는 요소로 작용하면 기업 이윤이 감소하므로 생산량을 줄이게 되어 총공급곡선이 좌측으로 이동한다. 반면 비용을 감소시키는 요소로 작용하면 기업 이윤이 증가하므로 생산량을 늘려 총공급곡선이 우측으로 이동하게 된다.

총공급곡선을 이동시키는 첫 번째 요인은 생산요소 가격 변화를 들 수 있다. 생산요소는 개방경제모형에서 국내외 모두를 포함한다. 예를 들어 임금이 낮은 외국인 노동자들의 유입은 평균 노동비용을 하락시키므로 총공급곡선을 우측으로 이동시키게 된다. 또한 기계설비 가격 등이 상승하면 비용이 증가하므로 총공급곡선은 좌측으로 이동하게 된다. 다음으로 수입생산요소를 들 수 있으며 이에 대표적인 사례는 원유 가격이다. 원유의 가격은 대부분 사업에 직·간접적으로 영향을 주기 때문에 원유 가격 상승은 각 사업의 생산비용을 상승시켜 총공급곡선을 좌측으로 이동시킨다. 이어서 생산성을 들 수 있다. 독자들은 굳이 경제학을 배우지 않았어도 생산성이 향상되면 경기가 좋아질 것이라는 것을 직감적으로 알 수 있을 것이다. 즉 생산성이 높아졌다는 의미는 같은 생산요소를 투입하여 더 많은 산출량을 만들어 냈거나 같은 산출량을 만들기 위해 투입되는 생산요소가 줄었다는 것을 뜻한다. 이를 비용측면에서 설명하면 아래 식과 같이 표현할 수 있으며 생산성이 증가했다는 것은 단위당 생산비용이 하락했음을 의미하므로 총공급곡선이 우측으로 이동함을 알 수 있다.

외국인 근로자

우리나라도 저임금 외국인 근로자들이 증가하는 추세를 보이고 있다.

$$생산성↑ = 단위당 생산비용↓ = \frac{총생산요소비용}{총산출량}$$

마지막으로 해당 국가의 법제도적 환경에 따라 세금이 높거나 정부규제가 강할 경우 추가적인 비용이 상승하므로 총공급곡선은 좌측으로 이동한다.

그림 7-21 | **원유 가격 지수 변동 추이**

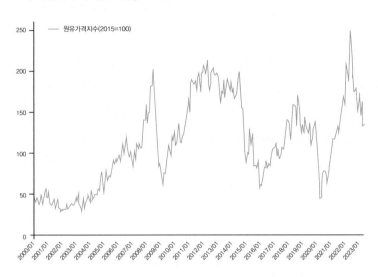

* 원유는 대부분의 산업에 주요 생산요소 중 하나로 원유 가격 변동은 총공급곡선에 영향을 준다.
출처: 한국은행

3 | 총수요-총공급 균형(단기 균형)

총수요곡선과 총공급곡선이 만나는 점에서 단기 거시 균형점이 형성된다. 단기 거시 균형점은 〈그림 7-22〉 A점에 해당하며 P^* 는 단기 균형점에서의 물가를 나타내고 Y^* 는 단기 균형점에서 총생산(GDP)을 나타낸다.

만약 외부충격에 의해 물가가 P^{**} 로 하락하게 되면 어떤 현상이 발생할까? 우리는 이미 수요-공급 균형에서 이를 살펴보았다. 그럼 수요-공급 균형을 상기하며 다시 한 번 확인해 보도록 하자. 물가가 하락하게 되면 총수요를 구성하는 경제주체들은 더 많은 재화와 서비스를 시장에서 구매하려 할 것이다. 이는 세로축과 b점 사이의 거리로 나타낼 수 있다. 반면 물가가 하락하면 단기에 기업들은 이익이 감소하므로 공급을 줄이려 할 것이다. 이는 세로축과 a점 사이 거리로 나타난다. 결국 물가가 하락하면 a점과 b점 사이의 거리만큼 초과수요 상태가 발생하게 된다. 즉 구매하려는 주체는 많은데 공급하려는 기업은 적은 상태가 발생하는 것이다. 우리는 이를 수요-공급 균형에서 가격 상승으로 확인하였다. 이런 현상이 총수요-총공급에서는 물가 상승으로 나타나며, 거시경제에서 물가가 상승하는 것을 인플레이션이라고 정의하기 때문에 이를 인플레이션 갭이라고 부른다.

　반면에 외부충격에 의해 물가가 P^{***}로 상승하게 되면 어떻게 될까? 그렇다. 총수요를 구성하는 경제주체는 구매를 줄이게 될 것이고 공급하려는 기업은 이윤이 증가하므로 더 많은 재화를 공급하려 할 것이다. 이는 초과공급으로 나타나며 결국 물가가 하락하여 균형점으로 회귀할 것이다. 이렇게 물가가 하락하는 현상을 거시경제에서는 디플레이션이라고 정의하기 때문에 디플레이션 갭이라고 부른다.

그림 7-22 | **총수요-총공급의 단기 균형, 인플레이션 갭, 디플레이션 갭**

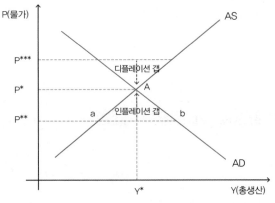

1 총수요-총공급 모형을 통한 수요견인 인플레이션

　앞 단원에서 우리는 인플레이션이 발생하는 두 가지 유형에 대해서 학습하였다. 하나는 수요견인으로 인한 인플레이션이고 다른 하나는 비용인상, 즉 공급측 요인에 의한 인플레이션이었다. 우리는 이를 총수요-총공급 모형을 통해 확인해 보고자 한다.

우선 수요견인 인플레이션은 현재 경제가 완전고용인 상태에서 정부지출 증가, 독립투자 증가, 중앙은행의 과도한 화폐발행 등으로 총수요가 증가할 경우 발생한다고 하였다. 이는 이론적으로 완전고용 수준의 경제 상황이기 때문에 생산을 추가적으로 늘리기 쉽지 않은 상황에서 시장에 유동성(현금)이 과도하게 공급되어 나타나는 현상이라고 하였다. 그렇다면 총수요-총공급을 통해 해당 경로를 확인해 보자.

우선 〈그림 7-23〉과 같이 최초의 균형점은 A점으로 물가는 P^*, 총생산은 Y^*(완전고용)에서 결정된다. 그러나 위에서 언급한 것과 같은 이유로 총수요가 증가하게 되면 총수요곡선은 AD'와 같이 우측으로 이동하게 된다. 이럴 경우 균형점은 A점에서 B점으로 이동하게 되는데 새로운 균형점에서는 물가가 상승(P^{**})하고 총생산이 증가(Y^{**})한 것을 확인할 수 있다. 즉 수요측 요인으로 인한 인플레이션은 총생산을 같이 증가시킨다는 점을 확인할 수 있다. 역으로 완전고용 수준의 GDP보다 실제 GDP가 더 많이 성장하게 되면 인플레이션이 발생한다.[15] 즉 실제GDP(Y^{**})가 잠재GDP[16](Y^*)보다 크기 때문에 양의 갭이 발생하며, 이때 인플레이션이 발생하는 것이다.

[15] GDP gap
GDP gap은 실질 GDP에서 잠재 GDP를 차감한 것으로(GDP gap=실제 GDP— 잠재GDP) 양 (positive)의 GDP gap에서는 인플레이션이 발생하고 음(negative)의 GDP gap에서는 실업이 발생한다.

[16] 잠재GDP
완전고용과 잠재 GDP는 같은 용어로 사용한다고 앞서 학습하였다.

그림 7-23 | **수요견인 인플레이션**

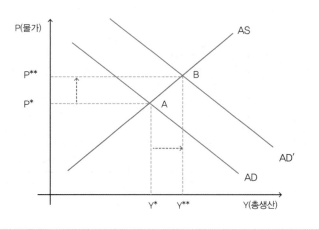

2 총수요-총공급 모형을 통한 비용인상 인플레이션

다음으로 두 번째 인플레이션 발생 요인인 비용인상(공급측) 인플레이션을 총수요-총공급 모형 경로를 통해 확인해 보도록 하자. 앞서 우리는 비용인상 인플레이션이 발생하게 되면 이론적으로 실물경제에 부정적인 영향을 준다는 사실을 확인하였다. 즉 생산요소비용이 상승하게 되면 기업은 손실을 줄이기 위해 재화의 가격에 비용을 전가시키게 되고 이때 인플레이션이 발생하게 된다고 하였다. 더욱이 이렇게 물가가 상승하게 되면 경제주체는 소비를 줄이게 되고 이는 총생산 감소로 이어져 결국 실업이 발생하게 된다고 학습하였다.

이를 〈그림 7-24〉 총수요-총공급 모형을 통해 확인해 보자. 우선 최초 균형점은 A점으로 물가는 P^*, 총생산(GDP)은 Y^*에 형성되어 있다. 이때 비용인상 충격이 발생하게 되면 총공급곡선은 좌측으로 이동하여 AS'로 옮겨지게 된다. 이 경우 균형점은 A점에서 B점으로 이동하게 되고 새로운 균형점에서는 물가가 상승(P^{**})했음을 확인할 수 있다. 더욱이 총생산 역시 Y^{**}로 감소했음을 확인할 수 있다. 이는 앞서와 같이 GDP 갭을 통해 경제적 현상을 확인해 볼 수 있으며 실질GDP(Y^{**})가 잠재GDP(Y^*)보다 작기 때문에 음의 GDP 갭이 발생하여 실업이 발생하였음을 확인해 볼 수 있다.

그림 7-24 | 비용인상 인플레이션

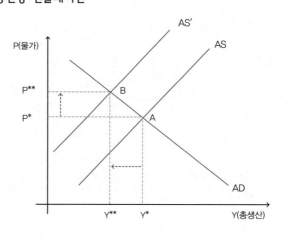

3 물가의 하방경직성(케인즈 모형)

앞서 총수요-총공급 모형을 통해 음의 수요충격이 발생할 경우 총수요곡선이 좌측으로 이동하여 물가가 하락하고 GDP가 감소할 것을 확인할 수 있었다. 이는 실제로 2008년 미국의 서브프라임 모기지 사태로 촉발한 글로벌 금융위기가 국내 총수요를 감소시켜 GDP가 하락하는 과정을 통해 확인할 수 있다. 이 과정에서 총수요의 감소는 소비 감소, 기업의 매출 감소로 이어진다. 하지만 기업이 재화의 가격을 내린다면 매출 감소폭을 웬만큼 줄일 수 있고 이는 소비 감소폭도 줄일 수 있으므로 GDP가 크게 하락하는 것을 막을 수 있다. 하지만 재화의 가격, 즉 물가가 하락하지 않는다면 어떤 현상이 발생할까? 케인즈는 실제로 단기에 물가가 하락하지 않는 **물가의 하방경직성**을 갖는다고 주장하였다. 이런 이론적 가설은 터무니없는 것일까? 실제로 물가가 하락한 적이 없을까? 케인즈 모형에서 물가가 하방 경직적인 이유를 다음 5가지로 설명하였다.

1) 메뉴비용

만약 수요 감소 충격으로 인한 가격 하락이 단기에 그칠 것이라고 기업이 예상한 경우, 기업은 가격을 수정하는 비용을 고려하여 생산물의 가격을 변경시키지 않는다. 메뉴비용은 우리가 인플레이션 단원에서 확인한 바와 같이 빈번하게 가격이 오를 경우 메뉴 가격을 지속적으로 변경하는데 따른 비용에 해당한다. 과거에는 이런 메뉴 가격을 고치는 것이 시간과 노력을 요하는 것이었기 때문에 비용을 발생시켰지만 현대는 첨단화

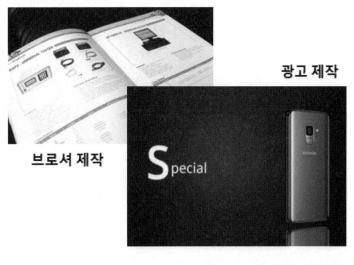

광고 제작

브로셔 제작

Special

━━━ 메뉴비용과 마케팅비용

최근에 메뉴비용은 마케팅비용으로 대변되며 잦은 비용인상은 새로운 브로셔 제작 및 광고 제작 비용을 상승시켜 기업에 부담을 주게 된다.

된 장비들로 가격 조정에 대한 비용이 크게 발생하지 않는다. 하지만 현대 기업들은 신규 재화를 생산하게 되면 이를 판매하기 위해 브로셔를 제작하고 광고 등을 촬영한다. 이는 재화를 잘 팔아서 수익을 극대화하기 위한 방법이다. 하지만 만약 가격이 빈번하게 변경된다면 어떨까? 매번 브로셔를 새로 만들어야 하고 광고도 새로 찍어야 한다. 이런 비용은 독자들이 생각하는 것보다 훨씬 많을 수 있다. 따라서 현대의 메뉴비용은 마케팅비용으로 해석할 수 있으며 마케팅비용이 상당히 많이 발생하기 때문에 단기에 가격 조정을 하지 않는다는 것이다.

2) 가격전쟁으로 인한 수익 감소

기업들은 가격 하락이 단기에 그칠 것이라고 판단한 경우, 서로 간에 이익이 감소할 수 있는 가격전쟁을 피한다. 예를 들어 A기업이 시장 점유율 확대를 위해 재화의 가격을 10% 인하하였다고 가정해 보자. 그럼 경쟁 기업 B는 고객을 A기업에 빼앗길까 두려워 가격을 20% 인하할 것이다. 이에 A기업 역시 같은 이유로 가격을 30% 인하하고 계속해서 기업 A, B 사이에 가격인하가 지속되면 A, B기업 모두 손실을 보게 된다.[17] 실제로 미국 시리얼 업체들 간에 가격전쟁으로 모든 기업에서 손실이 발생한 사례가 있으며, 컴퓨터 역시 보급이 확대됨에 따라 기존 업체와 신규 업체 간 가격전쟁을 통해 많은 기업들이 도산한 사례가 있다. 따라서 기업들은 가격전쟁으로 인한 손실보다 가격을 유지하며 생산량을 줄이고 고용을 감축하는 방법을 통해 수요 감소에 대응하는 방법을 택한다는 것이다.

17
기업 간의 가격 전쟁으로 소비자는 이익을 얻을 수 있다.

3) 임금 등 장기계약

기업들은 장기계약에 의한 비용문제를 해결할 수 없기 때문에 재화의 가격을 내리지 않는다. 대표적인 사례가 임금계약이다. 임금계약은 대표적인 장기계약으로 노동근로법에 의해 법적으로 보호를 받기 때문에 임의로 조정할 수 없다. 즉 총수요가 감소하여 기업 매출이 줄었다고 한들 당장 근로자들의 임금을 줄일 수 없다는 말이다. 이 경우 생산요소비용이 줄지 않기 때문에 재화의 가격을 내리기 어렵다는 것이다. 장기계약에는 임금계약 이외에 중간재 부품계약도 있다. 대부분의 소비재(완제품)를 생산하는 기업들은 원자재나 중간재 부품 등을 구매하여 완제품을 생산한다. 이때 기업은 원활한 원자재 혹은 중간재를 납품 받기 위해 장기계약을 체결하는 경우가 많다. 하지만 앞서 언급한 바와 같이 기업 매출이 감소하더라도 장기계약 특성을 가진 중간재 구매계약 역시 바로 변경이 불가능하다. 따라서 생산요소비용을 줄일 수 없으므로 기업은 재화의 가격을 인하하지 않는다는 것이다.[18]

4) 근로의욕 저하로 인한 생산성 하락

기업들은 만약 임금조정이 가능하다고 하더라도 실제로 임금을 하락시키기 어렵다고 한다. 앞서 임금이 장기계약이기 때문에 바로 삭감하기 어렵다고 하였는데, 실제로 임금계약은 많은 부분 1년 단위 계약이고 계약시점이 모두 같지 않다면 계약 만료 시점이 돌아오는 근로자들을 상대로 임금조정이 일부 가능하다.[19] 하지만 근로의욕과 생산성을 생각하면 임금을 조정하는 것이 쉽지 않다. 예를 들어 임금을 삭감하여 근로의욕이 저하되었다면 기존보다 생산성이 크게 하락할 것이다. 생산성은 단위당 생산비용(총요소생산비용/총생산량)으로 표현할 수 있으며 생산성이 하락하였다는 말은 단위당 생산비용이 상승하였다는 말과 같은 의미로 해석할 수 있다. 즉 임금을 그대로 유지시켰을 때의 생산요소비용보다 임금을 삭감하였을 때 생산성 저하로 발생한 단위당 생산비용 상승이 크다면 임금 삭감으로 인한 전체 비용이 더 크게 증가할 수 있으므로 임금을 삭감하지 않는 전략이 나을 수 있다. 따라서 생상요소비용이 그대로 유지되기 때문에 재화의 가격은 하락하지 않는다는 것이다.

5) 최저임금제도로 인한 비용

최저임금이란 인간다운 삶을 영위할 수 있도록 최소한의 소득을 보장하기 위한 법적 임금 규제이다. 즉 국가에서 정한 최저임금보다 낮은 임금을 지급하게 되면 법적 제약을 받는다는 말이다. 따라서 아무리 외부적으로 큰 음의 수요 충격이 발생하더라도 고용주는 최저임금 이하로 임금을 지급할 수 없기 때문에 재화의 가격을 내릴 수 없다는 것이다.

이런 이유들 때문에 케인즈 모형에서는 가격이 하방 경직적이라고 주장한 것이다. 그렇다면 다시 단원 초에 언급한 것과 같이 물가가 하방 경직적이라면

[18] 실제로 기업들의 총생산비용 중 원자재, 중간재, 인건비 등이 차지하는 비중은 60~70% 이상이라고 한다.

[19] 많은 부분 근로계약 시점을 동일하게 유지하는 기업도 있지만 실제로 몇몇 기업들은 입사한 시점을 기점으로 재계약하는 근로 형태를 따르기도 한다.

음의 수요충격이 발생하였을 때 어떤 결과가 발생할까? 결과는 〈그림 7-25〉와 같다. 즉 물가가 신축적이라면 음의 수요충격이 발생하였을 때 새로운 균형점 B로 이동하여 이전 균형보다 물가는 하락(P^{**})하고 GDP 역시 감소(Y^{**})하는 것을 확인할 수 있다. 하지만 물가가 하방 경직적이라서 그대로 유지된다면 GDP는 Y^{**}보다 훨씬 감소한 Y^{***}까지 하락하게 된다.

물가가 하방 경직적일 때 경기침체가 더욱 심하게 발생하는 이유는 수요가 줄어든 상태에서 재화의 가격이 그대로 유지된다면 소비자들은 더욱 구매를 하지 않기 때문이다. 즉 수요가 줄더라도 재화의 가격이 하락하면 어느 정도의 소비수요가 발생하기 때문에 GDP 하락을 방어할 수 있지만 재화의 가격이 그대로 유지된다면 소비수요가 발생하지 않아 침체의 늪이 더욱 깊어질 수 있다는 것이다. 더욱이 이렇게 경기침체가 깊어지게 되면 필연적으로 실업이 발생하게 된다. 우리는 앞서 GDP 갭을 통해 그 점을 확인하였다. 〈그림 7-25〉에서 실질 GDP가 크게 감소했기 때문에 음의 GDP 갭이 크게 발생한 것을 확인할 수 있다. 따라서 물가가 신축적일 때보다 실업이 크게 발생한다. 이는 2008년 미국의 서브프라임 모기지 사태를 통해서도 확인할 수 있다. 당시 미국은 음의 수요충격으로 인해 총수요가 크게 위축되었다. 따라서 물가가 신축적이라면 물가가 하락하여야 하지만 실제로 디플레이션이 발생하지 않았다. 그럼 어떤 결과가 발생했을까? 그렇다. 실업이 4%대에서 10%대로 급등하였다.

그림 7-25 | 물가의 하방경직성(총수요-총공급)

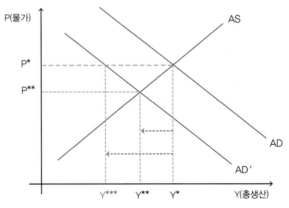

그렇다면 우리나라의 물가는 어떨까? 우리나라도 물가가 떨어진 적이 없을까?[20] 통계청에서 1965년 1월부터 물가를 측정한 이래 2019년 7월까지 단 한 번도 물가 상승률이 마이너스를 기록한 적이 없다. 역사적 자료만 보고 판단해 볼 때 우리나라는 물가의 경직성을 보이고 있다고 판단해 볼 수 있다. 하지만 2019년 8월, 9월 처음으로 마이너스 물가상승률을 기록하며 물가의 경직성이 절대적 기준은 아니라는 점도 확인되었다.

20
여기서 물가가 떨어졌다는 표현은 물가 상승률이 마이너스로 들어간 적이 있는가를 묻는 것이다. 100원 하던 물건이 95원이 되었다면 물가 상승률이 −5%가 되는 것이다. 경제학 용어에서 디스인플레이션이라는 용어가 있고 디플레이션이라는 용어가 있다. 디플레이션은 앞서 설명한 것과 같이 물가가 하락한 것을 말하며 디스인플레이션은 물가 상승률이 10%에서 5%로 낮아진 것을 의미한다. 디스인플레이션은 물가 상승률이 낮아지기는 했지만 여전히 물가가 상승하고 있는 상태를 말한다.

그림 7-26 | **한국의 물가상승률 등락 추이**

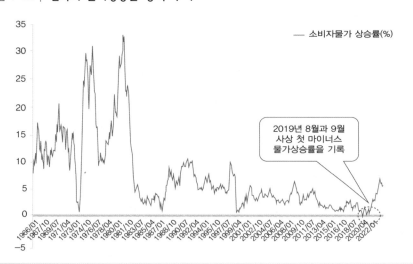

2019년 8월과 9월 사상 첫 마이너스 물가상승률을 기록

출처: 통계청

4 경기침체의 자기교정

우리는 앞서 물가가 하방 경직적이라는 가정을 통해 음의 수요충격이 발생하게 되면 경기침체가 깊게 발생하는 경로를 확인하였다. 하지만 물가가 하방 경직적이지 않고 신축적으로 변하고 있다면 경제는 어떤 경로를 따를까? 예를 들어 매출이 급격하게 줄어들고 있는 기업을 살리기 위해 임금 재계약 시점에서 근로자들이 일부 양보를 하고 기업은 줄어든 소비수요를 살리기 위해 할인 마케팅이나 추가 옵션 전략을 실행한다면 물가

불황 할인행사

기업 살리기 동참(프레시안)

기업들은 불황에 줄어든 수요를 잡기 위해 할인행사를 진행하며 직원들도 기업을 살리기 위해 임금동결 등에 동참하는 사례가 있다.

가 하방 경직적일 때와 같은 결과가 나타나지 않을 수도 있을 것이다. 실제로 최근 기업들은 줄어드는 소비수요를 감당하기 위해 여러 가지 전략적 마케팅을 실시하고 있으며 근로자들 역시 임금동결 및 과도한 복지혜택 삭감 등을 선택하고 있다.

이렇게 물가와 임금이 신축적이면 경기침체는 자기교정을 통해 이전 성장률로 회복하게 된다. 이 과정을 〈그림 7-27〉 그래프를 통해 확인해 보도록 하자. 우선 음의 수요충격이 발생하게 되면 총수요곡선은 좌측으로 이동하게 된다. 따라서 새로운 균형점인 B점으로 이동하게 되는데 B점에서는 이전보다 물가는 하락하고 GDP는 감소하게 된다. 이때 물가와 임금이 신축적이라고 가정했으므로 자연스럽게 하락하는 것으로 간주한다. 여기서 생산요소인 임금도 같이 하락하기 때문에 기업의 생산요소비용 역시 하락하게 된다. 생산요소비용 하락은 총공급곡선을 우측으로 이동시키므로 새로운 균형점 C로 이동하게 된다. 새로운 균형점 C는 B점에 비해 물가는 하락하고 GDP는 상승한다. 결국 GDP는 Y^{**}로 하락하였다가 Y^*로 회귀하였으며 물가는 P^*에서 P^{***}로 크게 하락한 것이다.

그림 7-27 | **경기침체의 자기교정 과정**

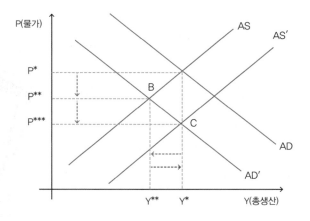

다시 말해 물가와 임금이 신축적이라면 음의 수요충격이 발생하여 경기침체가 발생하여도 자기교정에 의해 GDP가 회복되는 것이다.

하지만 우리나라의 물가 흐름에서 본 바와 같이 역사적으로 거의 물가가 마이너스를 기록한 적이 없기 때문에 경제의 자기교정 과정은 단기에 해결되기 어려워 보인다. 따라서 경기침체가 깊고 오래 지속될 기미가 보이면 정부와 통화당국은 정책을 실시하여 단기에 경기를 부양하려 한다. 이것이 다음 단원에서 배우게 될 재정정책과 통화정책이다.

연습문제

01 IS곡선이 시장이자율과 총수요(총소득) 사이에 우하향하는 기울기를 갖는 이유에 대해서 다음 식을 이용하여 설명해 보시오.

$$Y^D = C(Y^+ - t^-) + I(r^-) + \overline{G} + NX(Y^-,\ Y^{*+},\ (\frac{S}{P})^+)$$

02 다음 중 환율에 대해 잘못 설명한 것은?

① 원/달러 환율이 상승하였다는 것은 원화가치가 하락하였다는 것과 같은 의미다.
② 대부분의 나라에서는 달러와의 크로스 환율을 적용한다.
③ 원/달러 환율 상승은 수출을 증가시킨다.
④ 원화가치 상승은 수입물가를 하락시킨다.
⑤ 원화가치 상승은 수출을 증가시킨다.

03 케인즈가 주장한 화폐보유 이유와 설명이 잘못 연결된 것은?

① 거래적 화폐수요 - 재화와 서비스를 구매하기 위한 현금보유
② 예비적 화폐수요 - 돌발 상황에 대비하여 현금보유
③ 거래적 화폐수요 - 소득이 상승함에 따라 더 많은 현금보유
④ 투자적 화폐수요 - 시장금리가 상승하면 화폐수요를 줄임
⑤ 예비적 화폐수요 - 소득이 감소함에 따라 예비적으로 화폐를 더 많이 소유

04 케인즈의 유동성 선호설에 의하면 화폐공급은 통화당국인 중앙은행이 결정한다고 보았다. 따라서 중앙은행은 통화량 조절을 통해 시장금리를 조절할 수 있다고 하였다. 케인즈의 유동성 선호설을 이용하여 통화공급 증감이 시장이자율에 어떤 영향을 미치는지 그래프를 이용하여 설명해 보시오.

05 케인즈의 유동성 선호이론에서 가장 중요한 것은 투자적 화폐수요다. 투자적 화폐 수요는 시장금리와 화폐수요 사이 역의 관계가 있다는 사실을 설명한 것이다. 아래 그래프를 이용하여 시장금리와 투자적 화폐수요 간에 역의 관계를 설명해 보시오.

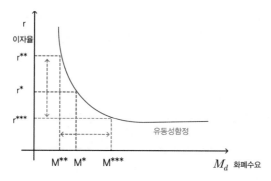

06 IS-LM 균형 하에서 정부지출 증가, 세금 감소, 독립투자 증가에 따른 IS곡선 이동이 시장이자율과 총소득(총수요)을 어떻게 변화시키는지 그래프를 이용하여 설명해 보시오. 또한 통화량 증가에 따른 LM곡선 이동과 비교하여 설명해 보시오.

07 LM곡선상의 물가 변화를 통해 총수요곡선을 도출해 보시오.

08 IS곡선과 LM곡선 이동을 통해 AD곡선 이동을 설명해 보시오. (정부지출 증가와 통화량 증가를 이용하여 도출하시오.)

09 자산 가격 상승이 소비 증가로 이어져 GDP에 영향을 미치는 경로를 무엇이라고 하는가?
① 톱니효과 ② 베블린 효과 ③ 자산효과
④ 구축효과 ⑤ 스노우볼 효과

10 단기 총공급곡선이 우상향 하는 이유를 다음 캔커피 사례를 이용하여 설명해 보시오.

> 사업초기 : 고용인원 10명, 인건비 인당 5천원
> 개당 캔커피 가격 1천원, 1,000개 판매
> 물가 상승 : 캔커피 개당 2천원으로 상승

11 초단기, 단기, 장기 공급곡선에 대한 설명으로 틀린 것은?

① 초단기 총공급곡선은 수평이므로 총수요가 변해도 물가는 변하지 않는다.

② 초단기에는 생산물 가격이 변동하지만 생산요소 가격은 변동하지 않는다.

③ 단기 총공급곡선은 우상향하므로 물가 상승은 기업의 이윤 상승과 연결된다.

④ 장기 총공급곡선이 수직인 건 생산물과 생산요소 가격이 가변적이기 때문이다.

⑤ 장기 총공급곡선이 수직이기 때문에 총수요가 변해도 총생산은 완전고용 수준에서 변화가 없다.

12 다음 중 총공급곡선 이동요인 설명으로 틀린 것은?

① 저임금의 외국인 노동자 유입 증가는 총공급곡선을 우측으로 이동시킨다.

② 오일쇼크로 인한 원유 가격 상승은 총공급곡선을 좌측으로 이동시킨다.

③ 이머징마켓의 오일 수요 증가에 의한 원유 가격 상승은 총공급곡선을 우측으로 이동시킨다.

④ 단위당 생산비용 하락을 견인하는 생산성 향상은 총공급곡선을 우측으로 이동시킨다.

⑤ 정부규제 증가는 총공급곡선을 좌측으로 이동시킨다.

13 총수요-총공급 모형을 이용하여 수요견인 인플레이션을 설명하고 양의 GDP 갭이 발생함을 설명해 보시오.

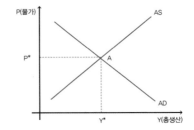

14 총수요-총공급 모형을 이용하여 비용인상 인플레이션을 설명하고 음의 GDP 갭이 발생함을 설명해 보시오.

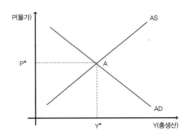

15 물가가 하방 경직적인 이유에 대해서 바르게 고른 것은?

a. 메뉴비용	b. 자산효과	c. 장기계약	d. 투자효과
e. 최저임금	f. 가격전쟁	g. 근로의욕 저하	

① a, b, c, d, e   ② b, c, d, e, f   ③ c, d, e, f, g

④ a, c, e, f, g   ⑤ b, d, e, f, g

16 고전학파들은 가격이 신축적이어서 경기침체는 자기교정이 가능하다고 주장하였다. 실제로 경기가 불황상태에 접어들면 기업은 할인행사를 감행하며 직원들은 기업을 살리기 위해 임금 동결 및 삭감 등에 동참하는 경우도 있다. 이렇듯 실제로 가격이 신축적이라면 경기침체 시 경제는 자기교정이 가능한데 이를 다음 그래프를 이용하여 설명해 보시오.

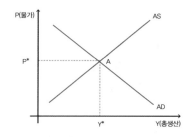

CHAPTER

08

재정정책

단원을 시작하며

독자들은 어렴풋이 뉴스나 신문기사에서 청년실업문제 해결, 소상공인 지원, 벤처기업 육성 등의 이유로 추경(추가경정예산)을 편성해야 한다는 기사를 본 적이 있을 것이다. 물론 추경 예산안이 국회를 통과하지 못해 오랜 시간 시행하지 못하고 있다는 소식도 들어 봤을 것이다. 이런 일련의 과정들이 재정정책 시행과정을 의미하는 것으로 독자들과 재정정책은 그리 멀리 있는 것은 아니다.

또한 재정정책은 국가부채와도 관련이 깊다. 국가가 앞서 열거한 문제들을 해결하기 위해서는 자금이 필요하다. 개인도 소비나 투자를 위해 소득 이상의 자금이 필요하면 은행에서 대출을 받는 것처럼 국가도 정해진 예산 이외에 추가적인 자금이 필요하면 돈을 빌려와야 한다. 이것이 국가부채다. 최근에 독자들은 그리스가 부도위기에 놓여 있다는 소식을 들은 적이 있을 것이다. 이는 국가가 자금지출을 너무 크게 할 경우, 즉 부채가 크게 증가할 경우 이를 상환하지 못하면 국가부도가 발생할 수 있다는 것을 단적으로 보여주는 예이다.

우리는 본 단원에서 총수요 정책 중에 하나인 재정정책이 무엇이며 재정정책의 경제적 파급경로는 어떻게 결정되는지 자세히 알아볼 것이다.

1 │ 재정정책

재정정책이란 총수요정책의 일환으로 경기가 침체되거나 과열되었을 경우, 이로 인해 발생하는 경제적 부작용을 해소하기 위해 국가가 정부지출이나 세금을 조정하여 총수요를 조정하는 정책을 말한다. 예를 들어 경기침체가 예상보다 길거나 깊게 발생하였을 경우 단기적으로 기업의 매출이 급감하고 실업이 증가할 수 있다. 따라서 정부는 이를 해결하기 위해 정부지출을 늘리거나 세금을 인하하여 총수요를 증가시키는 정책을 실시한다. 반대로 경기가 예상보다 과열되어 있어 인플레이션이 크게 발생할 경우, 정부는 인플레이션으로 인한 경제적 부작용을 방지하기 위해 정부지출 감축이나 세금 인상을 단행하여 인플레이션을 억제하려 한다.

1 재량적 재정정책과 자동안정화 장치

재정정책은 정부가 직접 정부지출을 늘리거나 세금을 인하하는 적극적인 재정정책과 정부가 직접 나서지 않고도 재정정책 효과를 볼 수 있는 소극적 재정정책으로 구분된다. 이를 전자는 재량적 재정정책이라 부르고 후자를 자동안정화 장치라고 부른다.

1) 재량적 재정정책

재량적 재정정책은 정부가 현재 경기 상황을 판단하고 직접 정부지출과 세금을 늘리거나 줄이는 정책을 말한다. 재량적 재정정책에는 경기침체 때 시행하는 확장적 재정정책과 경기과열 때 시행하는 긴축적 재정정책이 있다.

① 확장적 재정정책

확장적 재정정책은 경기가 예상보다 깊게 침체되거나 침체가 오래 지속될 경우 정부가 총수요를 늘려 경기를 부양하려는 정책을 말한다. 이를 위해 정부는 정부지출(G)확대 혹은 세금(t)감면 정책을 시행한다. 이는 재화시장의 균형조건인 IS곡선을 통해 아래와 같이 표현할 수 있다.

$$Y\uparrow = C(y - t\downarrow) + I(r) + G\uparrow$$

정부지출을 증가시키거나 세금을 인하하는 정책은 IS곡선을 우측으로 이동[1] 시키는 정책으로 IS-LM곡선상에서 새로운 균형점인 B로 이동함을 〈그림 8-1〉을 통해 확인할 수 있다. 이는 IS-LM곡선으로 대변되는 총수요(AD)곡선 역시 우측으로 이동함을 〈그림 8-1〉을 통해 확인할 수 있다. 결과적으로 외부충격에 의한 총수요 감소로 경기침체가 깊어지거나 길어지게 되면 총수요곡선은 좌측으로 이동하게 되고, 이를 해결하기 위해 정부가 정부지출 확대 및 세금인하 정책을 통해 총수요를 증가시킴에 따라 원래의 균형점으로 회귀하게 되는 것이다. 더욱이 물가가 하방 경직적이라면 경기침체는 Y^{**}가 아니라 Y^{***}까지 깊어질 수 있기 때문에 확장적 재정정책을 통해 이전 경제 수준으로 되돌리려 노력하는 것이다.

[1]
우리는 이를 앞서 IS곡선 도출에서 확인하였다. 즉 정부지출 증가나 세금 감면은 동일한 이자율 하에서 국민소득을 증가시키는 정책으로 IS곡선을 우측으로 이동시킨다.

그림 8-1 | IS-LM곡선 및 AS-AD곡선(확장적 재정정책)

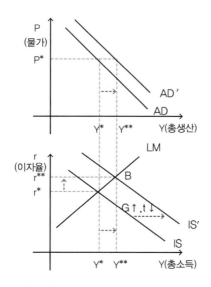

그림 8-2 | AS-AD곡선

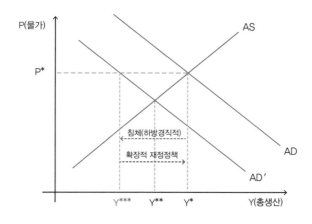

[확장적 재정정책의 효과 비교]

앞서 확장적 재정정책은 정부지출 증대 혹은 세금인하로 시행한다고 설명하였다. 그렇다면 두 정책의 경기부양 효과가 동일할까? 그렇지 않다. 우선 정부지출 증가는 정부지출 자체가 외생변수이기 때문에 다른 변수에 영향을 받지 않으므로 정부지출 증대 효과가 바로 GDP 증가로 이어질 수 있다. 즉 정부지출 확대가 결정되면 이는 곧바로 자금이 집행되어 GDP 증대 효과를 볼 수 있다. 더욱이 재정승수효과가 나타나게 되면 정부 지출액 보다 GDP 증가액이 훨씬 크게 나타날 수도 있다.

$$Y{\uparrow} = C(y-t)+I(r)+G{\uparrow}$$

읽을거리

재정승수 효과란?

재정승수란 정부지출 증가분이 그대로 GDP 증가분으로 연결되는 것이 아니라 정부지출 증가분 보다 GDP 증가분이 크게 나타나는 효과를 말한다. 예를 들어 정부지출을 100억원 늘렸는데 GDP는 정부지출보다 3배 많은 300억원이 증가하는 현상을 말한다. 어떻게 이런 일이 가능할까? 그것은 경제의 순환구조 때문이다. 즉 정부지출 증가는 총생산을 증가시키고 총생산의 증가는 소득과 투자를 증가시킨다. 소득 증가는 소비를 증가시켜 총생산을 증가시키고 투자 증가 역시 총생산을 증가시킨다. 이렇게 계속적으로 선순환이 일어나게 되면 최초 정부가 지출한 100억원보다 훨씬 많은 GDP 증가가 일어나게 되는 것이다.

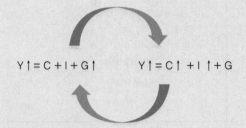

재정승수는 "$\dfrac{GDP변화}{초기\,지출\,변화}$"로 계산할 수 있으며 앞서와 같이 정부지출을 100억원 늘렸는데 GDP는 실제로 300억원 증가했다면 재정승수는 3이 된다. 실제로 정부는 어떤 부분에 지출을 늘려야 재정승수가 높은지를 지속적으로 연구하고 있으며 가장 효과가 큰 부분에 재정지출을 확대하여 재정정책 효과가 극대화 될 수 있도록 노력하고 있다.

반면에 세금인하 효과는 세금 인하분 만큼 GDP가 증가하지 않는다. 이를 이해하기 위해서는 소비함수와 다음 몇 가지 가정을 이해해야 한다. 우리는 재화시장의 균형에서 민간소비를 가처분소득($y-t$)의 함수로 상정하였다. 즉 가처분소득이 증가하면 소비가 증가한다는 뜻이다. 이는 소득과 소비와의 관계만을 표현한 것으로 소득 중 일부분을 미래의 불확실성을 위해 저축한다는 사실을 간과하였다. 따라서 소비함수에는 한계소비성향(mpc: marginal propensity to consume)이라는 것이 추가되어야 한다. 한계소비성향이 반영된 소비함수는 다음과 같이 표현할 수 있다.

한계소비성향과 재정확대 정책(연합뉴스)

실제로 재정정책의 효과를 극대화하기 위해 한계소비성향이 높은 가계를 대상으로 확장적 재정정책 등을 시행한다.

$$C = mpc(y-t)$$

한계소비성향의 정의는 '가처분소득 중 얼마만큼의 비율을 소비하는가'로 표현할 수 있다. 예를 들어 한계소비성향이 0.8이라면 가처분소득 중 80%를 소비하고 나머지 20%를 저축한다고 표현할 수 있다. 이를 통해 가계소득을 정의하면 Y(소득)=C(소비)+S(저축)으로 표현할 수 있다. 그렇다면 앞서 설명한 소비함수와 확장적 재정정책의 효과는 어떤 관련이 있는 것일까? 예를 들어 정부가 GDP 부양을 위해 100억원 세금감면을 시행했다면 세금감면은 곧바로 가계의 가처분소득 증가로 이어질 것이다. 이런 가처분소득 증가가 전부 민간소비 증가로 이어진다면 정부의 정책 원안대로 GDP가 100억원 증가하는 효과를 볼 수 있지만, 가계가 가처분소득 중 일부분을 저축하게 되면 GDP 증대 효과는 감소하게 된다. 즉 앞선 예와 같이 가계의 한계소비성향이 0.8이라면 실제로 민간소비 증가율은 80억원에 그칠 것이다. 그렇다면 정부의 원안대로 GDP 100억원 증가시키기 위해서는 세금을 얼마나 줄여줘야 할까? 이는 방정식을 통해 쉽게 해결할 수 있다. 즉 한계소비성향이 0.8이고 원하는 정책효과가 100억원 이기 때문에 $0.8 \times x$(세금감면액) $= 100$억원로 계산할 수 있다. 여기서 x를 구해보면

125억원이라는 사실을 확인할 수 있다. 따라서 세금감면을 통해 GDP 100억원을 증가시키기 위해서는 125억원의 세금감면이 필요하다는 말이다.

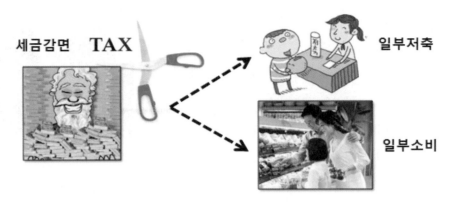

한계소비성향과 소비, 저축과의 관계 ▬▬▬

세금감면은 가계의 소득증가와 같은 효과를 발휘하게 된다. 가계는 소득 중 일부분을 저축하게 되므로 세금감면 효과가 100% GDP 증가로 이어지지는 않는다.

② 긴축적 재정정책

긴축적 재정정책은 현재 경기가 과열양상을 보여 인플레이션이 크게 발생하거나 발생할 조짐이 보이면 총수요를 줄여 이를 억제하고자 하는 정책이다. 이를 위해 정부는 정부지출을 줄이거나 세금을 인상하는 정책을 시행한다. 이는 재화시장의 균형인 IS곡선을 좌측으로 이동시키는 정책으로 총소득을 감소시키는 정책이다.

$$Y\downarrow = C(y-t\uparrow)+I(r)+G\downarrow$$

이와 같이 정부지출 감소 및 세금 인상은 IS곡선을 〈그림 8-3〉과 같이 좌측으로 이동시켜 새로운 균형인 B점으로 이동하게 한다. 새로운 균형점에서는 이전보다 총소득이 감소함을 확인할 수 있고 IS-LM의 균형으로 대변되는 AD곡선 역시 좌측으로 이동하여 총생산이 줄고 물가가 하락한다는 것을 확인할 수 있다.

그림 8-3 | IS-LM곡선 및 AD-AS곡선(긴축적 재정정책)

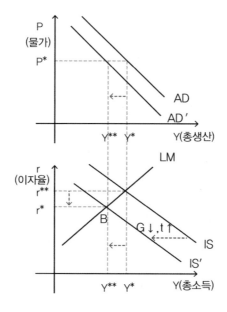

다만 〈그림 8-4〉에서와 같이 총수요가 감소하여도 물가가 경직적이라면 긴축적 재정정책의 주요 목적인 물가를 하락시키지는 못하고 인플레이션을 억제하는 효과만 볼 수 있다. 실제로 우리나라를 포함한 여러 나라들은 물가가 하락하는 디플레이션을 크게 경험한 적이 없으므로 실질적인 긴축적 재정정책은 인플레이션을 억제하는데 목적이 있다고 할 수 있다.

그림 8-4 | 물가 경직 AD-AS곡선

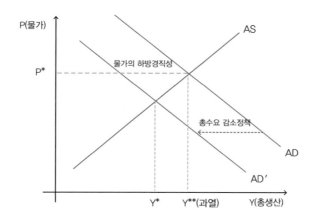

2) 자동안정화 장치(소극적 재정정책)

자동안정화 장치로 불리는 소극적 재정정책은 조세수입을 경기변동에 따라 자동적으로 조정하여 경기과열 시에는 인플레이션을 억제하고 경기침체 시에는 경기가 더 크게 하락하는 것을 방어하는 정책이다. 이처럼 정부의 적극적인 행동 없이 자동적으로 경기변동성을 줄여 줄 수 있는 이유는 소득이 증가하면 평균세율이 상승하는 누진세 제도 때문이다.

세율은 크게 누진세, 역진세, 비례세로 구분한다. 여기서 누진세는 소득이 올라 갈수록 평균세율이 상승하고 평균세액도 커지는 것을 의미하며, 역진세는 소득이 올라 갈수록 평균세율이 하락하는 것을 말한다. 마지막으로 비례세는 소득과 상관없이 평균세율이 일정한 것을 뜻한다. 그렇다면 현재 우리나라와 대부분의 나라들이 채택하고 있는 누진세율이 왜 경기 변동성을 줄이는 자동안정화 장치로서 역할을 하는 것인지 알아보도록 하자.

예를 들어 경기가 과열 양상을 보이고 있다고 가정해 보자. 경기가 과열 양상이라는 말은 완전고용 수준보다도 성장률이 더 높은 상태를 말하며, 이 경우 소득이 증가할 것이라는 것은 이제 독자들도 쉽게 알 수 있을 것이다. 재량적 재정정책에서는 이렇게 경기가 과열 양상을 보이며 시중에 유동성이 풍부해지면 급격한 인플레이션이 발생할 수 있기 때문에 세금을 올리는 정책을 시행하여 시중에 유동성을 흡수한다. 하지만 이렇게 정부가 직접 세율을 조정하지 않아도 우리나라 소득세는 누진세를 채택하고 있기 때문에 소득이 증가하면 자연스럽게 평균세율이 상승한다. 현재 우리나라의 소득에 대한 누진세율은 〈표 8-1〉과 같다. 즉 소득이 상승하게 되면 평균세율이 올라 그만큼 시중 유동성을 정부가 흡수해 간다는 말이다. 이를 통해 경기가 과열되는 것을 막고 인플레이션을 억제하는 것이다. 반면에 경기침체에 빠질 경우, 총생산이 줄고 투자와 소비가 감소하여 소득이 줄게 될 것이다. 이 경우 누진세율에 따라 자동적으로 평균세율이 감소하여 가계의 줄어드는 가처분소득을 보전시켜 준다. 더욱이 경기침체가 발생하면 자동적으로 사회보장기금 등을 확대 시행하여 줄어든 가계의 소득을 보전해 줌으로써 경기침체를 방어한다. 대표적인 사회보장기금은 실직수당 등을 들 수 있다.

표 8-1 | 한국의 누진세율(2023년 현재)

과세표준	세율
1,400만원 이하	6%
5,000만원 이하	15%
8,800만원 이하	24%
1.5억원 이하	35%
3억원원 이하	38%
5억원원 이하	40%
10억원 이하	42%
10억원 초과	45%

　　자동안정화 장치는 정부가 임의로 적용하는 것이 아니기 때문에 실제로 확장적으로 작용했는지 긴축적으로 작용했는지를 미리 알 수 없다. 따라서 해당 연도가 지나서 이듬해 흑자재정이었는지 아니면 적자재정이었는지를 확인하고 판단하게 된다. 이해를 돕기 위해 이를 그래프로 표현하면 〈그림 8-5〉와 같다. 우선 세로축에는 정부지출과 조세수입을 표현하고 가로축은 실질GDP를 표현하면 평행한 정부지출선을 구할 수 있다. 정부지출선이 평행한 이유는 올해의 정부예산은 이미 전년도에 결정되어 있기 때문이다. 즉 전년도에 이미 올해 성장률과 소득 등을 전망하여 예상 세액을 결정하고 이를 어디에 지출할 것인지 결정했다는 뜻이다. 올해 만약 정부가 예상한 실질GDP와 동일한 성장률을 달성했다면 조세수입은 흑자도 적자도 아닌 균형 상태(A점)가 될 것이다. 이는 지난해 예상한 조세수입과 올해 실제 조세수입이 같기 때문에 지난해 정한 정부지출과도 같다는 말이다. 만약 정부가 예상한 것보다 성장률이 높았다면 누진세율 구간이 상승하여 예상한 조세수입보다 더 많은 조세수입이 걷히게 될 것이다. 이는 그래프에서 균형보다 우측에 있는 GDP_2를 통해 확인할 수 있다. 이 구간에서는 조세수입이 정부지출보다 크므로 그 차이만큼 재정흑자가 발생한다. 반대로 정부의 예상보다 성장률이 하락한다면 누진세율로 인한 평균세율 하락과 사회보장기금 확대로 재정지출이 크게 발생할 것이다. 이는 그래프 상에 GDP_3으로 표현할 수 있다. 해당 구간에서는 조세수입이 정부지출보다 적음으로 재정적자가 발생한다.

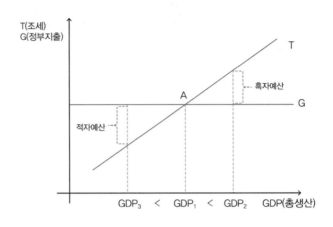

그림 8-5 | 정부지출, 조세수입, GDP 간의 관계

앞서 설명한 이론과 같이 자동안정화 장치는 경기의 변동성을 줄임으로써 경기과열 및 경기침체 시 나타날 수 있는 사회·경제적 부작용을 줄일 수 있다. 실제로 미국 경제에 대한 연구 결과에 따르면 자동안정화 장치로 인해 미국 경기변동을 8~10% 축소시킨 것으로 나타났다.

2 | 재정정책의 특징 및 비판

1 세금인하에 대한 효과

경기가 예상보다 깊거나 길게 침체에 빠질 경우, 정부는 확장적 재정정책의 일환으로 세금을 인하하는 총수요 증대정책을 시행한다고 설명하였다. 하지만 세금인하 정책이 실제 소비 증가로 이어질지에 대해서 의문점을 제시하는 경제학자들이 많다. 특히나 생애주기가설(life cycle hyphothesis)에 입각한 소비평활화(consumption smoothing)를 가정한다면 실제로 소비 증가가 없을 수도 있다. 이는 평생 소득과 소비의 규모가 연령대별로 다르기 때문에 소비를 평활화 하려는 가계[2]는 소비보다 소득이 높은 구간에서 미래의 불확실성을 위해 저축을 하고 소비가 소득보다 많은 구간에서 부족한 자금을 저축 재원을 통해 소비를 평활화

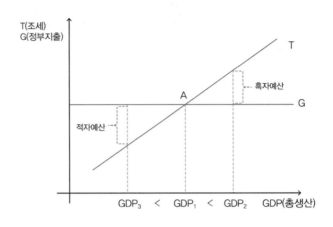

2 가계의 소비평활화

가계의 소비평활화는 가계의 경우 매월 지출되는 소비가 거의 일정하다는 것이다. 독자들도 생각해 보면 매월 지출되는 정기적인 소비가 있을 것이다. 가끔 옷이나 가전제품 구매를 위해 일시적으로 돈을 많이 소비하는 경우가 있지만 대체로 일정한 소비가 이뤄질 것이다.

한다는 것이다. 실제로 〈그림 8-6〉과 같이 보통은 돈을 벌기 시작하는 20대에서 40대까지는 소비보다 소득이 많아 저축을 하고 50대 이후부터는 소비 감소폭보다 소득 감소폭이 크게 나타나므로 부족한 자금을 젊었을 때 저축했던 재원을 활용한다. 즉 합리적인 가계라면 일시적인 소득은 미래의 불확실성에 대비하여 저축을 한다는 것이다.

그림 8-6 | **생애주기가설과 소비평활화**

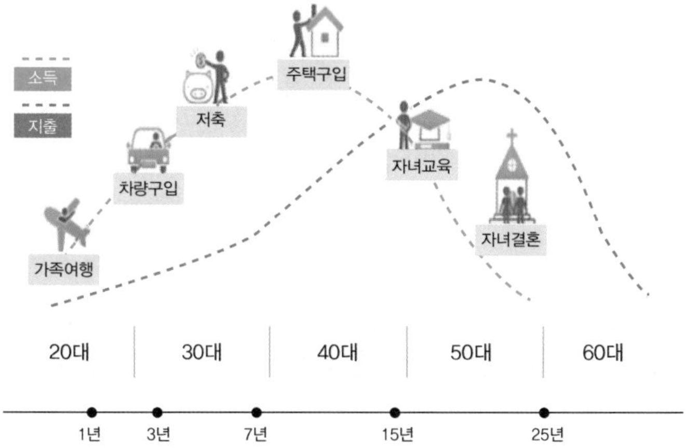

출처: 키움에셋플래너

이는 경기를 부양하려는 정부의 세금인하 정책에 대해 가계가 일시적인 것이라고 판단할 경우, 가계는 세금인하로 늘어난 가처분소득을 소비에 사용하지 않고 미래의 불확실성에 대비하여 저축한다는 의미이다. 이렇게 되면 정부의 의도인 소비증가가 일어나지 않기 때문에 GDP는 증가하지 않는다. 따라서 세금인하를 통한 정부의 재정정책 효과를 확인하기 위해서는 세금인하가 항구적 (permanent)일 것이라는 가계의 믿음을 주어야 한다.

2 구축효과로 인한 효과

경기침체 시 정부는 정부지출 확대를 통해 총수요 증대 정책을 실시하여 경기를 부양하려 하지만 구축효과가 나타난다면 정부가 의도한 만큼 총수요가 증대되지 않을 수도 있다. **구축효과**(crowding out effect)란 재정지출 확대를 위해 발행한 정부의 국채로 인해 시중금리가 상승하게 되고 이는 소비와 투자를 위축시켜 결국 총수요의 구축이 일어날 수 있다는 것이다.

경제학을 처음 접하는 독자라면 쉽사리 이해가지 않을 수도 있다. 자, 그럼 왜 정부지출 확대가 시장이자율을 상승시키는지부터 확인해 보도록 하자. 국가의 재정지출 확대를 위해서는 자금이 필요하다. 앞서도 언급했지만 여러분들이 낸 세금은 이미 지난해 작성한 올해 정부지출 예산에 포함되어 있기 때문에 정부가 새롭게 정부지출을 추가하기 위해서는 추가경정예산을 편성해야 한다. 이는 새롭게 지출할 자금 마련을 위해 국채(국가채권)를 발행해야 한다는 말과 같다.[3] 정부가 국채를 발행하게 되면 시중금리가 상승하게 되는데 이는 시중 유동성과 이자율 간의 관계 혹은 채권시장을 통해 설명할 수 있다. 우선 전자의 경우 정부가 채권을 발행한다는 의미는 시중에 있는 민간자본을 흡수한다는 말과 같다. 즉 정부가 국채를 민간에 팔고 그 대가로 시중에 있는 자금을 흡수한다는 말이다. 이럴 경우 민간자금(유동성)이 줄게 되므로 금융시장의 가격을 나타내는 이자율이 상승하게 된다. 즉 돈을 빌리려는 사람은 그대로인데 시중에 자금이 줄어들게 되므로 금리가 올라가게 된다. 후자는 국채발행이 많아지게 되면 국채 가격은 하락하게 되는데 이는 채권에 대한 이해가 필요하다. 채권시장에서 채권과 이자율 간의 관계는 역의 관계이므로 채권가격이 하락한다는 것은 시장이자율이 상승한다는 의미와 같다고 할 수 있다.[4]

이처럼 확장적 재정정책 재원 마련을 위한 국채 발행이 시장이자율을 상승시키게 되면 재화시장의 소비와 투자를 구축시켜 총수요가 감소하게 된다.

$$Y\downarrow = C\downarrow + I\downarrow + G + NX$$

[3]
우리는 이미 3분면 개방경제모형에서 정부가 금융시장으로부터 자금을 차입(국채발행)한다는 사실을 확인하였다.

[4]
채권의 가격은
$$P(채권가격) = \frac{F(액면금액)}{r(이자율)}$$
으로 표현할 수 있기 때문에 채권가격과 이자율 간에는 역의 관계가 성립한다. 좀 더 자세한 사항은 저자의 『금융과 경제』를 확인하기 바란다.

그림 8-7 | **구축효과 경로**

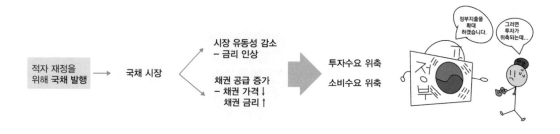

그림 8-8 | **구축효과(IS-LM, AS-AD)**

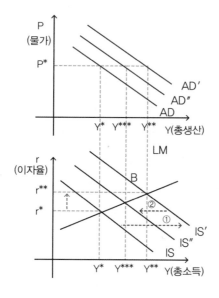

결론적으로 총수요 증대를 통해 경기를 부양하려 실시한 확장적 재정정책이 소비와 투자를 구축하여 총수요 감소가 나타나게 되므로 정부가 계획했던 것만큼 효과를 보지 못할 수 있다. 앞서 설명한 구축효과는 IS–LM곡선과 AD–AS곡선의 이동으로도 간단하게 설명이 가능하다.

확장적 재정정책에 대한 구축효과 대해서는 이견도 존재한다. 구축효과가 일어나기 위해서는 시장이자율 상승이 소비와 투자를 체감할 만큼 구축시켜야 하는데 실제로는 경제 사정에 따라서 다르게 나타날 수도 있기 때문이다. 예를 들어 현재 경기가 완전고용 이상 수준에서 시장이자율이 상승하였다면 기업들은 현재 경기 수준이 좋은 상태이므로 실제 투자계획을 미루거나 취소할 수 있지만 현재 경기가 완전고용 이하 수준에 있다면 많은 기업들이 투자계획이 없을 가능성이 높기 때문에 시장이자율이 상승하여도 투자를 크게 구축시키지는 못한다는 것이다. 따라서 경기침체 시 행해지는 확장적 재정정책에 대한 시장이자율 상승이 소비를 구축시킬 수는 있으나 투자를 크게 구축시키는 못하기 때문에 구축효과가 크게 발생하지 않을 수도 있다는 것이다.

③ 재정정책 시행과 효과에 대한 시차

재정정책은 경기침체 혹은 과열을 인지하고 정책을 집행하기까지 비교적 많은 시간이 걸린다. 우리는 이를 경제적 용어로 시차라고 부른다. 시차에는 인식시차, 내부시차, 외부시차 등으로 구분하며 **인식시차**는 경기침체나 과열을 정부가 인지하는 데까지 걸리는 시간을 일컫는다. 보통은 2분기 이상 총생산, 총소득, 고용 등이 감소하면 경기침체라 한다. 다음으로 **내부시차**는 재정정책을 집행하는 시간까지를 말한다. 재정정책의 경우, 경기침체를 정부가 인지하면 기재부(기획재정부)에서 현재 경기 상황과 경기를 부양하기 위해 재정정책이 필요하며 어떤 효과가 나타날 수 있는지 정책 보고서를 올린다. 재정정책은 해당 보고서에 따라 재정집행이 바로 이행되지는 않는다. 이유는 재정정책을 위해서는 자금이 필요하며 자금조달을 위해서는 국채를 발행하여야 하는데 국채는 바로 국가부채와 연결되므로 국회승인이 있어야 하기 때문이다. 따라서 국회연설을 통해 총리 등이 국채발행 필요성을 설명하고 이를 국회에서 받아들이게 되면 재정정책을 시행할 준비가 끝나는 것이다. 재정정책의 내부시차에 대해서 이론적으로 설명을 하였으나 이 과정이 쉽지는 않다는 것은 독자들도 인지할 것이다. 실제로 국가부채를 늘려 행해지는 재정정책이 장기적으로 성장률을 끌어 올릴만한 정책인지, 국가부채를 감당할 능력은 되는지, 앞으로 부담해야 할 추가적인 부채는 없는지 등 면밀히 따져봐야 하기 때문이다. 물론 여·야가 정치적인 목적을 가지고 장기적인 힘 싸움을 할 수도 있다는 점도 간과할 수 없다. 따라서 재정정책의 경우 내부시차가 상당히 지연되므로 적절한 시점에 정책을 이행하기 쉽지 않을 수 있다. 실제로 우리나라는 2008년 글로벌 금융위기 발생으로 경기가 둔화되자 추경예산을 편성하여 경기

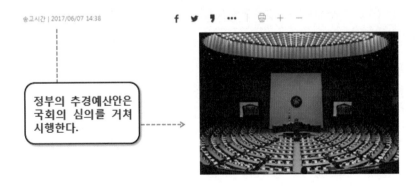

최신기사
정부 '일자리 창출' 추가경정예산안 오늘 국회 제출

송고시간 | 2017/06/07 14:38

정부의 추경예산안은 국회의 심의를 거쳐 시행한다.

추가경정예산안(연합뉴스)

를 부양하려 하였으나 여·야가 합의하는 과정에만 3개월이나 소요되는 일을 겪기도 했다. 이는 미국도 예외가 아니다. 미국은 9·11테러 이후 경기가 급속히 하락하는 모습을 보이자 추경을 편성하여 경기를 부양하려 하였으나 미국 의회 합의를 거치는데 무려 5개월이나 소요되기도 하였다. 반면 다음 단원에서 학습하겠지만 통화정책의 일환인 기준금리 변경은 금융통화위원회를 통해 결정하기 때문에 신속한 정책변경이 가능하다. 보다 자세한 내용은 다음 단원에서 살펴보도록 하겠다.

마지막으로 외부시차를 들 수 있다. **외부시차**는 재정정책을 집행하고 실제 성장률에 영향을 미치는데 까지 걸리는 기간을 말한다. 재정정책은 정부지출 및 세금을 통해 집행하기 때문에 어떤 선택을 하느냐에 따라 외부시차의 차이가 발생할 수 있다. 우선 경기침체 시 확장적 재정정책을 한다고 가정할 경우, 세금인하 정책은 비교적 빠르게 실질성장률에 영향을 줄 수 있다고 설명한다. 즉 세금을 인하하면 가계는 비교적 빠르게 소비를 진행한다는 말이다. 반면 정부지출은 직접 가계나 기업에게 자금이 전달되지 않는 이상 외부시차가 비교적 길다고 설명한다. 예를 들어, 도로나 항만과 같은 대규모 SOC사업과 같은 경우 건설하는데 시간이 비교적 많이 걸릴 수 있기 때문이다. 그럼에도 통화정책의 외부시차보다는 상대적으로 짧다고 설명한다.

표 8-2 | **재정정책과 통화정책의 시차비교**

	재정정책	통화정책
내부시차	길다	짧다
외부시차	비교적 짧다(세금) 비교적 길다(정부지출)	길다

4 재정정책의 정치적 고려 및 비판

정부지출이 실제로 행해지는 것을 살펴보면 많은 부분에 정치적인 고려가 작용한 것을 확인할 수 있다. 인간의 본성은 자신의 이익을 위해서 움직이기 때문에 정치인들이 표를 얻기 위해서 포퓰리즘 성격의 무리한 재정정책을 시행하는 경우가 많다. 특히 일부 국가에서는 공무원들과 정당들이 서로의 목적을 위해 담합하여 재정정책을 좌우하는 경우가 많은데 실제로 그리스에서는 공무원들과 정치인들이 담합하여 공무원들이 특정 정치인에 표를 몰아주고 정치인은 당선 이후 공무원들의 월급 등을 인상하는 일까지 행해졌다.

이런 정치적 영향 때문에 정치적 경기순환이라는 단어까지 등장하게 되었으며, 이는 선거가 있기 전에는 표를 얻기 위한 정치인들이 무작위 선심성 재정집행을 시행하고 표를 얻고 난 이후에는 국가부채를 염려하여 재정정책을 축소하는 과정에서 경기 변동이 발생할 수 있다는 의미다.

많은 사람들이 재정정책의 특징 등을 고려하여 이렇게 부작용이 많다면 실제로 재정정책을 시행하여야 하는가라는 의문점을 제기하고 있다. 특히나 재정정책은 통화정책처럼 미세조정[5]을 할 수 없기 때문에 도대체 어느 정도 정부지출을 늘려야 부작용 없이 경기를 부양할 수 있는지 알 수 없다.

이에 대해 경제학자들은 재정정책이 미세조정을 할 수 없기 때문에 가능한 미세조정을 할 수 있는 통화정책을 병행하거나 선제적으로 시행하기를 권고하며, 재정정책을 시행해야 한다면 GDP의 2% 수준을 넘지 않는 수준에서 시행하기를 권장한다. 통상적으로 경제가 지속 발전한다면 GDP 역시 매년 증가할 것이고, 물가 상승까지 고려한다면 GDP 2% 수준의 국가부채 증가는 국가 경제에 큰 부담이 되지 않는다고 보는 것이다. 또한 재정정책을 시행해야 한다면 소모적이거나 지속적으로 재정이 투입되어 장기적으로 국가재정을 악화시킬 수 있는 곳이 아닌 민간투자를 보완할 수 있는 사회간접자본 등에 투자되어야 한다고 주장한다. 예를 들어 도로나 항만, 공항 등의 건설을 통해 민간기업이 투자하기 좋은 환경을 조성함으로써 고용을 창출하고 지속적으로 생산성을 향상시킬 수 있어야 한다는 것이다. 즉 재정정책을 시행한다면 장기공급곡선이 우측으로 이동시킬 수 있는 정책을 찾아서 시행해야 한다는 뜻이다.

5 미세조정
통화정책의 경우 기준금리를 조정하여 정책을 시행하며, 보통 0.25% 단위의 금리를 조정하기 때문에 미세조정이 가능하다고 판단한다.

3 | 재정정책과 국가부채

재정정책을 논의할 때 빼놓을 수 없는 것이 바로 국가부채다. 앞서도 언급했다시피 경기가 침체에 빠지게 되면 확장적 재정정책을 논의하게 된다. 확장적 재정정책을 시행하기 위한 방법은 정부지출을 늘리거나 세금을 줄이는 방법이 있으며 두 가지 방법 모두 시행하기도 한다. 실제로 2008년 미국의 글로벌 금융위기가 발생하였을 때, 세금감면과 재정지출 확대를 같이 시행하였다. 확장적 재정정책을 시행하게 되면 독자들은 보통 추경(추가경정예산)을 편성한다는 소식을 자주 듣게 되는데 이는 현재 정부가 자금이 없기 때문에 민간[6]에서 자금을 빌려와야 한다는 것이다. 정부는 가계처럼 은행에서 자금을 차입할 수 없기 때문에 국채라는 것을 발행하여 자금을 차입하게 된다. 국채는 국가의 채권을 말하는 것으로 채권 발행자는 채권 매도자에게 투자금액을 받고 정해진 기간(분기, 반기, 년)에 이자금액을 납입하다가 채권 만기 때 원금과 이자를 상환해야 하는 의무를 지는 것이다. 즉 국채를 발행했다는 것은 국채 매수자로부터 자금을 유치하고 매분기 이자를 지급해야 하며, 국채 만기 시 원금과 이자를 지급해야 한다는 것이다. 따라서 정부가 추경을 위해 국채를 발행했다면 매분기 이자를 납입할 새로운 재정을 편성해야 한다. 이는 국채 발행을 통한 국가부채가 늘수록 이자 부담이 커진다고 해석할 수도 있다.

1 국가부채의 구성요소

그렇다면 실제로 국가부채는 국채 발행을 통한 부채만으로 구성되어 있을까? 사실 국가부채는 국채 발행을 통한 부채만으로 구성되어 있지 않고 외환시장안정용, 주택기금, 공적자금, 지방정부순부채 등 다양하게 구성되어 있다. 우리가 논의하고 있는 국가부채는 일반회계로 편성되어 있다. 그렇다면 국가부채를 구성하고 있는 각각의 사항들은 무엇을 의미하는 것일까? 우선 구성요소 중일반회계 다음으로 큰 외환시장안정용에 대해서 살펴보도록 하자. 외환시장안정용으로 사용되고 있는 부채는 우리나라 화폐인 원화가치의 안정을 위해 조성한 외국환평형기금에 대한 부채다. 그럼 원화의 안정성을 위해 이렇게 많은 자금이 필요한지에 대한 의문점이 드는 독자들이 있을 것이다. 우리나라는 1997년 외환위기를 겪으면서 환율 안정성에 대해 다시 생각하게 되었다. 그 대안으로 외환보유고를 쌓기 시작하였으며 외환보유고는 외국인 투자자들이 자금을 일시에 회수하더라도 원화의 가치 안정성을 보장해주는 역할을 한다. 그렇게 우리나라의 외환보유고는 지속적으로 증가하여 2023년 1월 현재 약 4,299억 달러(약 537

6
국채를 국내에서 발행하게 되면 민간의 자금을 빌려오는 경로를 따르는 것이고 국채를 해외에서 발행하게 되면 해외에서 자금을 빌려오는 경로를 따르는 것이다.

7
2023년 1월 현재 기준으로 우리나라 외환보유고는 세계 9위 수준이다.

조 3,750억원)를 보유하고 있다.[7] 이렇게 많은 외환보유고를 보유하기 위해서는 외평채(외국환평형기금채권)를 발행해야 하며 이것이 국가부채로 잡힌 것이다. 다음으로 주택기금은 국민들의 주거 안정을 위해 국민주택기금 등을 마련하기 위한 부채에 해당한다. 이어서 공적자금은 과거 금융기관 등의 구조조정 등을 위해 공적자금을 출자하였으며 이 역시 국가부채로 잡혀 있는 것이다.

그림 8-9 │ **한국의 국가부채 구성**

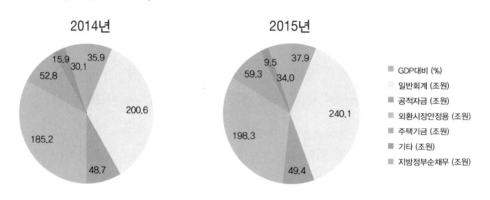

* 일반회계 부분이 점점 증가하는 추세를 보이고 있다.

그림 8-10 │ **한국의 외환보유고 추이**

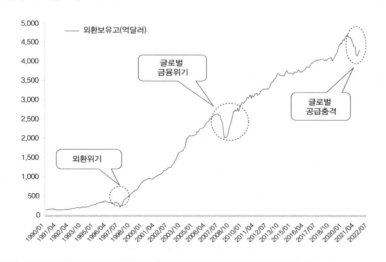

* 우리나라의 국가부채 구성 중 외환시장안정용으로 사용되는 자금은 외환보유고를 유지하기 위해 발행되는 외국환평형기금채권(외평채)이다. 우리나라는 지난 1997년 외환위기를 겪으면서 외환보유고의 중요성을 인식하고 외환보유고를 지속적으로 늘려왔다. 2023년 1월 기준으로 국내 외환보유고는 4,299억 달러를 기록하고 있다.
출처: 인포멕스

2 국가부채 및 GDP대비 국가부채 추이

국가부채 추이는 〈그림 8-11〉과 같이 점점 증가하는 추세를 따르고 있다. 더욱이 우리가 논의하고 있는 일반회계 부채 비율이 가장 크게 증가하고 있는 모습을 확인할 수 있다. 보통 국가부채가 해당 국가의 경제에 미치는 영향은 GDP대비 국가부채 지표를 활용한다. 이는 국가부채가 결국 조세수입에 의존하며 조세수입은 소득에 의존하고 소득은 GDP에 의존하기 때문이다. 즉 부채 갚을 능력을 보는 것이다. 우리나라 GDP대비 국가부채는 2015년 기준으로 37.9%다. 2009년 재정위기를 겪었던 유럽 국가들에 비해서 낮은 수준이다. 특히 국가파산 위기까지 내몰린 그리스의 경우, 국가부채가 GDP대비 120%를 넘기도 하였다.

GDP대비 국가부채 추이를 보면 2003년에서 2006년까지 크게 증가하였는데 이는 확장적 재정정책을 통한 국가부채 증가가 아니라 외환위기 때 투입하였던 공적자금 중 회수불능 상태에 놓인 자금을 국가부채로 전환하였기 때문이다. 이후 완만한 상승을 보이던 GDP대비 국가부채는 최근에 접근할수록 증가속도가 빨라지고 있다는 것을 확인할 수 있다. 특히 2019년부터 2021년까지 GDP대비 국가 부채가 급격히 상승한 것을 확인할 수 있는데 이는 코로나 팬더믹으로 인한 소상공인 지원금 지급과 전 국민 장려금 지급 확대 등 해당 기간 정부의 정

그림 8-11 | **국내 GDP대비 국가부채 추이**

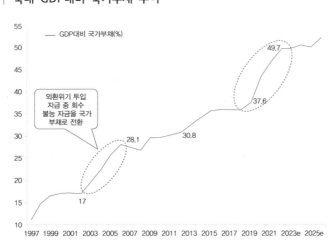

* GDP대비 국가부채 증가율은 최근 들어 확대되고 있는 모습을 보이고 있다.
출처: 인포멕스

책적 결정에 따른 결과이다. 국가 부채가 GDP대비 50%를 상회하며 여러 의견이 상존하고 있으나 아직 OECD 국가와 비교하였을 때 높은 수준은 아니라는 것이 일반적인 의견이다.[8]

8
다만, 국가부채성
자산으로 볼 수 있
는 공공기관의 부
채까지를 합하면
현재의 국가부채
수준보다 현저하게
높아지는 것을 확
인할 수 있으므로
이에 대한 고민도
필요한 시점이다.

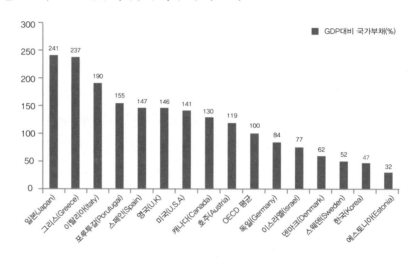

그림 8-12 | GDP 대비 국가부채 국가 비교(2021)

* 우리나라의 GDP대비 국가부채는 OECD 평균에 비해서도 매우 낮은 수준이다. 일본은 200%를 넘어서며 가장 높은 수준을 기록하고 있다.
출처: OECD

3 국가부채와 정부파산

2009년 유럽에 재정위기가 발생하여 GDP대비 국가부채가 높은 PIGS(포루투갈, 이탈리아, 그리그, 스페인) 국가들이 일제히 국제통화기금(IMF)에 구제금융을 신청하였다. 우리나라는 지난 1997년 외환위기로 인해 IMF에 구제금융을 신청한 경험이 있기 때문에 이것이 의미하는 바를 잘 알고 있다. 이 시기부터 각국의 국가부채에 대해서 세계적으로 많은 논의가 시작되었다. 실제로 GDP대비 국가부채가 높은 나라들은 국가신용등급이 하락하였고, 국제적으로도 우려의 목소리가 높아지기 시작하였다. 그렇다면 국가부채 증가가 국가파산으로 이어질까? 이에 대해서는 여러 가지 설명이 필요하다.

우선 국가부채의 주범인 국채발행을 생각해 보자. 국채는 만기가 있는 부채성 자산이며 만기에는 원금을 상환해야 하는 의무를 가진다. 즉 정부가 국채를 발행했다면 만기 때 원금 상환의무를 가지고 있다는 말이다. 하지만 정부는 신규 국채 발행을 통해 연장할 수 있으므로 만기 시에도 크게 문제가 되지 않는다. 또한 연기금, 보험사, 펀드 등 기관들의 국채에 대한 수요가 높기 때문에 문제가 되지 않을 수도 있다. 다만, 문제가 되지 않는다는 전제는 국가가 지속적으로 성장하고 있으며 경제순환에 큰 문제가 없을 때 가능한 일이다. 만약 그리스와 같이 성장률이 급락하거나 정부에 대한 신뢰가 하락한다면 국채 신규발행이 어려워 질 수도 있다. 두 번째로 정부는 조세징수권을 가지고 있기 때문에 국채에 대한 이자율이 상승하거나 국채 규모가 증가한 경우 이를 상환하기 위해 세금을 추가 징수할 수 있다. 즉 자금의 추가 출처가 있다는 말이다. 하지만 이것 역시 정상적인 경제수준을 유지하고 있다는 가정 하에 가능하다. 만약 조세 인상에 대해 국민들이 저항하거나[9] 국제 투자자들이 조세 인상을 좋지 않은 신호로 받아들인다면 국채 만기 시 재투자가 어려울 수 있으며 정부의 의도만큼 세금 증가가 크지 않을 수도 있다.

세 번째로 미래세대에 대한 전가를 들 수 있다. 이는 국가부채에 대해 가장 큰 논란이 되는 주제로 국가부채는 혜택을 받는 세대와 부담을 지는 세대가 다르다는 논리에서 출발한다. 단순하게 생각하면 돈은 내가 빌려 쓰고 몇 십년 뒤에 다른 사람이 돈을 갚는다는 논리다. 즉 국채를 지금 발행해서 현 세대들의 복지혜택에 사용하고 해당 부채는 미래세대가 부담하게 된다는 것이다. 이에 대해서는 앞서 설명한 국채의 신규발행과 조세징수권을 통해 국가가 해결할 수 있다. 다만, 채권의 규모가 확대되거나 세금이 증가하게 되면 미래세대들의 가처분소득이 감소하게 될 것이기 때문에 부담을 미래에 전가하는 꼴이 될 수도 있다.

다섯 번째로 국가부채에 대한 일시적 상환으로 국가가 파산할 수도 있다는 것이다. 이에 대해서는 국채를 보유한 주체가 연기금, 보험사, 펀드 등 국내 투자자로 국가부채는 곧 국민의 자산이기 때문에 일시 상환이 일어날 가능성이 적다는 의견이 있다. 즉 부채를 갚는다는 것은 국민에게 자금을 상환한다는 것으로 국가부채에 부담이 없다는 것이다. 하지만 이는 일본의 경우에 해당되는 말이다. 일본의 경우 GDP대비 국가부채가 약 240%(2017년 기준)로 세계에서 가장 높다. 하지만 〈그림 8-13〉에 나타나 있는 것처럼 일본 정부가 발행한 국가부채

9
이를 조세저항이라고 한다.

는 대부분 일본 국민이 보유하고 있다. 따라서 GDP대비 국가부채가 높다 하여
도 크게 염려되지는 않는다. 반면, 외국인 투자자 비중이 높은 나라들은 국내 경
제에 문제가 발생할 경우, 그리스처럼 일시 상환을 요구할 수 있고 이에 응하지
못하면 국가파산에 이르게 될 수도 있다.

그림 8-13 | **일본의 국채보유 비중(2012.9)**

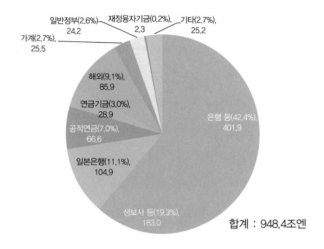

출처: 일본 재무성

그림 8-14 | **그리스의 국채 보유비중과 채무위기**

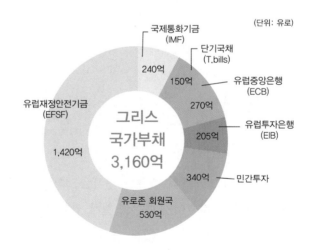

* 그리스는 대부분의 국채를 해외 투자자들을 통해 조달하였으며 이를 생산성 향상에 투자하지 않고 선심
  성 자금으로 활용하며 국가디폴트를 자처했다.
출처: KOTRA 해외비즈니스정보포탈 Global window

01 재정정책이란 총수요정책의 일환으로 경기가 침체되거나 과열되었을 경우, 이로 인해 발생하는 경제적 부작용을 해소하기 위해 국가가 (   )이나 (   )을 조정하여 총수요를 조정하는 정책을 말한다.

02 다음 중 확장적 재정정책에 대한 설명으로 바르게 짝지어진 것은?

> a. 정부가 일자리 확충을 위해 추경을 편성하였다.
> b. 가계의 가처분 소득 확대를 위해 세금을 인하하였다.
> c. 정부가 일자리 확충을 위한 재원 마련을 위해 세금을 인상하였다.
> d. 정부가 가계의 소득 보전을 위해 최저임금을 크게 인상하였다.

① a, b   ② a, c   ③ a, d   ④ b, c   ⑤ c, d

03 확장적 재정정책의 경로를 다음 IS-LM, AD-AS 그래프를 이용하여 설명해 보시오. 그리고 IS-LM, AD-AS의 최초 균형점과 어떤 차이가 있는지 설명해 보시오. (정부지출의 증가와 세금인하로 설명해 보시오.)

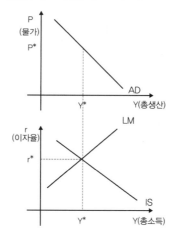

04 정부지출 증가분 보다 GDP 증가분이 더 크게 증가하는 현상을 재정승수효과라고 한다. 실제로 정부는 재정승수효과가 큰 사업을 분석하여 정부지출을 단행한다. 그렇다면 정부지출 1조원을 투입해서 GDP가 5조원 상승하였다면 재정승수는 얼마인가? 또한 어떤 경로를 통해 GDP가 확대되었는지 설명해 보시오.

05 확장적 재정정책 시행 시 세금인하 효과는 세금인하분 만큼 GDP가 증가하지 않는다는 사실을 확인하였다. 그 이유는 아래 소비함수에 나타나 있는 것처럼 한계소비성향 때문이라고 하였다. 즉 가계는 가처분소득 중 일부분을 저축하기 때문에 가처분소득 모두가 소비로 연결되지 않는다는 것이다.

$$C = mpc(y - t)$$

그렇다면 정부가 세금 인하로 GDP 10조원을 부양하려는 정책을 시행한다고 가정하면, 실제로는 얼마의 세금 인하를 단행해야 하는지 계산해 보시오(한계소비성향은 0.7).

06 긴축적 재정정책은 경기가 과열되어 인플레이션이 크게 발생한 경우, 정부지출 감소나 세금 인상을 통해 물가를 하락시키고 총생산을 줄이려는 정책을 말한다. 하지만 케인즈 모형에서는 이런 이론적 설명이 불가능하다. 그 이유에 대해서 설명해 보시오. (그래프를 그려서 설명해 보시오.)

07 자동안정화 장치로 불리는 소극적 재정정책은 조세수입을 경기변동에 따라 자동적으로 조정하여 경기과열 시에는 인플레이션을 억제하고 경기침체 시에는 경기가 더 크게 하락하는 것을 방어하는 정책이다. 이처럼 정부의 적극적인 행동 없이 자동적으로 경기변동성을 줄일 수 있는 것은 무엇 때문인가? 이를 다음 그래프를 이용하여 설명해 보시오. 또한 현재 경제 상황이 GDP_3 라면 정부 예산은 어떻게 되는지 설명해 보시오.

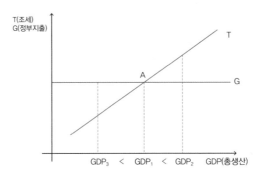

08 재정정책에 대한 비판적 시각 중 세금인하 효과가 없을 수 있다는 견해가 있다. 이는 정부의 세금 감면이 가계의 소비로 연결되지 않고 미래의 불확실성에 대비해 저축으로 이어질 경우를 말하는 것이다. 그렇다면 정부가 세금인하 효과를 보기 위해서는 가계에게 무엇을 해줘야 하는지 설명해 보시오.

09 다음 구축효과에 대한 설명 중 맞는 것은?
① 구축효과는 재정정책의 긍정적인 효과를 말한다.
② 구축효과는 국채 발행이 시장금리를 인하한다는 것에서 출발한다.
③ 시장금리 인하가 투자수요를 증가시켜 경제에 긍정적인 영향을 미친다.
④ 완전고용 수준 이하에서는 구축효과가 발생하지 않을 수도 있다.
⑤ 구축효과로 인해 시중에 유동성이 풍부해진다.

10 구축효과를 아래 IS-LM, AD-AS 그래프를 이용하여 설명해 보시오.

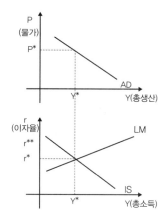

11 다음은 재정정책과 통화정책 시차를 비교한 표이다. 괄호 안을 채워 보시오.

	재정정책	통화정책
내부시차	( )	( )
외부시차	( )	( )

12 다음은 재정정책과 통화정책의 시차에 대한 설명이다. 틀린 것은?

① 통화정책은 금통위 회의를 통해 결정하면 되기 때문에 내부시차가 짧다.

② 재정정책의 외부시차가 긴 것은 국회의 승인을 받아야 하기 때문이다.

③ 금리전달 경로를 통해 통화정책이 전달되기 때문에 통화정책 외부시차는 긴 편이다.

④ 세금 인하 정책은 바로 가계의 가처분소득 증가로 이어지므로 외부시차가 짧다.

⑤ 재정정책은 추경 편성안이 국회를 통과해야 하므로 내부시차가 길다.

13 한국 국가부채의 구성항목이 아닌 것은?

① 일반회계　　　　　　② 주택기금　　　　　　③ 사회안정기금
④ 외환시장안정용　　　⑤ 공적자금

14 국가부채에 대한 세계적 지표는 GDP대비 국가부채를 사용한다. GDP대비 국가부채를 사용하는 이유에 대해서 설명해 보시오.

15 일부 전문가들은 국가부채가 확대되어도 국채를 재발행하거나, 세금을 인상하여 재원을 조달할 수 있기 때문에 문제가 없다고 주장한다. 하지만 2009년 유럽의 재정위기를 시작으로 국가부채는 국가 부도 위험과 직결될 수 있음을 확인하였다. 그렇다면 그리스와 아르헨티나 등 국가부채로 인해 위기를 맞은 국가들의 예를 통해 국가부채가 국가경제에 어떻게 영향을 미치는지 설명해 보시오.

16 현재 우리나라의 국가부채에 대해서 조사해 보고, 추세에 대해서 설명해 보시오. 또한 우리나라를 포함한 주요국의 GDP대비 국가부채 비교해 보시오.

CHAPTER

09

통화정책

단원을 시작하며

독자들은 주요 매체를 통해 최근 금리 상황이 어떻게 변하고 있는지 자주 접하고 있을 것이다. 그도 그럴 것이 금리는 우리 생활에 매우 밀접한 관계가 있기 때문이다. 예를 들어 독자들이 자산(부동산, 자동차 등) 매입을 계획하고 있거나 불확실성에 대비하기 위해 저축할 수도 있으며 생활자금, 주택자금, 투자자금 등을 마련하기 위해 대출을 할 수도 있다. 이런 행위들은 금리에 영향을 받기 때문에 금리 변화가 국민들의 중요한 관심사가 되는 것이다.

그렇다면 금리는 오르는 것이 좋을까? 내리는 것이 좋을까? 만약 여러분들이 금융자산 보유자라면 금리가 오르는 것을 반길 것이다. 이유는 금리 인상으로 이자수익이 증가할 것이기 때문이다. 하지만 금융부채가 많다면 금리가 내리는 것을 선호할 것이다. 왜냐하면 이자비용을 절감할 수 있기 때문이다.

이렇게 중요한 금리는 어떻게 결정되는 것일까? 우리는 본 단원을 통해 금리가 어떻게 결정되며 이렇게 결정된 금리가 통화정책이라는 통화당국의 결정을 통해 실물경제 등에 어떤 영향을 미치는지 확인해 볼 것이다.

---

1 | 화폐와 금융기초

통화정책은 화폐와 금융시장을 통해 실물경제에 영향을 미치는 경로를 확인하는 것으로 통화정책을 살펴보기에 앞서 간단한 화폐의 기능과 화폐의 구성요소, 중앙은행 역할 등을 살펴보도록 하자.

1 화폐의 기능[1]

모든 국민이 가치를 인정하고 국가가 법화로 인정한 것을 우리는 화폐라고 부른다. 통상 우리나라에서는 한국은행이 발행한 한국은행권(5만원, 1만원, 5천원, 1천원 등)을 법화로 사용하며 국내 모든 거래에 사용한다.[2]

화폐의 기능은 다음 3가지로 구분할 수 있다.

[1] 화폐의 기능
화폐의 기능은 저자의 『금융과 경제』를 인용하였다.

[2]
한국은행법 48조

1) 가치의 척도

화폐는 재화와 서비스의 가치를 측정하는 회계적 단위로 사용된다. 보통 우리나라에서 키나 신발 사이즈는 센티미터 단위를 사용하고 몸무게는 킬로그램 단위를 사용한다. 이와 같이 각각의 특정한 척도를 사용하여 크기나 무게를 측정하는 것과 같이 재화와 서비스 가치를 화폐의 단위로 측정할 수 있다. 보통 우리가 상점에서 물건 가격이 표시되어 있는 것이 그 물건 가치의 척도를 화폐로 표시한 것이다. 이는 매우 편리한 방법이며 만약 화폐와 같은 가치의 척도를 나타내는 지표가 없다면 각각의 재화마다 교환비율이 있어야 할 것이다. 예를 들어 쌀 1가마니는 소고기 1근, 혹은 돼지고기 5근과 같이 각각의 교환비율이 있어야 하며 스마트폰 1/20개라는 웃지 못 할 교환비율도 존재했을 것이다. 우리는 화폐의 가치척도 기능을 통해 화폐 단위로 재화와 서비스들의 가치를 비교할 수 있는 것이다.

2) 교환의 매개수단[3]

화폐의 기능 중에는 교환의 매개수단이 있다. 교환의 매개수단은 화폐가 없다는 것을 가정하고 물건을 교환하는 과정을 생각해 보면 쉽게 이해할 수 있다. 여러분은 훌륭한 농사꾼으로 벼농사를 아주 잘 짓는 농부라고 가정해 보자. 수확한 쌀 중에 여러분이 먹고 남는 잉여쌀을 반찬으로 사용할 감자와 교환하고 싶다고 해보자. 이런 거래 방식이 바로 물물교환(bater)이다. 여러분은 쌀을 등에 지고 열심히 강과 산을 건너 강원도에 도착하여 감자농사를 짓는 이에게 교환을 요구할 것이다. 하지만 감자농사를 짓는 사람은 쌀이 아니라 귤과 교환하고 싶어 한다고 가정해 보자. 그럼 교환이 성립하겠는가? 이를 경제학에서는 "욕망의 이중적 일치" 혹은 "욕망의 불일치"라고 표현한다. 즉 서로가 원하는 물건이 다를 경우 거래가 성사될 수 없다는 것이다. 그럼 독자들은 귤과 쌀을 교환해 귤과 감자를 다시 교환하는 방식으로 감자를 얻고자 할 수도 있다. 그래서 다시 쌀을 짊어지고 제주도로 향했다고 해보자. 그러나 제주도 과수원 주인은 쌀이 아닌 강원도 배추와 교환하기를 원한다면 어떻게 하겠는가? 이제는 거래를 포기하는 것이 나을 수도 있다. 이런 가정을 통해 생각해 보면 화폐가 얼마나 유용한 기능을 가지고 있는지 파악될 것이다. 자 이제 앞서 설명한 과정에서 화폐가 들어가면 어떤 결과가 나타날지 한 번 생각해 보자. 아주 간단히 여러분은 잉여쌀을 시장에 내다 팔고 받은 돈을 가지고 필요한 감자를 사면된다. 이것이 교환의 매개수단으로서의 화폐의 기능이다.

3) 가치의 저장수단

화폐는 저장의 수단으로서도 사용된다. 앞서와 마찬가지로 독자들이 농부라고 가정한다면 독자들은 남는 잉여쌀을 창고에 보관할 것이다. 다행히 쌀은 통풍이 잘되고 적정한 온도를 유지한다면 한 동안 저장이 가능하지만 화폐에 비해서는 그 저장 능력이 현저하게 떨어진다. 특히 쌀은 시간이 지날수록 가치가 떨어진다. 이제 앞선 과정에 화폐를 넣어서 설명해 보자. 여러분들은 쌀이 신선할 때 가장 좋은 가격으로 시장에서 판매하고 화폐로 보유할 수 있게 된다. 또한 자산의 형태로 화폐를 저장할 수 있으며 이는 현재의 구매력을 미래로 이전시키는 효과도 가져올 수 있다.

2 화폐의 구성요소[4]

[4] 화폐의 구성요소
화폐의 구성요소는 저자의 『금융과 경제』를 인용하였다.

국내 통화지표는 크게 4가지로 구분하고 있다. 우선 2002년부터 유동성을 기준으로 협의 통화(M1), 광의 통화(M2)로 구분하였고 2006년부터 더 넓은 통화지표를 위해 금융기관 유동성(Lf), 광의 통화(L)를 구분하여 총 4가지로 작성하고 있다.

1) 협의 통화 M1

협의 통화(narrow money)는 유동성이 크며 지급결제수단으로서의 기능을 중시하여 정의된 지표다. 지급결제수단으로서의 기능이란 언제든 재화와 서비스를 구매할 수 있는 용도로서의 화폐를 의미하며 거래의 목적을 가진 화폐로 정의한다. 또한 유동성이 크다는 의미는 언제든지 현금화 할 수 있음을 나타내는 것으로 예금취급기관이 취급하는 요구불예금과 수시입출금식 예금 등이 이에 해당한다. 요구불예금은 고객이 지급을 요구할 시 언제든 현금을 인출할 수 있는 예금을 의미하며 수시입출금식 예금 역시 언제든 입출금이 가능한 예금을 의미한다. 이런 예금의 경우 대부분 이자가 없거나 아주 작다.

이외에 수시입출금식 저축성예금 등이 포함되며 MMDA(Money Market Deposit

Account), MMF(Money Market Fund), MMT(Money Market Trust) 등도 포함된다. 여기서 저축성예금이란 수시입출금도 가능하지만 일정한 만기를 포함할 수 있는 예금으로 요구불예금 등에 비해 금리가 높은 상품을 말한다. 이외 발행기관에 따라 은행은 MMDA를, 자산운용사는 MMF를, 신탁사는 MMT를 판매한다. 그러나 최근 자본시장과 금융투자업에 관한 법률에 따라 투자증권사(증권사) 내에 자산운용사와 신탁사를 둘 수 있으므로 MMF와 MMT는 증권사를 통해 판매되고 있다. 보통 M1은 단기 금융시장의 유동성을 측정하는데 매우 유용한 지표로 활용된다.

$$M1 = 현금통화 + 요구불예금 + 수시입출금식 저축성예금$$
$$(MMDA, MMF, MMT 등)$$

2) 광의 통화 M2

광의 통화(broad money)는 협의 통화에 준결제성예금을 추가한 통화지표다. 준결제성예금이란 협의 통화에 비해 유동성은 낮지만 소유자가 원할 경우 이자소득을 포기하고 언제든지 결제성 자금으로 전환할 수 있는 예금을 뜻한다. 준결제성예금에 포함되는 지표는 정기 예·적금 및 부금, 시장형 금융상품, 실적 배당형 금융상품, 금융채 등이 있다.

먼저 정기예금은 최초 불입액을 만기에 이자와 같이 상환 받는 상품을 말하며 정기적금은 일정금액을 매월 납입하고 만기 시 이자와 같이 상환 받는 상품을 말한다. 시장형 금융상품에는 양도성예금증서(CD, Certificate of Deposit), 환매조건부채권(RP, Repurchase Agreements), 표지어음 등이 있다. 여기서 CD는 무기명 예금증서로 예금의 역할을 하지만 양도가 가능한 증서를 말한다. RP는 채권을 일정한 기간과 조건으로 되사는 것을 말한다. 표지어음은 기업어음이나 무역어음 등을 근거로 은행이 재발행한 어음을 말한다. 다음으로 실적배당형 금융상품에는 금전신탁, 수익증권, CMA(Cash Management Account) 등이 있다. 금전신탁은 신탁에 자금을 맡기고 운용수익에 따라 배분 받는 금융상품을 말하며 수익증권은 우리가 흔히 말하는 펀드상품을 뜻한다. 수익증권은 자금을 불특정다수에게 위탁받아 펀드를 구성하고 이에 따른 수익을 배분할 증서를 발행하는데, 이를 수익증권이라 한다. CMA는 투자증권사가 자금을 위탁받아 단기채무증서, 발행어음, CD 등을 운용하여 수익금을 배분하는 단기 금융상품이다. 기타 부분에는 발행어음이나 증권저축 등이 포함된다. 이들 상품들은 만기가 2년 이내의 유동성을 갖는 상품들이다.

M2=M1+정기 예·적금 및 부금+시장형 금융상품(CD, RP, 표지어음 등)
+실적 배당형 금융상품(금전신탁, 수익증권, CMA 등)+금융채+기타

3) 금융기관 유동성(Lf)

금융기관 유동성은 비은행금융기관까지도 포함하는 유동성 수준을 측정하기 위한 지표로 M2에 예금취급기관의 만기 2년 이상 예·적금과 금융채 등을 포함한다. 또한 2년 이상의 금전신탁과 생명보험사의 보험준비금 및 증권금융사의 예수금 등이 포함된다.

Lf=M2+M2 포함 금융상품 중 만기 2년 이상 정기 예·적금 및 금융채
등+한국증권금융의 예수금+생명보험회사의 보험계약준비금 등

4) 광의 유동성(L)

광의 유동성은 발행 주체에 상관없이 정부나 기업이 발행한 모든 유동성을 의미한다. 따라서 광의 유동성에는 금융기관 유동성에 정부와 기업이 발행한 국채, 지방채, 회사채, 기업어음 등이 포함된다.

L=Lf+정부 및 기업 등이 발행한 유동성 시장금융상품
(증권회사 RP, 여신전문기관의 채권, 예금보험공사채, 자산관리공사채,
자산유동화전문회사의 자산유동화증권, 국채, 지방채, 기업어음, 회사채 등)

표 9-1 | 통화 및 유통성 지표 구성 금융상품

	통화지표		유동성지표	
	M1(협의통화)	M2(광의통화)	Lf(금융기관 유동성)	L(광의유동성)
현금통화	●	●	●	●
요구불예금	●	●	●	●
수시입출식 저축성예금	●	●	●	●
MMF		●	●	●
2년 미만 정기예적금		●	●	●
수익증권		●	●	●
시장형 상품1)		●	●	●
2년 미만 금융채		●	●	●
2년 미만 금전신탁		●	●	●
기타 통화성 금융상품2)		●	●	●
2년 이상 장기금융상품			●	●
생명보험계약 준비금 등3)			●	●
기타금융기관 상품4)				●
국채, 지방채				●
회사채, CP5)				●

주: 1) CD, RP, 표지어음
    2) CMA, 2년 미만 외화예수금, 종합금융회사 발행어음, 신탁형 증권저축
    3) 증권금융 예수금 포함
    4) 손해보험회사 장기저축성보험계약 준비금, 증권사 RP, 예금보험공사채, 여신전문기관 발행채 등
    5) 전자단기사채 포함
출처: 한국은행

그림 9-1 | 통화 및 유동성 지표 증가율 추이

출처: 한국은행

3 중앙은행과 금융통화위원회

1) 중앙은행(한국은행)

우리나라는 중앙은행 제도를 채택하고 있으며 우리나라의 중앙은행은 한국은행이다.[5] 한국은행은 시중은행과는 다른 특수한 기능을 수행하고 있으며 그 기능은 다음과 같다. 우선 한국은행은 발권기능을 가지고 있다. 즉 현금통화를 찍어 낼 수 있다. 다음으로 한국은행은 정부의 은행으로서의 역할을 수행한다. 이는 정부가 정부의 재원인 세금을 한국은행을 통해 수납하고 이를 지출하는 것을 말한다. 또한 정부자금이 추가로 필요할 때 국채를 발행하기도 한다. 세 번째로 한국은행은 은행의 은행 역할을 수행한다. 은행의 은행이라고 표현하는 이유는 일반 저축금융기관에서 예금을 받거나 대출을 해주기도 하기 때문이다. 물론 일반 가계의 예금, 대출을 하는 것과는 차이가 있다. 한국은행이 일반 저축금융기관에 예금을 받는 것은 하루짜리 여유자금이며 저축금융기관이 자금과부족 시 하루짜리 대출을 해주는 것이다. 또한 일반 저축금융기관에 유동성 문제가 발생하였을 경우, 최종 대부자로서의 기능도 수행한다. 즉 금융시장의 신뢰성 회복 및 붕괴를 막기 위해 특별대출을 진행하기도 한다. 네 번째는 은행의 감독기능을 수행한다. 한국은행은 금융감독원과 더불어 시중은행 등을 감독하고 규정 준수 여부를 파악한다. 마지막으로 중앙은행은 통화량을 조절하는 기능을 수행한다. 이는 우리가 앞으로 살펴볼 통화정책과도 긴밀히 연관되어 있다. 즉 중앙은행은 통화당국으로서 통화량을 조절하여 이자율을 간접적으로 조정하는 것이다.

중앙은행의 기능과 더불어 주의 깊게 살펴봐야 할 것이 바로 **중앙은행의 독립성**이다. 한국은행 제3조에 따르면 한국은행의 통화정책은 중립적으로 수립되고 자율적으로 집행되어야 하며 자주성이 존중되어야 한다고 적시되어 있다. 이는 한국은행의 목표인 물가안정을 위해 통화량과 이자율을 조정하여야 한다는 것이다. 이렇게 독립성이 유지되어야 하는 이유는 정치인들이 표를 위해 총수요 증가정책을 시행하게 되면 물가가 상승하게 되는데, 이때 통화당국의 독립성이 결여된다면 오히려 금리를 낮추는 우를 범할 수도 있기 때문이다. 앞서도 설명했지만 국회의원은 선거를 통해 선출되는 자리이고 이에 행정부 역시 이런 외압에서 자유롭지 않다. 따라서 통화당국은 정치적 외압으로 벗어나 독립성을 보장해야 한다.

5 중앙은행
미국의 중앙은행은 미연방준비은행(Federal Reserve Bank)이며 일본의 중앙은행은 일본은행(Japan Bank)이다.

2) 금융통화위원회와 기준금리

금융통화위원회는 한국은행 내에서 통화신용정책에 관한 주요 사항을 심의·의결하는 정책결정기구다. 금융통화위원회는 보통 줄여서 **'금통위'**라고 부르며 대표적인 업무로는 기준금리를 결정하는 일을 한다. 금통위 위원은 한국은행 총재 및 부총재를 비롯하여 총 7인으로 구성되어 있으며 한국은행 총재는 국무회의를 거쳐 대통령이 임명하고 금통위 의장을 겸임한다. 부총재는 총재의 추천에 의해 대통령이 임명하며 나머지 위원들은 각각 기획재정부 장관, 한국은행 총재, 금융위원회 위원장, 대한상공회의소 회장, 전국은행연합회 회장의 추천을 받아 대통령이 임명한다. 구성원의 임기는 한국은행 총재가 4년, 부총재 3년, 나머지 위원은 4년으로 위원들은 연임이 가능하나 한국은행 총재와 부총재는 1차례에 한해서만 연임이 가능하다. 금통위는 매월 둘째 주 목요일에 정기회의를 개최하며, 기준금리에 대한 결정은 본회의를 통해 연 8회 실시한다. 통상적으로 전체 위원 7인 중 5인 이상 출석과 출석위원 과반수의 찬성이 있을 시 안건을 심의·의결하게 된다.

이렇게 금통위에서 결정한 기준금리는 은행의 예금금리, 대출금리는 물론 자본시장의 채권 수익률, 회사채 수익률 등에 기준이 된다. 그렇다면 이렇게 중요한 기준금리를 결정하는 금통위 위원들은 무엇을 기준으로 기준금리를 결정할까? 우리나라의 중앙은행인 한국은행의 통화정책 목표는 물가안정에 있다.[6] 즉 물가안정목표제를 시행하고 있다. 따라서 과도하게 물가가 상승할 경우 우리나라 경제에 미칠 악영향을 우려하여 선제적으로 기준금리를 조정하는 정책을 시행하는 것이다. 기준금리 결정에 최우선 목표는 물가에 있지만 실제 통화정책 운영은 경기 및 금융, 외환시장 상황, 세계경제 흐름 등을 종합적으로 고려(look-at-everything approach)한다. 즉 단순히 목표물가수준만을 타깃하기 위해서 기준금리를 결정하는 것이 아니라 국내외 경기 동향 및 환율 상황 등 모든 경제 상황을 고려하여 기준금리를 결정한다는 것이다. 예를 들어 최근에 저금리 기조는 국내 경

6
한국은행법 제1조 제1항은 "한국은행을 설립하고 효율적인 통화신용정책의 수립과 집행을 통하여 물가안정을 도모함으로써 국민경제의 건전한 발전에 이바지함"으로 정의하고 있다.

금융통화위원회

제가 저성장 국면에 접어들면서 좀처럼 회복될 기미를 보이지 않기 때문에 경기부양을 위한 목적에 기인한 바가 크다. 이와 더불어 선진국들의 비전통적 통화정책인 양적완화에 대응하고자 기준금리를 인하한 것이다. 한국의 기준금리는 현재 한국은행과 금융기관과의 환매조건부채권(RP) 매매금리를 사용하고 있다. 환매조건부채권 매매금리 이전에는 콜금리를 사용하였으며 콜금리는 은행 간 초단기 거래에 사용되는 금리를 말한다.[7]

7
기준금리의 결정은 저자의 『금융과 경제』를 인용하였다.

그림 9-2 | **국내 기준금리 및 물가 추이**

출처: 한국은행

그림 9-3 | **한국과 미국의 기준금리 추이**

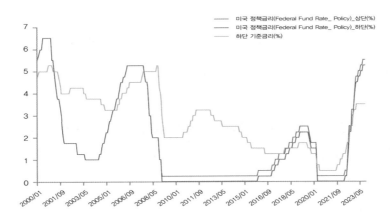

* 미국의 기준금리는 2008년 12월부터 상단과 하단을 별도로 발표한다.
출처: FED

2 | 통화정책 수단

통화정책은 재정정책과 더불어 총수요를 조절하는 대표적인 정책으로 통화량 조절을 통해 시장금리를 변동시킴으로써 총수요를 관리하는 정책이다. 통화정책의 수단은 공개시장조작, 지급준비율, 재할인율 등 크게 3가지로 구분할 수 있다.

1 공개시장조작

공개시장조작은 채권이 거래되는 공개시장을 통해 한국은행이 국채를 조정하여 통화량을 조절하는 정책이다. 여기서 채권이 거래되는 공개시장이라 함은 채권시장을 의미하는 것이다. 보통 금융투자시장은 크게 주식시장과 채권시장[8]으로 구분한다. 정부는 채권시장을 통해 국채 등을 발행하여 자금을 조달하게 되는데 이는 적자예산을 메우거나 추가적인 정책 시행을 위한 자금 조달[9] 방법에 해당한다. 즉 공개시장조작을 조금 더 구체적으로 설명하자면 통화량 조절을 목적으로 한국은행이 채권시장에서 국채 등을 매수 혹은 매도하는 행위를 말한다. 한국은행이 통화량 조절을 위해 주로 사용하는 채권은 국채, 정부보증채, 통화안정증권[10] 등이 있다. 공개시장조작은 아래 설명과 같이 통화량을 늘리는 공개시장매입과 통화량을 줄이는 공개시장매각이 있다.

1) 공개시장매입

공개시장매입은 한국은행이 통화량을 증가시킬 목적으로 시중에 있는 국채을 매입하는 행위를 말한다. 예를 들어 한국은행이 시중은행을 상대로 1천억원 상당의 국채를 매입한다면 시중은행 계정에 있던 국채가 한국은행으로 넘어가고 대신 현금 1천억원이 은행 계정에 들어가게 되는 것이다. 즉 시중에 현금이 1천억원 증가한 것으로 통화량이 증가하였다고 설명한다. 이 과정에서 실제로는 현금이 1천억원 이상 증가하게 되는데 그 이유는 신용창출[11]에 있다. 예를 들어 은행의 지급준비율이 10%라면 은행은 현금 10%만 남기고 나머지는 전부 대출을 진행하기 때문에 실제 현금 창출은 1조원($\frac{1천억}{0.1}$)이 된다.

8
자세한 내용은 저자의 『금융과 경제』를 참고하길 바란다.

9
추가경정예산, 줄여서 추경이라고 부른다.

10 통화안정증권
통화안정증권은 통화량 조절을 위해 발행되는 단기 채권이다.

11 신용창출
신용창출은 아래 설명을 통해 확인하길 바란다.

공개시장매입을 통해 증가한 통화량은 시장이자율을 하락시키게 되는데, 이는 독자들이 직감적으로 생각해도 쉽게 이해할 수 있다. 즉 시장에 돈이 많으면 돈을 빌리기가 수월해 지고, 돈을 빌려줄 사람이 많다는 이야기는 저렴하게 돈을 빌릴 수 있다는 말과 같다. 즉 이자율이 낮아진다는 것이다. 이는 우리가 앞서 배운 IS-LM곡선으로도 확인이 가능하다. 〈그림 9-4〉와 같이 통화량이 증가하면 LM곡선이 LM'로 우측 이동하게 된다. 이 과정을 통해 새로운 균형점 B에서는 A점의 이자율(r^*)보다 낮다(r^{**})는 것을 확인할 수 있다. 즉 통화량이 증가하게 되면 이자율은 하락하는 것이다.

그림 9-4 | **IS-LM곡선 공개시장매입에 따른 이자율 하락**

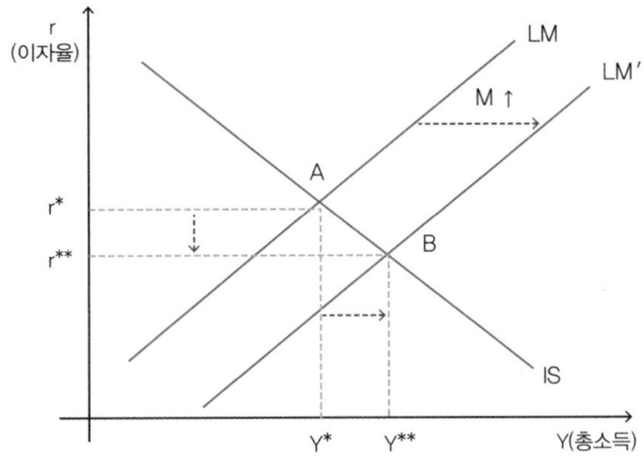

[은행의 마술 신용창출]

은행의 주요 업무는 예금과 대출이다. 즉 고객으로부터 받은 예금을 대출함으로써 이익을 창출하는 것이다. 따라서 은행은 더 많은 대출을 할수록 수익이 올라가는 구조라고 할 수 있다. 하지만 100원 예금을 받아 100원 모두 대출을 해준다면 어떤 문제가 발생할까? 만약 100원을 예금한 예금주가 돈을 찾기 위해 은행을 방문하였을 경우, 은행은 100원을 내줄 수 없기 때문에 파산하고 말 것이다. 이 때문에 은행은 고객 돈의 일정부분을 현금으로 보유하고 있어야 하는데 이것을 '지급준비금(reserve)'이라고 한다. 예를 들어 지급준비율이 10%라고 한다면 위의 은행은 10원을 현금(지급준비금)으로 보유하고 있어야 한다는 말이다. 10원으로 어떻게 100원에 대한 인출을 막을 수 있을까 생각하는 독자들도 있겠지만 사실 많은 예금고객 중 실제 현금을 찾으러 오는 고객은 소수이므로 약 10% 정도만 현금을 보유하고 있어도 현금을 지급하는데 큰 무리가 없다.

이렇게 지급준비금을 제외한 나머지 금액은 은행 수익을 위해 대출을 실행한다. 즉 90원의 자금이 대출로 시중에 나가는 것이다. 여기서 90원을 대출한 고객은 90원을 집안 금고에 두지 않고 다시 은행에 예치하여 필요할 때 사용한다. 90원이 다시 은행에 돌아왔다는 것은 은행 입장에서 예금 90원이 늘어난 것이고 이 중 10%인 9원만 남기고 81원은 다시 대출을 할 수 있다는 의미가 된다. 신기하게도 첫 예금은 100원이었는데 은행 예금잔액은 190원, 271원… 계속 늘어나게 된다. 그렇다면 어디까지 늘어날까? 예금은 1천원이 될 때까지 늘어난다. 이는 등비수열의 합이라는 것으로 쉽게 구할 수 있는데 최초 예금 금액이 100원이고 지급준비율이 10%이므로 $\frac{100원}{0.1}$[12]식을 이용하면 1천원을 구할 수 있다.[13]

2) 공개시장매각

공개시장매각은 공개시장매입과 반대되는 것으로 한국은행이 채권시장에서 채권을 매도함으로써 시중 자금을 흡수하는 것을 의미한다. 즉 한국은행이 국채를 매도하게 되면 시중은행 계정에서 현금이 나가고 국채가 채워지게 되는 것이다. 이 경우 통화승수 효과로 인해 한국은행이 매도한 채권의 액수보다 훨씬 많은 통화량이 흡수된다.

공개시장매각을 통한 통화량 감소는 시장이자율을 상승시킨다. 즉 시장에 유동성이 줄어들게 됨으로써 돈을 빌리기가 쉽지 않으며 돈을 빌리더라도 높은 대가를 지불해야 하는데 이것이 바로 시장이자율 상승이라는 것이다. 이는 IS-LM곡선을 통해서도 쉽게 확인할 수 있는데 통화량이 감소하게 되면 LM곡선은 좌측으로 이동하여 최초 균형점인 A점에서 B점으로 이동하게 된다. B점에서는 이전 시장이자율(r^*)보다 높아진(r^{**}) 것을 확인할 수 있다.

[12]
무한등비수열 합의 공식은
$$\frac{a(초항)}{1-r(공비)}$$
이다.

[13]
신용창출의 좀 더 자세한 설명은 저자의 『금융과 경제』를 참고하길 바란다.

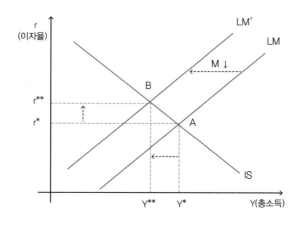

그림 9-5 | IS-LM 공개시장매각에 따른 이자율 상승

2 지급준비제도(지급준비율)

지급준비율은 은행이 고객의 인출 요구에 대응하기 위해 일정부분 현금을 보유하고 있는 비율을 말한다. 금통위는 시중 유동성 상태에 따라 지급준비율을 조정할 수 있으며 이로 인해 시중에 통화량이 조절될 수 있다. 지급준비율을 통한 통화량 조절 방법은 지급준비율 인상과 지급준비율 인하가 있다.

표 9-2 | 한국은행 예금종류별 지급준비율(2018년 3월 현재)

예금종류	지급준비율
장기주택마련저축, 재형저축	0.0%
정기예금, 정기적금, 상호부금, 주택부금, CD(양도성예금증서)	2.0%
기타예금	7.0%

1) 지급준비율 인상

지급준비율이 인상되게 되면 은행들은 고객들의 인출에 대비해 더 많은 현금을 보유하고 있어야 한다. 예를 들어 은행의 예금잔액이 100억원이고 지급준비율이 10%라고 가정한다면 은행은 10억원을 고객들의 인출요구에 대비해 현금으로 보유하고 있어야 한다. 나머지 90억원은 대출을 진행할 수 있다는 것이다. 그런데 지급준비율이 20%로 오르면 어떻게 될까? 일단 은행이 고객의 인출을 대비해 준비해야 할 현금이 10억원에서 20억원으로 늘어난다. 그리고 대출 가능 금액은 80억원으로 줄어든다. 이는 신용창출 효과가 줄어든다는 것을 의미한다. 즉 지급준비율이 10%일 때는 예금 잔액의 10%만 제외하고 나머지는 계속해서 대출을 진행할 수 있으므로 신용창출 효과가 크게 나타나지만 지급준비율이 20%로 오르면 예금 잔액을 20%나 남겨야 하므로 대출 잔액이 그만큼 줄게 된다. 실제로 계산해 보면 지급준비율이 10%일 때 신용창출 효과는 1천억원($\frac{100억원}{0.1}$)이지만 지급준비율이 20%가 되면 신용창출 효과는 500억원($\frac{100억원}{0.2}$)으로 줄어든다.

결과적으로 지급준비율이 인상되면 통화량이 줄어든다. 통화량 감소는 앞서도 설명한 것처럼 시장이자율을 상승시킨다.

2) 지급준비율 인하

지급준비율 인하는 은행 고객들의 인출 요구에 대비해 준비하는 현금을 줄이는 것을 뜻한다. 앞선 예와 같이 현재 은행의 예금잔액이 100억원이고 지급준비율이 10%라면 신용창출을 통한 통화량은 1천억원이 된다. 이런 상황에서 지급준비율을 5%로 인하하면 어떻게 될까? 지급준비율이 조정되기 전에는 10억원의 현금을 남기고 90억원을 대출할 수 있었던 반면 지급준비율이 조정된 이후에는 5억원만 현금으로 남기고 95억원을 대출할 수 있다. 이는 예금과 대출이 지속될수록 차이가 더 커지게 된다는 것을 우리는 신용창출 효과를 통해 확인하였다. 지급준비율이 5%로 하락하였을 때 통화량을 계산하면 2천억원($\frac{100억원}{0.05}$)으로 지급준비율이 10%일 때에 비해서 통화량이 2배 증가하였음을 확인할 수 있다. 결국 지급준비율 인하는 통화량을 증가시키며 통화량 증가는 시장이자율을 하락시킨다.

3 재할인율

앞서 중앙은행의 역할을 설명하면서 중앙은행은 은행의 은행, 즉 은행의 최종대부자로서의 기능을 수행한다고 설명하였다. 즉 한국은행은 시중은행에 필요한 자금을 대출해주는 기능을 수행하고 있는 것이다. 한국은행은 시중은행에 대출을 실행하면서 일정액의 이자를 수취하는데 이것을 **재할인율**이라고 한다. 재할인율 정책은 재할인율 인상과 재할인율 인하로 나눌 수 있다.

1) 재할인율 인상

재할인율 인상은 한국은행이 시중은행에 자금을 빌려주면서 수취하는 이자를 인상하는 것을 의미한다. 이 경우 시중은행은 자금대여에 대한 비용이 증가하게 되므로 자금대여를 줄이게 된다. 이는 시중은행 자금이 줄어드는 것을 의미하므로 통화량이 감소함을 뜻한다. 더욱이 통화량 감소가 신용창출과 연결되면 통화량은 더 큰 폭으로 감소하게 된다. 결국 재할인율 인상은 통화량을 감소시키고 이자율을 상승시킨다.

2) 재할인율 인하

재할인율 인하는 시중은행이 한국은행에게 자금을 빌리며 납부하는 이자가 인하됨을 의미한다. 이때 시중은행은 자금대여비용이 감소하게 되므로 한국은행을 통한 자금대여를 늘리게 된다. 즉 시중은행 자금대여 증가는 통화량 증가를 의미하며 신용창출과 더불어 한국은행으로부터 대여금 이상으로 통화량이 늘어남을 뜻한다. 결과적으로 재할인율 인하는 통화량을 증가시키며 이자율을 하락시킨다.

4 통화정책 수단 정리

공개시장조작, 지급준비율 조정, 재할인율 조정 등 통화정책 수단 중 한국은행이 가장 많이 사용하는 방법은 공개시장조작이다. 이유는 정책의 유연성과 신속성이 다른 정책에 비해서 뛰어나기 때문이다. 즉 채권시장은 항상 공개적으로 매매가 가능하기 때문에 언제든 정책을 실시할 수 있다는 유연성이 있으며 정책결정에 따라 신속하게 국채를 매수하거나 매도할 수 있기 때문이다. 또한 지급준비율과 재할인율은 정책 변경이 눈의 띄는 반면 공개시장조작은 눈에 띄지 않게 정책을 시행할 수 있다는 장점도 있다.

표 9-3 | 통화정책 수단 정리

	확장적 통화정책	긴축적 통화정책
공개시장조작	매입	매도
지급준비율	인하	인상
재할인율	인하	인상

3 | 통화정책 파급경로 및 효과

통화정책은 크게 확장적 통화정책과 긴축적 통화정책으로 나뉜다. 확장적 통화정책은 단기적으로 경기가 침체에 빠져 있을 경우, 통화량을 늘려 시장이자율을 낮춤으로써 총수요를 부양하려는 정책이다. 반면 긴축적 통화정책은 단기적으로 경기가 과열되어 인플레이션이 발생하였을 경우, 통화량을 흡수하여 시장이자율을 인상시킴으로써 인플레이션과 경기과열을 억제하려는 정책이다. 그럼 각각의 통화정책 파급효과에 대해서 자세히 알아보도록 하자.

1 확장적 통화정책

확장적 통화정책은 경기가 침체에 빠졌을 경우, 이를 부양하기 위해 통화량을 늘려 시장금리를 인하하는 정책을 말한다. 통화당국은 앞에서 배운 것과 같이 통화량을 늘리기 위해 공개시장매입 및 지급준비율 인하, 재할인율 인하 등의 정책을 선택할 수 있다. 이를 통해 통화량이 증가하게 되면 시장금리는 하락하게 된다. 이는 〈그림 9-6〉의 IS-LM곡선에서 LM곡선이 우측으로 이동하여 시장이자율이 r^*에서 r^{**}로 하락하는 것을 통해 확인할 수 있다.

시장이자율 하락은 총수요를 나타내는 투자수요를 자극하게 된다. 우리가 앞서 배운 것과 같이 민간총투자는 이자율의 역함수다. 즉 시장이자율 하락은 민간총투자를 증가시키게 되는 것이다. 이는 투자자금을 대출에 의존하는 기업이 시장이자율 하락에 따라 대출에 대한 비용이 감소함을 뜻한다. 따라서 기존에 투자계획이 있던 기업들은 시장이자율이 하락함에 따라 투자를 늘리고 투자

계획이 없던 기업들도 대출비용이 감소하게 되므로 투자를 늘릴 가능성이 높아진다. 시장이자율 하락은 투자뿐만 아니라 소비에도 영향을 미친다. 시장이자율 하락은 가계에게도 자금차입을 수월하게 함에 따라 소비를 증가시킬 요인이 존재한다. 실제로 시장이자율 하락은 할부금리를 하락시켜 내구소비재(자동차, 고가의 가전제품 등)의 소비를 늘린다는 연구결과도 있다.[14] 하지만 시장이자율 하락에 대한 효과는 민간총투자에 대한 효과가 훨씬 크기 때문에 주로 민간총투자 효과를 언급한다.

14
이는 금융이 선진화 되어있는 선진국에서 더욱 확실하게 나타나는 현상이다.

$$Y\uparrow = AD\uparrow = C\uparrow + I\uparrow + G + NX$$

총수요의 증가는 총수요-총공급 모형에서 〈그림 9-6〉과 같이 총수요를 우측으로 이동시키게 되므로 GDP를 Y^*에서 Y^{**}로 증가시킨다. 결국 침체에 빠져 있던 경기를 부양할 수 있다. 확장적 통화정책으로 인한 결과는 이전보다 시장이자율이 하락하고 물가는 상승하며 GDP는 증가하는 결과를 나타낸다.

그림 9-6 | **확장적 통화정책 파급경로**

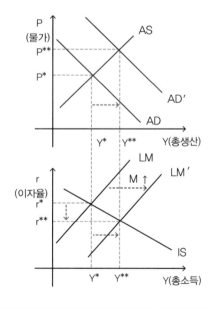

┃ 확장적 통화정책 사례

확장적 통화정책에 대한 최근 사례로는 2008년 글로벌 금융위기로 촉발된 세계 경기침체를 들 수 있다. 이는 경제대국인 미국의 서브프라임 모기지 사태로 촉발된 경기침체가 전 세계 금융시장 및 실물시장으로 전파되며 동반 경기침체된 것에 기인한다. 당시 미국연방준비은행 의장이었던 벤 버냉키(Ben Bernanke)는 미국의 기준금리인 FFR(Federal Fund Rate)을 2007년 8월 5.25%에서 2008년 12월 0%로 인하하였다. 즉 확장적 통화정책을 실시한 것이다.

미국의 서브프라임 모기지 충격은 국내에까지 전파되어 국내 실물경제와 금융시장에 부정적인 충격을 주었다. 이에 우리나라의 통화당국인 한국은행 역시 2008년 9월 5.25%였던 기준금리를 2009년 2월 2%까지 급격히 인하하였다.

이렇듯 각국이 기준금리를 인하한 이유는 침체된 경기를 부양하려는 목적으로 우리가 앞서 배운 투자수요와 소비수요를 자극하기 위함이다. 즉 기준금리를 낮춤으로써 대출금리를 인하하여 기업들의 투자를 유도하고자 한 것이다. 이와 더불어 가계의 대출이자 부담을 줄이고 할부금리를 인하하여 소비수요를 자극하기 위함이다.

그림 9-7 | **글로벌 금융위기 당시 미국과 한국의 기준금리 추이**

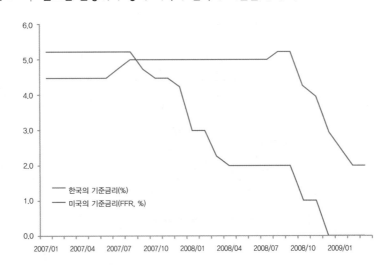

＊ 미국은 서브프라임 모기지 사태가 촉발되자 경기부양을 위해 즉각적으로 기준금리를 인하하였으며 한국은 시차를 두고 기준금리를 인하하였다.

그림 9-8 | 미국 주택가격 추이(P)　　그림 9-9 | 미국 GDP 증가율 추이(%)　　그림 9-10 | 미국 실업률 추이(%)

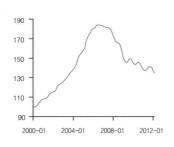

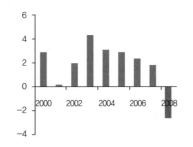

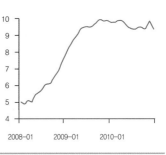

* 2008년 서브프라임 모기지 사태 이후, 미국의 실물경제는 급격하게 위축되었다.
출처: FRB

벤 버냉키의 별칭인 헬리콥터 벤
(블루와이어 스튜디오)

당시 미국은 기준금리 인하만으로 경기부양이 힘들다는 점을 인정하고 무제한적 양적완화(Quantitative Easing) 정책을 실시하였다. 양적완화는 통화당국이 국채를 직접 매입하여 시장에 유동성을 직접 공급하는 방법으로 극단적인 통화정책으로 간주되고 있다. 당시 버냉키는 경기가 회복되기 전까지 무제한적 양적완화를 지속해야 한다고 주장하였으며 이로 인해 헬리콥터 벤[15]이라는 별칭까지 얻게 되었다.

15 헬리콥터 벤
헬리콥터 벤이라는 별칭은 버냉키가 헬리콥터에서 돈을 뿌리는 것만큼 많은 유동성을 시장에 공급하였다고 해서 붙여진 것이다.

확장적 통화정책과 적극적인 양적완화 정책으로 인해 미국의 경기는 점차 회복되었고, 현재는 풀린 유동성이 인플레이션을 자극할 것을 우려하여 FFR을 서서히 인상하고 있다.

그림 9-11 | 미국 주택가격 추이(P)　　그림 9-12 | 미국 GDP 증가율 추이(%)　　그림 9-13 | 미국 실업률 추이(%)

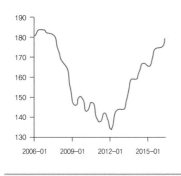

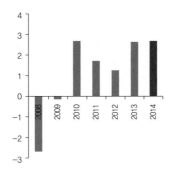

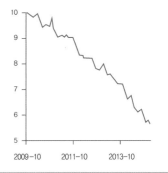

* 미국은 확장적 통화정책의 일환으로 기준금리 인하와 적극적인 양적완화 정책을 실시하여 경기침체를 극복하였다.
출처: FRB

2 긴축적 통화정책

긴축적 통화정책은 경기가 과열되어 인플레이션이 발생한 경우 이를 억제하고 과열된 경기를 진정시키기 위해 시중의 통화량을 흡수하는 정책이다. 통화당국은 통화량을 흡수하기 위해 공개시장매각, 지급준비율 인상, 재할인율 인상 등의 정책을 사용한다.

긴축적 통화정책을 위해 시중의 통화량을 흡수하게 되면 시장이자율은 상승한다. 이는 〈그림 9-14〉의 IS-LM곡선에서와 같이 통화량이 감소하면 LM곡선은 좌측으로 이동하게 되고 새로운 균형점에서는 이전보다 시장이자율이 상승($r^{*}{\rightarrow}r^{**}$)함을 확인할 수 있다. 시장이자율 상승은 투자수요를 감소시켜 총수요를 줄이게 된다. 앞서도 설명했듯이 투자의 주체는 기업이며 시장이자율 상승은 투자를 위한 대출비용을 증가시킴으로써 기업들의 투자를 위축시킨다. 이와 더불어 시장이자율 상승은 소비도 줄인다. 시장이자율이 상승하게 되면 대출이 많은 가계는 이자비용이 상승하여 소비여력이 하락하게 될 수 있으며 할부금리 상승으로 내구소비재에 대한 추가 비용이 발생하여 소비가 줄 수도 있다. 또한 시장금리 상승은 저축을 증가시켜 소비여력을 줄일 수도 있다.

그림 9-14 | **긴축적 통화정책 파급경로**

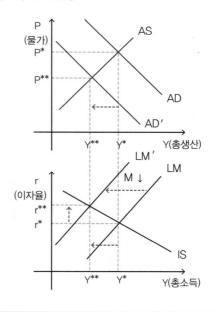

$$Y\downarrow = AD\downarrow = C\downarrow + I\downarrow + G + NX$$

총수요의 감소는 〈그림 9-14〉 총수요-총공급 모형에서 보는 바와 같이 총수요곡선을 좌측으로 이동시켜 새로운 균형점으로 이동하게 한다. 새로운 균형점에서는 이전보다 물가가 하락($P^* \rightarrow P^{**}$)함을 확인할 수 있다. 긴축적 통화정책으로 인한 효과는 시장이자율을 상승시키고, 물가를 하락시키며, GDP를 감소시키는 결과를 나타낸다.

▌긴축적 통화정책에 대한 사례

긴축적 통화정책의 첫 번째 사례는 2016년 말 미국의 통화정책을 통해 확인할 수 있다. 미국은 서브프라임 모기지 사태로 촉발된 경기침체를 타개하기 위해 초저금리 정책을 오랜 기간 유지하였다. 또한 초저금리 정책과 더불어 시장에 유동성을 직접 공급하는 양적완화 정책도 실시하였다. 이에 따라 미국 실물경제는 회복구간에 접어들었으며 경기 부양을 위해 풀린 유동성이 인플레이션과 자산버블을 형성할 수 있다는 의견이 대두되며 긴축적 통화정책의 일환으로 기준금리인 FFR을 인상하였다.[16]

16 테이퍼링

간혹 테이퍼링(tapering)을 긴축적 통화정책으로 오해하는 경우가 있는데, 테이퍼링은 양적완화 규모를 축소하는 정책으로 긴축적 통화정책과는 다른 의미라는 것을 기억해야 한다.

그림 9-15 | **미국의 주택가격 추이(FRB)**

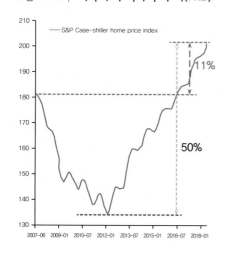

* 미국의 부동산 가격은 이미 서브프라임 모기지 사태 이전 가격보다 11%나 상승한 수준을 기록 중이다(2018년 4월 기준).

그림 9-16 | **미국의 실업률 추이(FRB)**

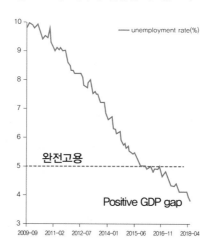

* 미국의 실업률 역시 크게 하락하여 2018년 5월 기준으로 3.8%를 기록하며 완전고용 이하 수준을 유지하고 있다.

긴축적 통화정책은 우리가 앞서 학습한 것과 같이 기준금리를 인상하거나 통화량을 흡수하여 인플레이션을 차단하고 경기가 과열되는 것을 억제하는 정책이다. 당시 미국은 인플레이션과 자산 가격 상승 등을 고려하여 기준금리를 순차적으로 인상하였다.

그림 9-17 | **한국과 미국의 기준금리 추이**

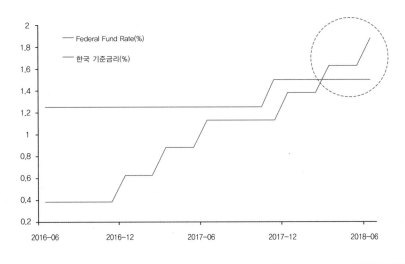

* 미국은 긴축적 통화정책의 일환으로 2016년 말부터 기준금리인 FFR을 인상하고 있다. 이로 인해 2018년 초부터는 한국과 미국의 기준금리가 역전되는 현상이 나타나기도 하였다.
출처: FRB, 한국은행

두 번째 사례는 2022년 이후 미국의 통화정책을 통해 확인할 수 있다. 이는 2022년 안정적으로 유지되고 있던 미국의 물가가 아래 그래프에서와 같이 급격히 상승하기 시작하면서부터 이에 대한 대응으로 기준금리를 인상하며 시작되었다.[17] 이로 인해 급등하던 소비자물가 상승률은 다소 둔화되었으나 해당 기간 내 인플레이션이 공급 측 요인을 포함하고 있는 만큼 효과는 제한적이라는 견해가 많았다.

17
2022년 미국의 긴축적 통화정책은 미국만의 독자적인 정책은 아니었다. 당시 미-중 무역갈등 및 코로나로 인한 세계 공급망 훼손, 러시아-우크라이나 전쟁 등으로 인한 전 세계적 인플레이션으로 우리나라를 비롯한 유럽 등 주요국 들은 일제히 기준금리를 인상하는 긴축적 통화정책을 단행하였다.

그림 9-18 | 미국 소비자물가 상승률 및 기준금리 추이

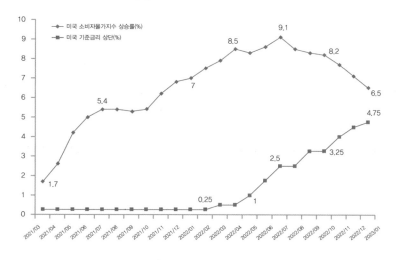

3 통화정책의 정책적 효과(통화주의론자와 케인즈학파)

우리는 재정정책을 학습하면서 물가의 하방경직성에 대해서 살펴보았다. 즉 케인즈학파는 물가가 경직적이므로 음의 총수요 충격이 발생하게 되면 경기침체가 크게 발생하므로 확장적 재정정책을 실시하여 이를 극복해야 한다고 주장하였다. 하지만 케인즈학파는 통화정책에 대해서는 회의적이었다. 바로 다음에 통화정책의 단점에서도 설명하겠지만 케인즈학파는 화폐시장의 균형을 나타내는 LM곡선이 단기에 매우 탄력적이기 때문에 통화정책은 효과가 미미하다고 주장한 것이다. 이를 **유동성함정**(liquidity trap)이라고 한다. 실제로 유동성 함정은 극단적인 LM곡선의 형태를 나타내는 것이고 케인즈학파의 LM곡선은 매우 탄력적인 반면 IS곡선은 비탄력적이기 때문에 오직 재정정책만이 효과가 있다고 주장하였다.

반면 통화주의론자들은 이와 반대로 주장하였다. IS곡선은 매우 탄력적이고 LM곡선은 비탄력적이기 때문에 재정정책은 효과가 없고 오직 통화정책만이 효과가 있다고 주장한 것이다. 이들이 주장한 각각의 IS-LM곡선의 형태는 〈그림 9-18〉 〈그림 9-19〉와 같다.

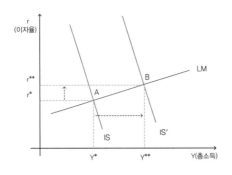

그림 9-19 | 케인즈학파의 IS-LM형태

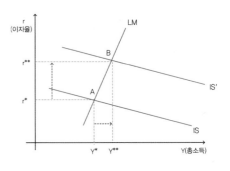

그림 9-20 | 통화주의론자의 IS-LM형태

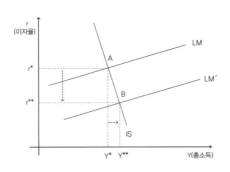

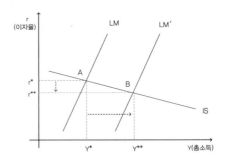

4 | 통화정책의 장점과 한계

통화정책은 다음과 같은 장점과 한계가 존재한다. 우선 통화정책의 장점은 신속성과 유연성이다. 우리는 재정정책을 설명하면서 내부시차와 외부시차에 대해서 살펴보았다. 다시 한 번 언급하자면 내부시차는 정책을 시행하기까지의 시차이며 외부시차는 정책이 시행되고 나서 효과가 나타나기까지의 시차를 말한다. 통화정책은 내부시차가 매우 짧다. 즉 정책을 시행하기까지 시간이 매우 짧다는 말이다. 실제로 통화당국이 통화정책을 시행하는 것은 금융통화위원회의 결정으로 이뤄진다. 즉 금융통화위원회는 매월 열리며 위원회 7명이 회의를 거쳐 통화정책을 결정하면 되기 때문에 내부시차가 매우 짧아 정책의 신속성과 유연성이 높다. 반면 재정정책은 국회를 통과해야 하기 때문에 내부시차가 길다.

다음으로 통화정책은 정치적 영향을 배제할 수 있다는 장점이 있다. 앞서 중앙은행의 특징을 설명하면서 독립성을 이야기 하였다. 즉 통화정책을 실시하는 통화당국은 당국의 목적인 물가안정과 경기 안정화를 위해 객관적으로 정책을 시행할 수 있다는 것이다.

하지만 통화정책도 몇 가지 단점이 존재한다. 우선 외부시차가 상대적으로 길다. 즉 정책적 효과가 나타나기까지 상당한 시간이 걸릴 수도 있다는 말이다. 예를 들어 통화당국이 확장적 통화정책을 실시하기로 결정하여 시장금리를 하락시켰다면, 이는 1차적으로 금융시장의 여·수신 금리에 영향을 미치게 된다. 그리고 2차적으로 기업들은 하락한 금리를 확인하고 투자를 증가시킬 것인지 결정하게 된다. 만약 투자를 결정하였다면 실제로 공장을 증설하거나 생산설비 등을 증설하기까지 상당한 기간이 소요될 수도 있는 것이다. 다음으로 경기의 비대칭성이 존재하는 경우, 긴축적 통화정책은 효과가 있지만 확장적 통화정책은 정책적 효과가 미미할 수도 있다. 마지막으로 유동성함정이 존재할 경우, 정책적 효과가 나타나지 않을 수도 있다. 즉 금리가 너무 낮은 상황에서는 통화량을 늘려도 이 유동성이 투자로 연결되지 않고 단순 화폐수요 증가로만 이어져 정책효과가 나타나지 않을 수도 있다는 것이다.

01 다음 화폐의 기능과 설명이 바르게 연결된 것은?

a. 가치의 척도	b. 교환의 매개수단	c. 가치의 저장수단
(a) 가치의 하락 없이 현재의 구매력을 미래로 이전 시킬 수 있음		
(b) 재화의 가치를 회계적으로 측정할 수 있음		
(c) 욕망의 불일치 문제를 해결할 수 있음		

① a-(c)　　　② b-(c)　　　③ c-(b)　　　④ a-(a)　　　⑤ c-(b)

02 다음 중 광의의 통화(M2)에 해당하는 것들로만 묶은 것은?

a. 현금통화　　b. 요구불예금 및 수시입출금 예금　　c. MMDA, MMF, MMT
d. 시장형 금융상품(CD, RP, CMA)　　　　　　e. 2년 이상의 정기 예·적금
f. 국채, 회사채 등　　　　　　　　　　　　g. 한국증권금융 예수금

① a, b, c　　　　　　② a, b, c, d　　　　　③ a, b, c, d, e

④ a, b, c, d, e, f　　⑤ a, b, c, d, e, f, g

03 다음 중 중앙은행의 역할이 아닌 것은?

① 발권 기능을 가지고 있다.

② 중앙정부의 은행으로서의 업무를 수행한다.

③ 은행의 은행 역할은 물론 개인의 은행 역할도 한다.

④ 은행의 최종 대부자로서의 역할을 한다.

⑤ 통화정책의 일환으로 통화량 조절 기능을 수행한다.

04 중앙은행인 한국은행은 통화정책을 중립적으로 수립하고 자율적으로 집행하며 자주성이 존중되어야 한다. 즉 독립성이 보장되어야 한다는 것이다. 이처럼 대부분의 중앙은행 제도를 채택하고 있는 나라들은 중앙은행의 독립성을 보장하고 있는데, 중앙은행의 독립성을 보장해야 하는 이유는 무엇인가? 그리고 독립성이 보장되지 않는다면 어떤 문제점이 야기되는지 설명해 보시오.

05 다음 중 금융통화위원회와 관련된 사항 중 틀린 것은?

① 금융통화위원회는 한국은행 총재와 부총재를 비롯하여 7인으로 구성되어 있다.
② 매월 둘째 주 목요일에 정기회의를 실시한다.
③ 금융통화위원회는 정기회의를 통해 1년 12번 기준금리를 결정한다.
④ 금융통화위원회는 위원 7인 중 5인 이상 출석과 과반수의 찬성 시 안건이 의결된다.
⑤ 한국은행 총재와 부총재를 제외한 위원들의 임기는 4년으로 연임이 가능하다.

06 다음 중 통화정책 수단과 설명이 바르게 연결된 것은?

a. 공개시장 조작   b. 지급준비제도   c. 재할인율
(a) 한국은행이 시중은행에 대출을 시행하면서 일정액의 이자를 수취한다.
(b) 채권시장을 통해 국채를 매수하거나 매도하여 통화량을 조절한다.
(c) 예금주의 인출에 대비해 일정액의 현금을 보유하고 있어야 한다.

① a-(b)　　　② a-(a)　　　③ b-(b)　　　④ b-(a)　　　⑤ c-(c)

07 한국은행은 통화정책의 수단으로서 공개시장조작을 선호한다. 한국은행이 공개시장조작을 선호하는 이유는 무엇인지 설명해 보시오.

08 통화당국의 통화공급보다 실제 통화공급은 크게 나타나는 것이 일반적이다. 이는 신용창출 때문에 가능한 일이다. 즉 통화당국이 공급한 통화는 은행의 대출 시스템을 통해 팽창되는 효과가 발생하는 것이다. 그렇다면 통화당국이 확장적 통화정책의 일환으로 1천억원의 통화량을 시중에 공급하였다면 실제 통화량은 얼마인지 계산해 보시오. (단, 은행은 예금과 대출 업무만을 수행하며, 지급준비율 이외 현금은 모두 대출을 시행한다. 또한 가계는 현금을 보유하고 있지 않으며 현금은 모두 은행에 예금한다고 가정한다. 지급준비율은 20%이다.)

09 다음은 통화정책 수단을 정리한 표이다. 괄호 안을 채우시오.

	확장적 통화정책	긴축적 통화정책
공개시장조작	( )	( )
지급준비율	( )	( )
재할인율	( )	( )

10 확장적 통화정책의 파급경로를 아래 IS-LM, AD-AS 그래프를 이용하여 설명해 보시오. 또한 최초 균형점과 어떤 차이점이 있는 설명해 보시오.

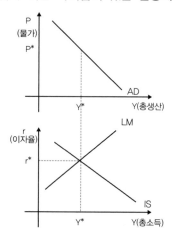

11 최근 미국은 완전고용 이하의 실업률을 달성하며 지난 2008년 이후 실시했던 확장적 통화정책, 양적완화로 풀린 유동성이 자산 가격 상승과 인플레이션을 유발할 수 있다는 의견이 대두되고 있다. 이에 따라 긴축적 통화정책의 일환으로 2016년 말부터 기준금리인 FFR을 인상하고 있다. 미국이 이처럼 FFR을 올리는 이유를 통화정책 경로를 통해 설명해 보시오.

12 통화주의론자와 케인즈학파는 통화정책의 효과에 대해서 서로 다른 의견을 제시하고 있다. 즉 통화주의론자는 통화정책이 경기 부양에 효과가 크다고 주장하는 반면 케인즈학파는 통화정책보다 재정정책 효과가 크다고 주장한다. 이들이 주장하는 각각의 이유를 아래 그래프를 이용하여 설명해 보시오.

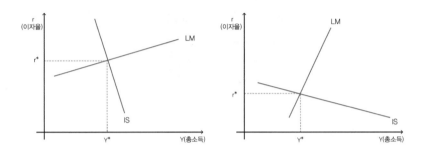

13 2000년 이후 우리나라의 기준금리 추이에 대해서 조사해 보시오. (한국은행 경제통계시스템에서 확인 가능) 또한 미국의 기준금리(FFR)와 어떤 차이가 있는지 설명해 보시오.

CHAPTER

10

경제성장

단원을 시작하며

독자들은 최근 우리나라의 출생아 수가 급격히 감소하여 경제성장에 문제가 발생한다는 이야기를 한 번 쯤 들어 봤을 것이다. 정확하게 출생아 수하고 거시경제와의 관계에 대해서는 잘 알지 못하지만 우리나라 합계출산율이 세계 최저이고 이는 사회·경제적으로 큰 문제를 야기할 수 있음을 어렴풋이 알고 있을 것이다. 이와 더불어 정부가 혁신성장을 위해 노력해야 한다는 말도 한 번쯤은 들어 봤을 것이다. 하지만 정확히 혁신성장이 어떻게 성장을 하는 것인지에 대해서는 경제학을 전공한 사람이 아니면 이해하기 쉽지 않다.

솔직히 독자들은 우리나라 경제가 2% 성장을 하든 5% 성장을 하든, 실제로 어떤 차이가 있는지 잘 모를 것이다. 더욱이 경제성장은 나와 상관없는 일이라고 생각하는 독자들도 많을 것으로 생각된다. 하지만 이렇게 나와 상관없다고 생각한 경제성장이 어느 정부에서나 국정과제 1순위였음을 상기하면 어떤 연유에서든 관계가 있음을 짐작할 수 있을 것이다.[1] 그렇다면 왜 정부는 경제성장의 중요성을 이토록 강조한 것일까? 그리고 경제성장이 독자들에게는 어떤 영향을 미칠까? 또한 우리는 경제성장을 위해서 어떤 일을 해야 할까? 우리는 이번 단원을 통해서 이런 질문들에 대한 답을 찾아볼 것이다.

[1]
이는 창조경제, 혁신경제 등 정부마다 방법과 방식은 다소 차이가 있지만 어찌 되었든 경제를 성장시키겠다는 최종 목표는 같았다.

1 | 경제성장의 의미와 중요성

경제가 성장한다는 것은 어떤 의미가 있을까? 독자들은 다른 경제이론적인 부분을 제외하고서라도 저성장 보다 성장률이 높은 것이 좋다는 것을 직감적으로 알 수 있을 것이다. 그럼 성장률이 높은 것과 성장률이 낮거나 정체되어 있다는 것은 어떻게 다를까? 이를 단적으로 보여주는 좋은 사례가 있다. 바로 아프리카에 있는 아이티라는 나라와 우리나라 사이의 관계를 확인해 보는 것이다. 독자들은 아이티의 경제 현황보다는 2010년 대지진 혹은 진흙쿠키라는 특정 단어를 통해 더 많이 기억하고 있을 것이다. 또한 아프리카의 빈국으로 기억하는 독자들도 있을 것이다. 먼저 옆의 사진을 통해 아이티에 대한 독자들의 생각을 확인해 보자. 사진은 실제로 아이티에서 주식으로 먹고 있는 진흙쿠키를 만들어

아이티의 진흙쿠키 모습(아시아 뉴스 통신) ━━━━━

먹고 있는 모습을 보여주고 있다. 진흙모양의 쿠키라서 붙여진 이름이 아니라 실제 진흙으로 만든 쿠키이기 때문에 진흙쿠키라고 부르는 것이다. 이것을 아이티 주민들은 하루 2번 정도 먹는다고 한다. 진흙을 말이다. 이런 모습을 보면 독자들은 애잔한 마음이 앞설 것이다. 그리고 아이티에 있는 아이들을 돕고 싶은 마음까지 생기는 독자들도 있을 것이다. 이것이 현재 아이티 모습이니 잘 기억하길 바란다.

그렇다면 연관성이 전혀 없을 것 같은 아이티와 우리나라 사이에는 무슨 사건이 있었으며 성장률과는 또 어떤 관계가 있을까? 아이티는 한국전쟁 당시 우리나라에 원조를 해준 국가에 속한다. 즉 다음 사진과 같이 아이티는 한국전쟁 때 우리나라에 물자를 지원했던 국가인 것이다. 당시 미국 달러 기준으로 약 3천달러를 지원하였는데 현재 가치로 환산하면 90억원 정도 된다고 한다. 물론 지금의 90억원은 우리나라가 높은 경제성장을 이룩하여 국가 차원으로 볼 때 큰 금액은 아니라고 할지라도 어찌되었건 당시 최빈국에 속하는 우리나라를 돕기 위해 아이티가 지원을 했다는 것이 요지라는 점을 기억하자. 자, 그럼 앞서 지금의 아이티 모습을 기억하라고 했던 것을 상기해 보자. 현재 우리가 도와주어야 한다고 생각한 아이티는 한국전쟁 당시 우리나라가 너무 최빈국이었기 때문에 물자원조를 해주었다.[2] 다시 지금 시점에서 두 나라를 비교해 보자. 아이티는 2010년 큰 지진을 겪었다. 당시 우리나라는 260만 달러를 원조하고 추후에도 1,000만 달러를 더 지원할 것이라고 발표하였다. 즉 이제는 우리가 아이티를 원조하는 국가로 바뀐 것이다. 자, 그럼 이 두 시점 간에 차이를 독자들은 이해하겠는가? 그렇다. 이 두 시점 간의 가장 큰 차이는 경제성장에 있다. 한국은 한국전쟁 이후 국가적인 차원에서 경제성장 계획에 따라 고도성장을 이룩한 반면 아이티는 여전히 과거 상황에서 벗어나지 못하고 있는 것이다. 즉 높은 성장률을 이룩한 나라와 그렇지 못한 나라의 차이를 단적으로 보여주는 예라고 할 수 있다.

[2] 아이티가 한국전쟁 당시 우리나라에게 물자원조를 한 것은 국제적인 관계도 있었지만 당시 우리나라가 최빈국이었다는 사실에는 변함이 없다.

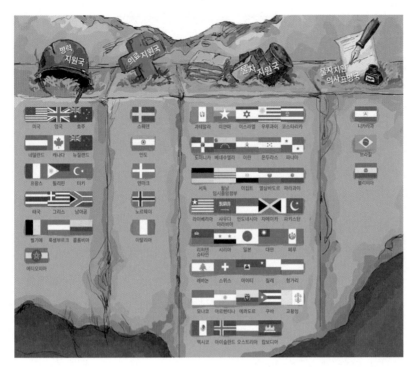

━━━━━━━ 한국전쟁 당시 지원국가들(국가보훈처)

━━━━━━━ 한국전쟁 직후 한국의 모습(UN)

한국전쟁 후 폐허가 된 남한은 최빈국으로 전락하였었다.

1 경제성장률의 비교 기준

각국의 경제성장률을 비교하는 기준은 달러로 환산한 실질GDP성장률과 1인당 실질GDP성장률이 있다. 우선 국가 단위의 실질GDP는 앞서 설명한 지출 측면에서의 실질GDP를 측정하여 국가 간 비교하는 것이고, 1인당 실질GDP는 국가 전체의 실질GDP를 인구수로 나눈 것을 말한다. 그렇다면 왜 2가지로 나눠서 비교할까? 이유는 한 국가의 국가 권력과 해당 국가 국민 개개인 삶의 질은 다르기 때문이다. 다시 말해 국가의 실질GDP는 해당 국가의 국제적 지위 혹은 국가 권력을 나타내는 지표이고 1인당 실질GDP는 해당 국가 국민의 평균적인 삶의 질을 나타내는 지표라는 것이다. 그렇다면 2017년도 기준으로 IMF(International Monetary Fund)에서 보고한 중국과 스위스의 명목GDP[3]를 비교해 보도록 하자. 우선 중국은 세계 경제 2위 국가로 명목GDP는 12조 146억 달러에 달한다. 반면 스위스는 6,786억 달러로 세계 20위권에 올라 있다. 국가 GDP는 국가 권력을 나타내는 지표로 중국이 세계시장에서 매우 큰 힘을 발휘하고 있음을 짐작할 수 있다. 실제로 최근 중국의 행보를 보면 어디에서든 경제적 지위가 높다는 점을 확인할 수 있다. 반면 스위스는 국제적으로 중국의 횡보만큼 큰 영향력이 없다는 점을 독자들은 짐작할 수 있을 것이다. 반면 1인당 명목GDP를 살펴보면 중국은 8,282달러로 아직 1만 달러를 넘지 못하고 있는데 반해 스위스는 8만 837달러로 세계 2위를 기록하고 있다. 즉 국가 권력을 나타내는 GDP는 20배 가까이 중국이 높지만 국민들 개개인 삶의 질을 나타내는 1인당 GDP는 스위스가 10배가량 높다는 말이다.[4]

3
IMF의 발표 원본을 활용하여 명목 GDP로 비교해 보았다.

4
1인당 GDP는 각국의 인구수에 영향을 받는다. 2017년 기준으로 중국의 인구는 14억명인데 반해 스위스는 850만명 밖에 되지 않는다.

표 10-1 | **중국과 스위스의 GDP, 1인당 GDP 비교(2017년 기준)**

		명목 GDP	1인당 명목 GDP
중국		12조 146억 달러	8,282달러
스위스		6,786억 달러	8만 837달러

출처: IMF

2 개인과 국가 차원에서 경제성장의 의미

우리가 1장에서 경제학은 무한한 욕구와 한정된 자원 하에서 최적의 선택을 하는 것에서 출발한다고 하였다. 이는 개인은 물론 국가 차원에서도 동일하다. 우선 개인적인 차원에서 한정된 자원이란 보편적으로 소득, 즉 월급이라고 이야기 할 수 있으며 이는 매월 받는 금액이 한정되어 있으므로 우리는 이것을 예산제약이라고 부른다 했다. 따라서 제한된 예산 안에서 소비를 해야 하며 이런 제한으로 인해 추가적으로 한 단위를 더 소비하기 위해서는 기존 소비를 포기해야 한다. 하지만 경제가 성장하게 되면 선순환 구조에 따라 가계의 소득은 증가한다. 가계의 소득이 증가한다는 의미는 우리가 앞서 배웠던 예산제약선이 밖으로 밀려난다는 것을 의미한다. 즉 기존의 소비를 포기하지 않고도 추가적인 소비를 할 수 있다는 의미다.[5] 예를 들어 독자들이 사용할 수 있는 월급이 100만원이고 구매하려고 하는 노트북 가격이 100만원일 경우, 독자들은 추가적인 소비를 위해 노트북을 포기해야 하지만 소득이 월 100만원 증가하였다면 독자는 노트북을 포기하지 않고도 추가적인 소비를 할 수 있는 것이다.

다음으로 국가적인 차원에서 한정된 자원이란 국가 재원, 즉 세금이라고 말할 수 있다. 우리가 앞서 3분면 개방경제모형에서 확인했지만 국가는 경제주체인 가계와 기업으로부터 납부 받은 세금에 의존한다. 이런 세금 재원은 세율에 의존하기도 하지만 이는 지속가능하지 않기 때문에 결국은 가계의 소득과 기업의 이익에 의존하게 된다. 즉 국가가 복지비용 및 사회간접자본 투자를 위해 더 많은 재원이 필요하다고 가정할 경우, 세율을 올릴 수 있지만 이는 결국 기업의 비용증가 및 가계의 소득 감소로 이어지므로 지속가능하지 않다는 것이다.[6] 따라서 국가 재원의 증가는 가계의 소득과 기업의 이윤 증가에 의존하며 이는 경제선순환 구조에 따라 경제가 성장할 때 가능하다는 것으로 해석할 수 있다. 예를 들어 각각 100조원과 200조원의 GDP를 가진 국가의 인구 및 면적이 같고 평균 세율이 10%라고 가정한다면 전국의 재원은 10조원이 되고 후국의 재원은 20조원이 되는 것이다. 이는 의미하는 바가 매우 크다. 보통은 국가 예산을 결정할 때 한정된 예산 하에서 사회간접자본 투자와 복지재원 사이 선택을 하게 된다. 즉 복재재원 확대를 위해 사회간접자본 투자를 줄여야 한다. 극단적인 경우에 아동복지 수당을 줄여 노인복지 수당으로 사용해야 할 수도 있다. 하지만 재원

5
경제학에서 가계의 효용(utility), 즉 만족감은 소비로 인해 발생한다고 정의한다. 독자들이 돈을 버는 이유는 각 개인에 따라 여러 가지 이유가 있겠지만 실제로 독자들이 많은 부분 소비를 하고 있다는 점을 상기할 때 경제학의 정의가 허황되지 않다는 것을 알 수 있을 것이다.

6
가계의 경우 조세저항이 매우 크다는 것이 경제학의 정설이다.

이 늘어날 경우 국가는 사회간접자본 투자를 줄이지 않고도 복지재원을 확충하여 사회 저소득층 지원 등을 할 수 있으며 미래를 담보로 하는 아동 복지수당을 줄이지 않고도 노인 복지수당을 늘릴 수 있다.

결론적으로 경제성장은 개인과 국가 차원에서 자원의 희소성에 따른 부담을 완화시켜 준다고 할 수 있다. 경제학자들이 성장의 중요성을 이야기할 때 "빈곤한 나라의 성장률이 0.5%만 높아져도 굶주린 사람은 있어도 굶어 죽는 사람은 없어진다"는 표현을 많이 인용한다.

읽을거리

경제성장률로 설명하는 중국 경제

독자들은 기사와 같이 "중국 경제 2034년이면 미국 추월"이라는 비슷한 기사를 한 번쯤 본 적이 있을 것이다. 그렇다면 실제로 중국은 2034년이 되면 미국 경제를 추월할까? 이런 예측이 현실이 되기 위해서는 다음 가정이 필

최신기사
中 경제전문가 "중국 경제 2034년이면 미국 추월"
송고시간 | 2017/06/17 10:06

━━━ 중국경제와 미국경제(연합뉴스, WTO)

요하다. 그것은 현재 중국이 6~7% 중성장을 지속하고 미국은 2%의 저성장을 계속 해야 하는 것이다. 현재 중국은 고도성장기를 지나 중성장기에 진입한 상태이고 미국은 2%대의 성장을 보인지 꽤 오랜 시간이 흘렀다. 따라서 간단하게 설명을 하자면 중국은 현재 보이고 있는 6~7%의 중성장을 지속해야 하고 미국은 2%대의 저성장을 지속할 때 가능하다는 말이 된다. 아직도 독자들은 정말로 4~5% 성장률 차이로 인해 십수년 후 중국이 세계 경제 1위인 미국을 추월할 수 있을까 하는 의심이 들 것이다. 우리는 다음의 간단한 예를 통해 아주 작은 성장률 차이도 시간이 지나면서 크게 벌어질 수 있다는 사실을 확인해 볼 것이다.

우선 A국과 B국, C국 등 3국이 있다고 가정해 보자. 최초에는 3국 모두 1조 달러의 GDP를 달성하고 인구는 각각 1억명이었다고 가정해 보자. 또한 인구는 별도로 증가하지 않는다고 가정해 보자. 이제 A국의 성장률을 2%, B국은 3%, C국은 6%로 매년 성장한다고 가정한 후 30년 뒤에 3국이 어떻게 변하는지 한 번 확인해 보도록 하자. 우선 A국의 GDP는 <표 10-2>에서 나타난 바와 같이 약 1.8조 달러가 된다. B국은 약 2.4조 달러가 되고 C국은 약 5.7조 달러가 된다. 이를 통해 확인할 수 있는 사실은 성장률이 2%일 경우 30년 후 국가 전체 경제 규모가 1.8배 확대되었다는 것과 성장률이 이보다 1%p 높아지면 경제규모가 2.4배까지 확대될 수 있다는 점이다. 그리고 C국과 같이 매년 6%씩 성장을 한다면 30년 후 경제규모가 5.7배 확대된다는 것을 확인할 수 있다. 이는 2% 성장률을 보인 A국보다 3.17[7]배 더 성장했다는 것으로 해석해 볼 수 있으며 실제로 미국의 성장률이 2%를 유지하고 중국의 성장률이 지속적으로 6%를 유지한다면 나타날 수 있는 현상인 것이다. 특히 기간이 50년, 70년으로 더 길어지면 그 차이는 훨씬 커진다는 것을 독자들은 염두에 둬야 한다.

7
30년 후 C국의 GDP를 A국의 GDP로 나누면 구할 수 있다.

표 10-2 | **A국, B국, C국의 성장률 시뮬레이션**

	최초GDP (억달러)	인구 (억명)	1인당 GDP(달러)	30년 후			
				GDP (억달러)	인구 (억명)	1인당 GDP(달러)	GDP 증가율
A국	10,000	1	10,000	18,114	1	18,114	1,811
B국	10,000	1	10,000	24,273	1	24,273	2,427
C국	10,000	1	10,000	57,435	1	57,435	5,743

그렇다면 실제로 2034년이 되면 중국이 미국의 경제규모를 앞설까? 다시 한 번 언급하지만 2034년 중국이 미국의 경제규모를 앞지를 것이라는 이론적 배경은 미국이 2%대의 성장률을 계속 유지하고 중국 역시 6~7%대의 성장률을 계속 유지했을 경우를 가정한 것이다. 따라서 미국이 2% 이상의 성장률을 보이거나 중국이 중성장을 마감하고 저성장의 국면에 진입하게 된다면 예측은 빗나가게 되는 것이다. 이런 사례는 과거 일본에서도 있었다. 1980년대 말 일본의 버블경제가 만연하던 시절, 향후 몇 년 안에 일본이 미국의 경제규모를 앞지를 것이라는 기사가 많이 보도되었다. 하지만 실제로 실현되지는 않았다. 이유는 일본의 버블경제가 붕괴되고 장기침체로 접어들면서 성장률이 급격히 낮아졌기 때문이다. 만약 중국도 이와 마찬가지로 중성장기를 접고 성장률이 더 하락한다면 중국이 미국 경제규모를 앞지르는 일은 일어나지 않을 것이다.

2 | 경제성장 요인

앞서 우리는 경제성장의 개념과 경제성장의 중요성에 대해서 살펴보았다. 그렇다면 경제를 성장시킬 수 있는 요인은 어떤 것들이 있을까? 큰 그림으로 보자면 경제를 성장시킬 수 있는 요인은 공급측 요인과 수요측 요인으로 나눌 수 있다. 우선 공급측 요인은 생산함수($Q = Af(L, K)$)로 대변되는 장기적 측면에서의 잠재성장률 증가요인을 설명하며 수요측 요인은 우리가 앞서 배운 지출측면에서 국내총생산($Y = C + I + G + NX$)으로 대변되는 단기적 측면에서의 실질성장률 증가요인을 설명할 수 있다. 간단하게 설명하자면 생산함수에 영향을 주는 노동과 총요소생산성(TFP, Total Factor Productivity)은 잠재성장률을 증가시키는 요인으로 장기적 관점에서 성장률을 끌어 올릴 수 있는 요인이라는 것이다. 반면 국내총생산(국내총지출)에 영향을 주는 민간소비, 민간총투자, 정부지출, 순수출은 실질성장률을 증가시키는 요인으로 단기적 관점에서 정부와 통화당국[8]의 인위적인 조절로 성장률에 영향을 줄 수 있는 것이다. 그리고 공급측면에서 잠재성장률에 영향을 미치는 요인 변화가 실질성장률을 변화시켰는지 확인하는 절차를 성장회계라고 한다. 그럼 경제성장에 영향을 주는 공급측 요인에 대해서 자세히 알아보도록 하자.

1 공급측 요인

생산함수로 대변되는 공급측 요인의 경제성장을 이루기 위해서는 다음 4가지 사항이 있으며 얼마나 생산할 능력이 되는가의 물음을 던지면 쉽게 이해할 수 있다. 첫 번째는 자연자원의 양적·질적 증가를 들 수 있다. 여기서 자연자원이라 함은 포괄적 의미에서의 자연자원으로 토지를 비롯한 광물, 원유 등을 포함한다. 자연자원이 많다는 의미는 재화나 서비스와 같은 생산물을 만들기 수월하다는 의미로 생산량의 증가를 가져올 수 있다고 해석할 수 있다. 다음으로 인적자원의 양적·질적 증가를 들 수 있다. 인적자원이라 함은 쉽게 노동력으로 이해하면 된다. 노동력의 양적 증가는 생산가능인구의 증가로 대변될 수 있으며 생산가능인구는 출산율에 의존하므로 결국 출산율이 높다면 노동력의 양적 증

[8]
정부가 성장률이 너무 높아 과열을 보이거나 성장률이 너무 낮아 침체가 지속되면 이를 해결하기 위해 인위적으로 시장에 개입하게 되는데 이것을 재정정책이라고 하며, 같은 방법으로 통화당국이 개입하는 것을 통화정책이라고 한다.

가를 달성할 수 있다는 것이다. 또한 노동력의 질적 증가는 교육 수준으로 설명할 수 있다. 즉 일할 사람이 많거나 교육 수준이 높아 생산성이 높아지면 생산량이 증가한다는 것이다. 세 번째로 자본재의 공급증가를 들 수 있다. 우리가 앞서도 계속 언급했듯이 자본재란 재화와 서비스를 생산하기 위해 필요한 생산설비, 공장, 기계 등을 말하는 것으로 자본재의 공급 증가는 생산량 증가에 직접적인 영향을 미친다. 마지막으로 기술진보를 들 수 있다. 기술진보가 일어난다는 의미는 같은 자원을 사용하여 더 많은 생산물을 만들어 낸다거나 동일한 생산물을 만들기 위해 더 적은 비용이 든다는 것으로 해석해 볼 수 있다. 즉 기술진보가 일어나면 이전보다 생산량이 증가한다.

- 자연자원의 양적 · 질적 증가
- 인적자원의 양적 · 질적 증가
- 자본재 공급의 증가 } 잠재GDP 증가요인
- 기술진보

━━━━━ 공급측면에서 경제성장에 영향을 주는 요인들

▌ 생산함수를 통한 성장요인 분석

공급측면에서 경제성장을 결정하는 요인은 앞서 4가지를 확인하였지만 실제 경제성장에 많은 영향을 주는 요인은 노동력과 생산성에 있으므로 우리는 이두 가지 요인에 대해 자세히 살펴보도록 하자.[9]

노동력과 생산성으로 성장률을 설명하기 위해서는 다음의 질문을 잘 이해하면 된다. "얼마나 많은 노동자들이 몇 시간씩 효율적으로 생산하였는가?" 여기서 얼마나 많은 노동자들이란 실제 노동자들이 얼마나 되는지를 측정하는 것이고, 몇 시간씩이란 노동자들이 하루 평균 몇 시간씩 일했는지를 측정하는 것이다. 그리고 효율적인 생산이란 생산성이 얼마나 되는지를 측정하는 것이다. 보통 노동생산성은 근로시간당 평균총생산을 의미하는 것으로 시간당 평균 몇

9
생산함수로 정의하자면
$Q = Af(L, \overline{K})$
라고 정의할 수 있다.

개씩 생산하는지를 통해 확인할 수 있다. 따라서 성장회계를 통한 공급측면의 생산요소와 실질GDP 사이의 관계는 다음과 같이 쓸 수 있다.

$$노동투입량 \times 노동생산성 = 실질 GDP$$

이를 각 요소별로 좀 더 구체적으로 확인하면, 노동투입량은 피고용 근로자 수와 평균 근로시간으로 나눌 수 있다. 피고용 근로자 수란 실제로 회사 등에 고용되어 근로자로서 일하는 사람들을 말하며 경제활동참가율에 의해서 결정된다. 여기서 경제활동참가율이란 만 15세 이상의 생산가능인구 중 취업자와 실업자의 합계인 경제활동인구 비중을 나타낸 것이다.[10] 또한 평균 근로시간은 노동법, 제도적 여건과 노사 간 단체 협약 등에 의해 결정되며 보통의 경우 주 40시간(일 8시간)[11]을 기준으로 하고 있다.

노동생산성을 측정하는 방법은 본 서의 범위를 벗어나기 때문에 노동생산성에 영향을 주는 요인들에 대해서 살펴보도록 하겠다. 보통 경제학에서 노동생산성에 영향을 주는 요인은 기술진보, 교육훈련, 자본총량, 규모의 경제와 배분의 효율성 등을 든다.

① 기술진보

기술진보는 노동생산성에 가장 크게 기여하는 요소로 기술진보 없이 생산성을 논하기는 어렵다. 과거에는 기술진보로 컨베이어 벨트가 항상 거론되었지만 현대로 넘어오면서 일본의 도요타 생산방식 등이 많이 언급되고 있다. 독자들도 쉽게 이해할 수 있겠지만 컨베이어 벨트가 없던 시절에 재화를 생산하기 위해서는 굉장히 오랜 시간이 소요되었지만 컨베이어 벨트 사용 이후에는 혁신적으로 생산시간이 단축되었다. 또한 대표적인 도요타 생산방식 중에 하나인 'just in time'은 재화를 생산하면서 불필요한 재고를 쌓아두지 않고 최소한의 재고만을 사용함으로써 생산성을 상승시켰다.[12]

컨베이어 벨트 생산방식(포드)

기술진보를 통한 생산성 향상에 가장 많이 등장하는 것이 컨베이어 벨트다. 포드사는 이를 통해 생산성 향상을 이룰 수 있었다.

기술진보는 2가지 경로를 통해 실질GDP에 영향을 미친다. 우선 첫 번째 경로는 기술진보로 인한 생산성 증가를 들 수 있다. 이는 생산성 증가의 직접적인 경로에 해당되며 시간이 일정부분 경과하면 새로운 기술이 다른 기업에게 전파되므로 간접적인 경로로 생산성이 증가할 수 있다. 즉 직·간접적인 경로로 생산성이 증가하며 실질GDP에 영향을 미칠 수 있는 것이다. 두 번째 경로는

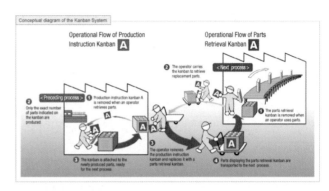

just in time 방식(도요타)

도요타는 재고의 효율화를 위해 'just in time' 방식을 고안했으며 이로 인해 생산성 향상을 이룰 수 있었다.

기술진보로 인한 투자증가를 들 수 있다. 기술진보가 일어나면 해당 기술을 접목하기 위해 기업은 투자를 단행해야 한다. 즉 민간투자가 확대된다는 의미로 지출측면의 실질GDP가 증가한다는 것이다.

② 교육훈련

교육훈련이 생산성 증가에 기여하는 정도는 기술진보와 자본의 총량보다 낮지만 우리나라 경제성장에는 매우 중요한 의미를 갖는다. 여기서 교육훈련에 해당하는 요소는 독자들이 보통 알고 있는 정규교육과정 이외에 기업이나 기관에서 받는 직무관련 교육 등도 포함된다. 우리나라는 한국전쟁 이후 선진국의 원조에 의존하는 최빈국으로 전락하였다. 당시 외신들은 가장 가난하고 불쌍한 나라로 우리나라를 소개했고, 전쟁으로 폐허가 된 마을 등을 소개하며 향후 몇 십년 간 정상화되기 어려울 것이라고 보도하였다. 하지만 이때 일부 기자들은 놀라운 사실을 하나 확인하였으며 그들 중 일부는 우리나라가 향후 최빈국을 벗어날 것이라는 예측도 하였다. 그 사실은 바로 문맹률이었다. 당시 우리나라는 세계 최빈국에 속하면서도 문맹률이 매우 낮았으며 이상할 만큼 자녀교육에 대한 욕구가 높았다고 한다. 이는 결국

오바마 전 대통령의 한국교육 언급(세계일보, MBN)

오바마 미국 전 대통령은 교육의 중요성을 강조하면서 한국교육에 대해서 많이 언급하였다.

우리나라의 높은 교육열로 나타났으며 고도성장을 이룩하게 된 근본이 되었다.

노동의 질은 보통 교육수준으로 측정한다. 우리나라의 경우 대학 진학률이 80%를 초과한 적도 있으며 지금은 하향 안정세에 접어들고 있다. 우리나라의 교육열과 대학진학률에 대해 오바마 전 미국 대통령이 자주 언급하였으며 이것이 바로 한국 성장률의 근원이고 미래라고 극찬하기도 하였다.

그림 10-1 | **우리나라 대학 진학률 추이**

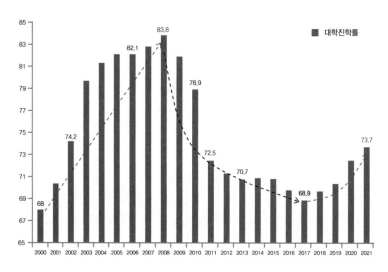

* 우리나라 대학 진학률은 2010년 83.3%를 정점으로 하락하다가 2017년 68.9%를 저점으로 다시 반등하는 모습을 보이고 있다.

③ 자본총량

노동생산성 증가에 두 번째로 큰 기여를 하고 있는 것이 바로 자본총량이다. 특히 경제학에서 중요하게 여기는 요소가 1인당 자본총량이다. 1인당 자본총량은 전체 자본총량을 경제활동인구로 나눈 것을 말한다. 경제학을 처음 접하는 독자라면 생소한 용어로 인해 이 부분을 이해하는데 다소 어려움을 호소하는 경우가 많다. 하지만 간단한 예를 통해 쉽게 이해할 수 있으니 용어가 어렵다면 예를 통해 익혀두길 바란다. 1인당 자본총량은 노동자가 사용할 수 있는 자본의 총량을 말하는 것으로 예를 들어 컴퓨터 디자인 업체에 다니고 있는 노동자라면 자본은 작업에 사용하는 컴퓨터가 될 수 있다. A씨와 B씨 두 사람이 같은 시기 입사하여 펜티엄 초기모델 컴퓨터를 지급받았다고 가정하자. 이후에 A씨는 새로운 모델이

나올 때마다 컴퓨터를 교체하여 현재 i7 8세대의 CPU를 가진 컴퓨터를 사용하고 있고 B씨는 여전히 입사 당시 펜티엄 모델을 사용하고 있다면 어느 쪽이 생산성이 높을까? 독자들은 직감적으로 A씨가 생산성이 높다는 사실을 알 수 있을 것이다. 이를 경제학적으로 해석하면 A씨에 대한 자본총량은 지속적으로 증가한 반면 B씨의 자본총량은 증가하지 않은 상태에 머물러 있다고 말한다. 즉 1인당 자본총량의 증가는 노동생산성을 향상시켜 경제성장에 영향을 미치는 것이다.

이런 자본투자는 기업만 하는 것은 아니다. 정부도 사회간접자본(SOC)[13] 투자라는 것을 통해 자본총량을 증가시킨다. 사회간접자본이 민간자본투자를 대체하는지 보완하는지에 대한 논란들이 있지만 보편적으로는 민간자본투자에 보완적인 역할을 한다고 알려져 있다. 예를 들어 잘 만들어진 산업단지와 도로, 전기, 상하수도 시설은 민간기업이 공장을 증설하는 등 추가적인 투자를 하기에 용이하게 하므로 민간자본투자의 보완적인 역할을 하는 것이다.

최근에 자본총량과 관련하여 화두가 되고 있는 사항은 자본재가 노동을 대체하는지 보완하는지에 대한 의견이다. 여기서 자본재의 대표적인 재화는 로봇이다. 즉 로봇이 노동을 대체하는지 아니면 보완하는지에 대한 의견이 분분하다는 것이다. 아직까지는 로봇이 인간이 생각할 수 있는 창의력 등을 발휘할 수 없으므로 로봇은 노동의 보완적인 역할을 한다고 보는 의견이 많지만, 주변에서 일어나고 있는 사건들, 예를 들어 공항의 청소·안내로봇, 생산공정에서 불량품을 걸러주는 로봇, 알파고 등을 생각하면 언제까지 보완적인 관계가 지속될지 의문이 들기도 한다. 특히 최근 빌게이츠의 로봇에 대한 과세 방안은 로봇에 대한 많은 의문점을 던지기에 충분하다고 생각된다.

[13] 사회간접자본
사회간접자본은 고속도로, 항만, 공항, 학교 등 교육시설, 상하수도, 교량 등이 있다.

————— 인천공항 로봇
인천공항에서 로봇이 청소와 안내를 하며 인간의 노동력을 대체하고 있다.

알파고
알파고는 딥러닝이라는 체계를 통해 인간의 한계에 접근하고 있다.

빌게이츠
빌게이츠는 로봇이 인간의 노동력을 대체하는 만큼 로봇에게도 세금을 부과해야 한다고 주장하고 있다.

④ 규모의 경제와 자원의 배분

규모의 경제는 생산의 규모가 커질수록 단위당 생산비용이 하락하는 것을 말한다. 다시 말해 대기업과 중소기업은 생산량이 다르기 때문에 고정비용의 분산이 다르다는 말이다. 독자들의 이해를 돕기 위해 예를 들어 설명해 보자. 우리나라에 반도체를 생산하는 삼성전자와 중소기업인 A사가 있다고 가정해 보자. 삼성전자는 1년에 1,000만개의 반도체를 판매할 수 있고 A사는 1만개를 판매할 수 있다고 한다. 이때 반도체를 효율적으로 만들기 위해서는 Z장비가 필요하며 해당 장비를 사용할 경우 한 달에 1,000만개를 생산할 수 있다고 한다. 또한 장비의 가격은 100억원이고 장비가 없을 경우 한 달에 100개 밖에 만들 수 없다고 가정해 보자. 그렇다면 A사 역시 1만개를 생산하기 위해서는 Z장비가 필요할 것이고 초기 장비 가격인 100억원이 소요될 것이다. 그렇다면 삼성전자와 A사의 개당 반도체의 생산비용은 어떻게 될까? 우선 A사는 반도체 1만개를 판매할 수 있는 능력 밖에 없기 때문에 1만개만 생산할 것이고 그렇다면 단위당 생산비용은 100만원이 될 것이다.[14] 이는 반도체 하나에 100만원 이상을 받아야 함을 의미한다. 반면 삼성전자는 1,000만개를 판매할 수 있는 능력이 있기 때문에 단위당 생산비용은 1천원이 된다. 즉 1,100원만 받아도 남는 장사라는 말이다. 이렇듯 생산규모가 커질수록 단위당 생산비용이 하락하게 되는데 이는 같은 생산량을 유지하면서 비용을 줄일 수 있는 것이므로 생산성 증가를 나타낸다.[15]

14
Z장비 비용이 100억원이므로 이를 1만개로 나누면 개당 100만원이 나온다.

15
규모의 경제는 고정비용 때문에 발생하는 것으로 정해진 고정비용이 생산량을 증가시킴에 따라 분산되는 효과가 나타난다. 즉 단위당 생산비용이 하락하는 것이다.

반도체 생산

자동차 생산

반도체와 자동차 생산을 위해서는 장비에 대한 막대한 초기 비용이 들어간다. 이 비용은 생산이 확대됨에 따라 줄어들게 된다.

노동의 자원 배분 개선은 노동자가 생산성이 낮은 일자리에서 높은 일자리로 이동함에 따라 노동생산성이 높아지는 것을 말한다. 산업구조가 변화됨에 따라 일자리도 생산성이 높은 쪽으로 이동하였는데 우리나라의 경우, 농업에서 중화학공업, 제조업을 지나 최근에는 첨단산업으로 이동하였다. 이에 따라 일자리도 변경되며 생산성이 높은 쪽으로 자연히 이동하게 된 것이다.

2 공급측면에서 바라본 한국경제

1) 노동 측면

노동 측면에서 우리나라가 앞으로 성장률이 높아지기 위해서는 노동시간이 증가하던지 생산가능인구가 증가하여야 한다. 우선 전자의 경우 가능성이 낮아 보인다. 우리나라는 이미 OECD 국가 중에 노동시간이 제일 많은 나라에 속해 있다.[16] 더 이상 노동시간을 늘려서 성장률을 이끌어 내기는 힘들다는 말이다. 이는 이미 저성장과 침체를 겪고 있는 일본에서 나타났던 현상이다. 일본은 1980년대 말 버블경기 당시 3일 정도 밤을 세는 것이 회사의 미덕으로 받아들이던 시절이 있었다. 이는 당시 피로회복 드링크가 사상 최대 판매량을 보인 것과 무관하지 않다. 그리고 버블이 붕괴된 이후 사회적 환경이 변화하면서 야근은 더 이상 미덕이 아닌 것으로 바뀌었다. 이는 후에 언급할 출생율과도 연관된다. 우리나라 역시 야근이 미덕인 시절은 이미 지났다. 결국 노동시간을 늘려서 성장률을 끌어 올리는 것은 어렵다는 말이다.[17]

다음으로 생산가능인구 증가를 통한 성장률 증가는 어떠한가? 최근 인구관련 뉴스를 눈여겨 보신 분들이라면 이 또한 쉽지 않다는 것을 확인할 수 있을 것이다. 우리나라는 2017년 이미 생산가능인구 감소에 직면하고 있다. 이는 이미 수십년 전인 1990년부터 합계출산율[18]이 2명 이하로 떨어지면서 예견된 일이다. 2022년 현재 기준으로 합계출산율은 0.8명[19]으로 사상 최저점을 경신하고 있다는 사실로 미뤄볼 때 생산가능인구의 증가는 요원해 보인다. 비록 출산 및 결혼 정책 등이 힘을 받아 합계출산율이 점차 개선된다고 하더라도 당장 십수년 안에 해결되기는 어려워 보인다.

16
2012년 OECD기준으로 노동시간은 2위를 기록하고 있다.

17
더욱이 2019년부터는 주당 근로시간이 52시간으로 확정됨에 따라 근로시간 확대에 따른 성장률 증대는 요원해 보인다.

18 합계출산율
합계출산율(totlal fertility rate)은 가임 여성(만 15~49세) 1명이 평생 낳을 평균 자녀수를 나타내는 국제적 지표다.

19
2019년 합계출산율은 1명 이하로 하락하였다.

그림 10-2 | 우리나라 합계출산율 및 출생아 수 추이

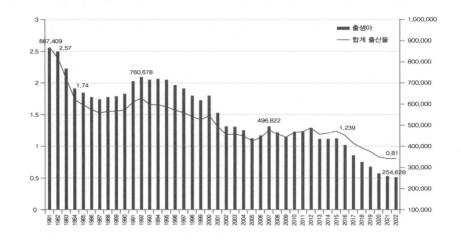

* 우리나라 합계출산율은 80년대 중반 2명 아래로 떨어진 이후 지속적으로 하락하였다. 2023년 현재 합
  계출산율은 약 0.8~0.7명으로 세계에서 가장 낮은 수준을 기록하고 있다. 출생아 수 역시 2022년 기준
  25만 명대를 기록하며 크게 하락한 모습을 보이고 있다.
출처: 베이비 뉴스

그림 10-3 | 우리나라 총인구, 생산가능인구 추이

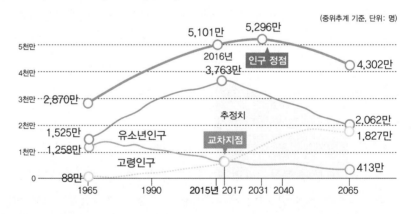

* 우리나라의 생산가능인구는 2017년을 정점으로 하락할 것으로 예상되며 총인구는 2031년에 정점을 형
  성하고 하락할 것으로 예상되고 있다.
출처: 연합뉴스

2) 생산성 측면

우리나라의 생산성은 2015년 기준으로 OECD 국가 중 낮은 수준이다.
OECD 국가 중 가장 생산성이 높은 나라는 룩셈부르크이며 노르웨이, 미국 순으
로 생산성이 높다. 우리나라는 전체 34개국 중 25위를 기록하고 있으며 OECD

평균에도 미치지 못하고 있다. 주요 선진국과 비교해 봐도 미국에 비해서는 52.5% 정도 수준이며, 독일에 비해서는 58.7% 정도 수준에 머물러 있다. 우리와 근접해 있는 일본에 비해서도 82.5% 정도 수준에 그친다.

우리나라의 생산성은 산업별로 큰 차이를 보인다. 전통적으로 강세를 보이고 있는 제조업의 생산성은 OECD국가 중 11위를 기록하고 있으며 독일의 84.7% 수준으로 영국보다도 높은 생산성을 자랑한다. 반면 서비스업은 OECD 국가 중 21위를 기록하고 있으며 독일 대비 50% 밖에 되지 않고 영국에 비해서

그림 10-4 | **OECD 생산성(2020년 기준)**

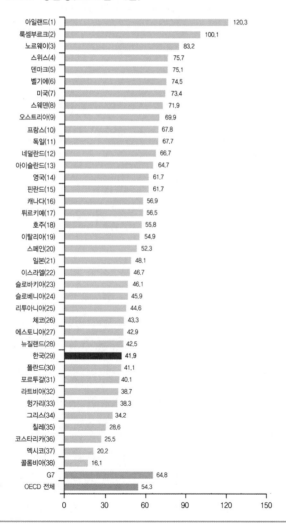

아일랜드(1)	120.3
룩셈부르크(2)	100.1
노르웨이(3)	83.2
스위스(4)	75.7
덴마크(5)	75.1
벨기에(6)	74.5
미국(7)	73.4
스웨덴(8)	71.9
오스트리아(9)	69.9
프랑스(10)	67.8
독일(11)	67.7
네덜란드(12)	66.7
아이슬란드(13)	64.7
영국(14)	61.7
핀란드(15)	61.7
캐나다(16)	56.9
튀르키예(17)	56.5
호주(18)	55.8
이탈리아(19)	54.9
스페인(20)	52.3
일본(21)	48.1
이스라엘(22)	46.7
슬로바키아(23)	46.1
슬로베니아(24)	45.9
리투아니아(25)	44.6
체코(26)	43.3
에스토니아(27)	42.9
뉴질랜드(28)	42.5
한국(29)	41.9
폴란드(30)	41.1
포르투갈(31)	40.1
라트비아(32)	38.7
헝가리(33)	38.3
그리스(34)	34.2
칠레(35)	28.6
코스타리카(36)	25.5
멕시코(37)	20.2
콜롬비아(38)	16.1
G7	64.8
OECD 전체	54.3

* 노동생산성은 각국의 2020년 실질 GDP(2015년 기준)와 총노동시간으로 비교
출처: 2022 노동생산성 국제비교, 한국생산성본부

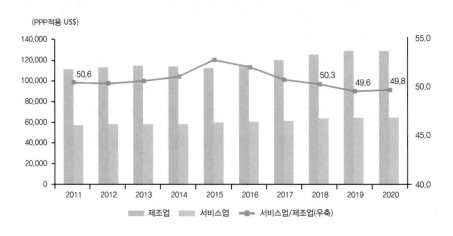

그림 10-5 | **한국의 산업별 생산성 비교(2022년 기준)**

출처: 2022 노동생산성 국제비교, 한국생산성본부

도 56.1%에 지나지 않는다. 우리나라의 주요 육성산업에 서비스업이 포함되어 있는 것도 이와 무관하지 않다. 앞으로 우리나라가 생산성이 높은 산업 육성 및 그에 따른 일자리 창출이 필요한 이유를 위의 결과를 통해 확인해 볼 수 있다.

3 생산가능곡선: 생산가능곡선을 이용한 경제성장과 실업

우리는 1단원에서 배웠던 생산가능곡선을 통해 경제성장과 실업에 대해서 다시 한 번 살펴볼 것이다. 생산가능곡선은 〈그림 10-6〉과 같이 소비재와 자본재 2가지 재화만 존재한다고 가정하고 현재 가지고 있는 생산요소를 모두 동원하여 달성할 수 있는 생산량을 평면상에 표현한 곡선이다.[20] 그럼 이를 통해 경제성장과 실업에 대해서 확인해 보도록 하자. 생산가능곡선 안쪽은 현재 이 경제가 가지고 있는 생산요소를 활용하여 달성 가능한 영역이지만 효율적인 영역이라고 보기는 어렵다. 이유는 생산요소를 모두 활용하지 못하고 있다고 판단할수 있기 때문이다.[21] 우리는 이를 쉽게 이해하기 위해 현 경제의 생산요소는 노동만 있다고 가정해 보자. 그리고 현재 즉시 일을 해서 소득을 벌 수 있는 경제활동인구가 10명 있다고 가정해 보자. 10명이 모두 일을 한다면 모든 생산요소가 활용되고 있으므로 현재 경제상황은 생산가능곡선 상 어느 점에서 결정이 될

[20]
따라서 생산가능곡선은 잠재GDP로도 해석 가능하다.

[21]
이는 앞서 설명한 예산제약선 내에 한 점은 현재 소유하고 있는 자금으로 구매할 수 있지만 구매를 하고도 자금이 남기 때문에 비효율적인 점이라는 것과 동일하다.

것이다. 하지만 8명만 일하고 2명은 실업 상태에 있다면 현재 경제는 생산가능곡선 내에서 결정이 될 것이다.

이제 고정되어 있던 생산가능곡선을 벗어나 이 경제가 더 많은 생산량을 생산하기 위해서는 어떻게 해야 할까? 앞서 학습을 통해 배웠던 것처럼 생산가능곡선이 바깥쪽으로 확대되면 된다는 것을 알 수 있을 것이다. 즉 더 많은 생산량을 생산한다는 것은 생산가능곡선이 바깥쪽으로 확대되는 것이고 이를 위해서는 더 많은 생산요소(노동)가 필요하다는 것을 알 수 있을 것이다.

그림 10-6 | **생산가능곡선 확대와 실업**

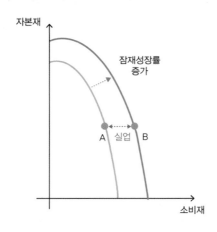

자 이제 생산가능곡선을 통한 경제성장과 실업에 대해서 정리해 보도록 하자. 생산가능곡선은 완전고용(잠재GDP)을 가정하고 있으므로 더 많은 생산량을 생산하기 위해서는 더 많은 노동력이 필요하다. 실제로 더 많은 노동력(경제활동인구)이 증가하게 되면 생산가능곡선은 바깥쪽으로 확대되며 이는 더 많은 생산량을 생산할 수 있다는 의미이므로 잠재성장률 증가라고 해석할 수 있다. 즉 생산가능곡선이 바깥쪽으로 이동하는 것을 잠재성장률 증가라고 부른다. 하지만 노동력이 증가한 것과는 달리 현재 경제상황(실질성장률)은 바깥으로 이동하지 못하고 과거와 동일한 상태에 머물러 있다면(A점) 늘어난 노동력이 충분히 활용되고 있지 못하고 있는 상태이므로 이를 실업이라고 한다. 즉 A점과 B점 사이의 거리만큼이 현 경제에서 실업상태에 놓여 있다고 설명할 수 있다.

01 경제성장의 중요성에 대한 설명 중 틀린 것은?

① 경제성장은 소득분배를 완화시켜 주는 강력한 힘을 가지고 있다.

② 경제성장은 소득을 증가시켜 가계의 소득제약을 완화시켜 준다.

③ 경제성장은 사회적 재원을 증대시켜 여러 가지 경제문제를 해결할 수 있게 해준다.

④ 경제성장은 의학서비스 등의 확대를 통해 삶의 질을 개선시켜 준다.

⑤ 경제성장은 가계의 소득을 증대시켜 모두가 행복한 사회를 만들어 준다.

02 국가별 경제성장을 비교할 때, GDP와 1인당 GDP를 구분하여 비교한다. 이들을 구분하여 비교하는 이유에 대해서 설명해 보시오.

03 경제성장요인 중 공급측 요인에 해당하지 않는 것은?

① 기술진보　　② 자연자원의 양적·질적 증가　　③ 인적자원의 양적·질적 증가

④ 민간소비의 증가　　⑤ 자본재 공급의 증가

04 다음 중 생산함수를 이용한 성장요인이 아닌 것은?

① 합계출산율이 1.0명에서 2.0명으로 상승하여 향후 생산가능인구가 증가할 것으로 예상

② 평균총생산 증가로 향후 총생산이 증가할 것으로 예상

③ 노동시간 단축으로 삶의 질이 개선될 것으로 예상

④ 합법적인 외국인 근로자들의 유입으로 노동인구 상승 예상

⑤ 일감 증가로 인한 노동시간 증가 예상

05 다음 성장요인에 대한 설명 중 틀린 것은?

   ① 생산과정 혁신 - 기술진보

   ② 사내 대학을 도입하여 직원들의 지식수준 향상 - 교육훈련

   ③ 최신형 생산기계 도입을 통한 생산성 향상 - 자본총량

   ④ 대량생산체제 도입을 통한 단위당 비용 하락 - 규모의 경제

   ⑤ 일자리 창출을 위해 서비스업에서 제조업으로 이동 - 자원의 배분

06 생산성 향상을 위해 자본총량을 늘려야 하지만 최근 로봇의 등장으로 자본총량과 노동 간에 상충관계가 화두가 되고 있다. 즉 로봇이 노동의 대체재인지 보완재인지에 대한 의견이 서로 다르다는 것이다. 이에 대해서 독자는 어떻게 생각하는지 서술해 보시오.

07 공급측면에서 바라본 한국경제는 어떤 기회요인과 위험요인이 있는지 서술해 보시오.

08 그림 10-6을 통해 현재 우리나라의 경제 상황을 설명해 보시오. (현재 우리나라의 잠재성장률을 B점이라고 하고 실질성장률을 A점이라고 했을 때 A점과 B점 사이의 거리를 통해 현재 경제상황을 설명)

09 최근 국내경제의 문제점은 어떤 것들이 있는지 찾아 보시오.

찾아보기

ㄱ

가격규제   100
가격전쟁   194
가계부채   182
가치의 저장수단   235
가치의 척도   234
개인이전지출   123
거래적 화폐수요   174
경기순환   133
경기적 실업   146
경기침체의 자기교정   197
경쟁   51
경제적 효율성   53
경제활동인구   142
계획경제   46
고용률   142
고전학파(classical school)   24
고전학파적 총공급곡선   187
공개시장매각   244
공개시장매입   242
공개시장조작   242

공급(supply)   87
과열   134
광의 유동성(L)   237
광의 통화(broad money)   236
교육훈련   273
교환의 매개수단   59, 234
구두창 비용(shoe leather costs)   152
구매자와 판매자 간 욕망의 불일치   58
구조적 실업   145
구축효과(crowding out effect)   215
국가부채   221
국가 자본주의(State capitalism)   48
국내총생산(GDP, Gross Domestic Product)   117
국내총소득   117
국내총지출   117
국부론(The Wealth of Nations)   26
국채   69
규모의 경제   276
균형(equilibrium)   40
금융기관 유동성(Lf)   237

금융시장(financial market) 68
금융통화위원회 240
기대인플레이션 157
기술진보 272
기회비용 22
기회비용체증의 법칙 30
긴축적 통화정책 252

ㄴ

내부시차 218
노동 28
누진세 212

ㄷ

단기 총공급곡선 185
대공항 25
대체율 22
대체재 85
대체투자 126
도덕 감성론(Theory of Moral Sentiment) 27
독립변수(indifference variable) 35
디플레이션 161
디플레이션 갭 190

ㄹ

루카스(Robert Lucas) 185
루카스의 총공급곡선 185

ㅁ

마샬(Marshall) 39
마찰적 실업 145
메뉴비용(menu cost) 152, 193
명목금리 158
명목소득 159
무차별곡선(indifference curve) 23

물가의 하방 경직성 193
물물교환 58
민간소비 123
민간총투자 124

ㅂ

배분의 효율성 52
보완재 85
부의 재분배 156
불황 134
비경제활동인구 142
비용인상 인플레이션 151

ㅅ

사유재산 49
사익추구 50
상한가격 규제 100
생산가능곡선 29
생산가능인구 142, 277
생산물시장(market for goods and service) 65
생산물시장 균형조건 169
생산요소시장(factor market) 65
생산의 효율성 52
생산함수 35
생애주기가설(life cycle hyphothesis) 214
서브프라임 모기지 사태 137
선택의 자유 51
성장회계 270
세계무역 55
소극적 재정정책 212
소비자물가지수(CPI, Consumer Price Index) 149
소비평활화(consumption smoothing) 214
수요(demand) 78
수요견인 인플레이션 151

수요곡선	79	인플레이션	148
수요량의 변화	87	인플레이션 갭	190
수요의 변화	87	인플레이션율	150
수입(import)	127	임대료 규제	100
수출(export)	127		
순수출(net export)	126	**ㅈ**	
순투자	126	자동안정화 장치	212
순환(cycle)	133	자본	28
시장	53	자본총량	274
시장경제체제	46	자산효과(wealth effect)	182
시장균형(market equilibrium)	92	자유방임 시끄장	24
시장수요	80	작은 정부	48
신용창출	243	잠재 GDP	186
실업(Unemployment)	140	장기 총공급곡선	187
실업률	142	재고의 증감	124
실업자	142	재량적 재정정책	206
실질GDP	266	재정승수효과	208
실질금리	158	재정정책	25, 205
실질소득	159	재할인율	246
		재할인율 인상	247
		적자주체	68
ㅇ		전문화	55
애덤 스미스(Adam Smith)	26	정부이전지출	122
양적완화(Quantitative Easing)	173, 251	정부지출	126
열등재	84	정부파산	224
영업의 자유	51	정상재	84
예비적 화폐수요	174	정치적 경기순환	220
예산제약선	21	조세징수권	225
완전고용(fully employment)	29, 145, 186	존 메너드 케인즈(John Maynard Keynes)	24
왈라스(Walras)	39	종속변수(difference variable)	35
외부시차	219	중간재	120
외부충격(shock)	40	중앙은행	239
외환보유고	221	중앙은행의 독립성	239
유동성 선호이론	174	지급준비금	243
유동성함정(liquidity trap)	255	지급준비율	245
유효수요	25	지급준비율 인상	245
인구경제학자	27	지급준비율 인하	246
인식시차	218		

지하경제 127
직접교환비율 173

ㅊ

청년실업률 144
청년 체감실업률 144
청산(clean) 92
초단기 총공급곡선 184
총공급(Aggregate supply) 184
총수요 169
총요소생산성(TFP, Total Factor Productivity) 270
최저가격 규제 103
최저임금규제 106
최종 대부자로서의 기능 239
최종재화 120
추세(trend) 133
충격(shock) 135
취업자 142

ㅋ

케인즈의 총공급곡선 185
크로스환율 173
큰 정부 48

ㅌ

테이퍼링 253
토마스 멜서스(Thomas Robert Malthus) 27
토지 28
통화정책 242
통화주의론자 255
투자적 화폐수요 174

ㅍ

피셔효과 158

ㅎ

하이퍼인플레이션 159
한계소비성향 209
한국은행 239
함수 35
합계출산율 277
협의 통화(narrow money) 235
혼합경제(mixed economics) 48
화폐공급 176
화폐시장의 균형조건 174
확장적 재정정책 206
확장적 통화정책 248
환율 172
흑자주체 68

A-Z

1인당 실질GDP 266
2분면 폐쇄경제모형 65
3면 등가의 법칙 117
GDP 117
GDP대비 국가부채 223
Invisible hand(보이지 않는 손) 26
IS-LM곡선 179
IS곡선 169
LM곡선 174, 177

저자소개

최남진

저자는 대학교 졸업 후 교보증권 공채에 응시해 사회 첫발을 내디뎠다. 교보증권에서 본사 인력지원실, 신탁팀(신탁전문운용인력(Fund Manager)) 등에 근무하며 경제와 금융투자에 대한 전반적인 실무경험을 쌓았고 서강대학교에서 경제학 석사학위를 취득 후 준정부기관인 우체국금융개발원으로 자리를 옮겼다. 해당 기관에서는 경제와 금융에 대한 연구 총괄 업무를 수행하였고 한양대학교에서 경제학 박사학위를 취득한 후 강남대학교 경제학과 외래교수와 초당대학교 교수를 거쳐 현재 원광대학교 경제금융학과 교수로 재직 중이다. 최근 저자는 폭넓은 경제, 금융 관련 대내외 활동을 하고 있으며 대표적으로 한국은행 자문교수, MBC시사토론 패널, KBS라디오 패널, 공무원시험 출제위원 및 면접위원, 충남개발공사 기술자문위원, 국민연금공단 인사위원회 위원 외 지자체 다수 위원회 활동을 비롯하여 국토연구원 등 국책연구소의 자문위원으로도 활동 중이다. 또한 저자는 본서 이외에『한국인의 금융 기초(박영사)』,『금융과 경제(박영사)』,『유동성이 주택시장에 미치는 영향과 정책연구(국토연구원, 공저)』등의 저서를 발간하였다.

주요논문

- 가계부채 및 부채의 변동성이 소비 및 성장률에 미치는 영향, 금융지식연구, 제14권 1호
- 중국 경제가 국내 실물경제에 미치는 영향, 동북아경제연구, 제28권, 2호
- 미국의 통화정책이 아시아 실물경제에 미치는 영향, 국제지역연구, 제20권 2호
- 미국의 금리정책과 한국·일본 주식시장 변동성 간의 관계 분석, 경영경제연구, 38권 2호
- 환율 변동성이 국내 경제에 미치는 영향, 경영경제연구, 40권, 1호
- 아시아 주요국가 환율변동성 및 실물시장과의 관계에 대한 연구, 국제지역연구, 제23권 2호
- 통화량의 변동성이 주택가격 변동성에 미치는 영향, 부동산분석, 제5권 3호
- 경제주체의 불확실성과 통화정책 실효성 간의 관계 분석, 국제지역연구, 제25권 3호
- 환율변동성 요인 분석 및 환율 변동성이 실물경제 미치는 영향, 동북아경제연구, 34권 2호
- 인플레이션 발생 원인에 대한 서울 아파트 자산 헤지 효과에 관한 연구, 부동산연구, 33권 1호
- 초과 유동성과 전국 아파트 가격 간의 관계에 대한 연구, 부동산분석, 9권 1호

제3판
한국인의 경제학 기초

초판발행   2018년 8월 31일
제2판발행   2020년 1월 31일
제3판발행   2024년 1월 20일

지은이   최남진
삽 화   이현아 · 최 혁
펴낸이   안종만 · 안상준

편 집   김민조
기획/마케팅   최동인
표지디자인   BEN STORY
제 작   고철민 · 조영환

펴낸곳   (주) 박영사
              서울특별시 금천구 가산디지털2로 53, 210호(가산동, 한라시그마밸리)
              등록 1959. 3. 11. 제300-1959-1호(倫)

전 화   02)733-6771
f a x   02)736-4818
e-mail   pys@pybook.co.kr
homepage   www.pybook.co.kr
ISBN   979-11-303-1900-1 93320

정 가   19,000원